古典文獻研究輯刊

二二編

潘美月・杜潔祥 主編

第 11 冊

陸楫及其《古今說海》研究（下）

李昭鴻 著

國家圖書館出版品預行編目資料

陸楫及其《古今說海》研究（下）／李昭鴻 著 —— 初版 ——
新北市：花木蘭文化出版社，2016〔民 105〕
目 6+188 面；19×26 公分
（古典文獻研究輯刊 二二編；第 11 冊）
ISBN 978-986-404-504-4（精裝）
1.（明）陸楫 2. 筆記小說 3. 文學評論
011.08   105001918

ISBN-978-986-404-504-4

9 789864 045044

古典文獻研究輯刊
二二編　第十一冊　　　　ISBN：978-986-404-504-4

陸楫及其《古今說海》研究（下）

作　　者　李昭鴻
主　　編　潘美月　杜潔祥
總 編 輯　杜潔祥
副總編輯　楊嘉樂
編　　輯　許郁翎
企劃出版　北京大學文化資源研究中心
出　　版　花木蘭文化出版社
社　　長　高小娟
聯絡地址　235 新北市中和區中安街七二號十三樓
　　　　　電話：02-2923-1455／傳眞：02-2923-1452
網　　址　http://www.huamulan.tw 信箱 hml 810518@gmail.com
印　　刷　普羅文化出版廣告事業
初　　版　2016 年 3 月
全書字數　324677 字
定　　價　二二編 15 冊（精裝）新台幣 28,000 元

陸楫及其《古今說海》研究（下）

李昭鴻　著

目 次

下　冊

第六章　《古今說海》「說淵部」──別傳家之
　　　　研究 …………………………………………179

第六章 《古今說海》「說淵部」
—— 別傳家之研究

　　《古今說海》「說淵部」別傳家凡六十四卷，每卷一部小說。其中，《夢遊錄》〔註1〕分成〈櫻桃青衣〉、〈獨孤遐叔〉、〈邢鳳〉、〈沈亞之〉、〈張生〉、〈劉道濟〉六篇，《海陵三仙傳》載〈徐神翁〉、〈周處士〉、〈唐先生〉三篇，《白蛇記》未立子目而述李璜、李琯遇白蛇妖兩種異說，故「說淵部」至多或可分作七十二篇傳奇。按各故事主題，約可分成六類：一是鬼怪靈異類，載遇精怪事者有《蚍蜉傳》、《板橋記》、《洛京獵記》、《烏將軍記》、《白蛇記・李璜》、《白蛇記・李琯》、《巴西侯傳》、《求心錄》、《山莊夜怪錄》；遇鬼靈事者有《甘棠靈會錄》、《顏濬傳》、《唐晅手記》、《獨孤穆傳》、《齊推女傳》、《曾季衡傳》、《睦仁蒨傳》、《柳參軍傳》、《小金傳》；睹異境事者有《夢遊錄・獨孤遐叔》和《夢遊錄・張生》；逢怪異事者有《陸顒傳》、《靈應傳》和《魚服記》；又其他如《蔣子文傳》亦然。二是神仙道術類，載仙鄉奇遇事者有《洛神傳》、《夢遊錄・櫻桃青衣》、《夢遊錄・邢鳳》、《夢遊錄・沈亞之》、《夢遊錄・劉道濟》、《玉壺記》、《潤玉傳》、《李衛公別傳》、《寶玉傳》和《柳歸舜傳》；遇仙道人物事者有《鄭德璘傳》、《韋自東傳》、《杜子春傳》、《少室仙姝傳》、《姚生傳》、《崔煒傳》、《張遵言傳》和《韋鮑二生傳》；人神通婚事者有《袁氏傳》、

《遼陽海神傳》和《張無頗傳》；得證仙道事者有《王恭伯傳》、《李清傳》和《五眞記》；又其他如《震澤龍女傳》亦屬之。三是果報定數類，如《趙合傳》、《中山狼傳》、《侯元傳》、《張令傳》、《薛昭傳》和《知命錄》。四是軼事瑣聞類，如《裴伷先別傳》、《李林甫外傳》、《袁天綱外傳》、《同昌公主外傳》、《人虎傳》、《馬自然傳》和《寶應錄》。五是奇能異士類，如《崑崙奴傳》、《鄴侯外傳》、《聶隱娘傳》、《王賈傳》、《林靈素傳》、《海陵三仙傳‧徐神翁》、《海陵三仙傳‧周處士》和《海陵三仙傳‧唐先生》。六是俠行義舉類，如《吳保安傳》和《李章武傳》。「說淵部」除《遼陽海神傳》、《中山狼傳》、《林靈素傳》、《海陵三仙傳》四種爲宋、明人所著，餘皆屬唐人傳奇，且多錄自《太平廣記》。其雖亦見於唐、宋以來各種類書、總集，如《白孔六帖》、《分門古今類事》、《類說》、《海錄碎事》、《三洞群仙錄》、《詩話總龜》、《紺珠集》、《歲時廣記》、《姬侍類偶》、《古今合璧事類備要》、《唐詩紀事》、《群書類編故事》等，但因節載嚴重，或將一篇分作數則，難見其全貌，而勢不可能爲《古今說海》所本。益以李劍國《唐五代志怪傳奇敘錄》和《宋代志怪傳奇敘錄》對此已有詳盡整理，故本書不再複述。今分述各書如下：

一、《靈應傳》一卷

（一）作者

《古今說海》本不題撰者。《太平廣記》卷四九二〈靈應傳〉亦載是事，未著錄作者及出處。《龍威秘書》本目錄題孫頠撰，正文題唐無名氏撰，又《舊小說》乙集題孫揆撰，二說皆無根據。但因文中記事在乾符五年（878），則作者當在此之後，約晚唐至五代間〔註2〕。

（二）傳本

靈應傳故事，撰人及出處未詳，《太平廣記》引之。《古今說海》本乃據《太平廣記》，亦未著錄出處及著者。《豔異編》卷三龍神部、《龍威秘書》本、《唐人說薈》本、《唐代叢書》本、《香豔叢書》本、《晉唐小說六十種》本、《舊小說》乙集、《叢書集成初編》本、《唐宋傳奇集》本皆據此，惟《龍威秘書》本和《舊小說》有妄題撰人情形。

〔註2〕請參寧稼雨著：《中國文言小說總目提要》（濟南：齊魯書社，1996年），頁101。

（三）內容

敘涇州東有善女湫神九娘子，因丈夫象郡石龍少子殘虐視事，遭天譴而亡，父母遂迫改嫁朝那小龍季弟。朝那為使九娘子就範而出兵相逼，九娘子率家僮抵抗，因寡不敵眾，而託夢節度使周寶相救。周寶令部屬鄭承符率戰死士兵應戰，最後大獲全勝，活捉朝那神，受封平難大將軍。未久，鄭承符起死還陽，自此不再過問家事，一個月後亦無疾而終。此後，有人目睹鄭承符率數百甲馬，如風雲般消失在善女湫。

二、《洛神傳》一卷

（一）作者

《古今說海》本不題撰者。《太平廣記》卷三一一〈蕭曠〉亦載是事，注出《傳奇》。

《傳奇》，唐裴鉶撰。裴鉶，生卒字號里籍未詳。咸通中，為靜海軍節度使高駢書記。乾符五年（878），官成都節度副使，加御史大夫。著有《傳奇》。

（二）傳本

本書原出《傳奇》，《太平廣記》引之，《古今說海》本乃據《太平廣記》，惟改書名作《洛神傳》，且未著錄出處及著者。《豔異編》卷二水神部、《情史類略》卷一八情疑類、《舊小說》乙集和《叢書集成初編》本皆據此，但《情史類略》將篇目題作〈洛神〉。

（三）內容

敘太和中處士蕭曠於雙美亭遇洛水女神，言己原即為甄皇后，當日遭魏文帝幽禁死後，魂魄與曹植相會洛水邊，故才有〈洛神賦〉之作，且謂曹植正擔任遮須國土之職。其後，龍王女織綃亦至，言柳毅與陰靈結親傳說只有四成可信，並回答蕭曠所提龍怕鐵器、雷氏豐城劍化龍、織梭化龍、龍嗜食燕血等龍傳說之真偽，又告知龍嗜睡及修行方法。待洛水女神和織綃臨別離去時，贈蕭曠明珠、翠羽和輕綃寶物，而後蕭曠亦遁世不復見。

三、《夢遊錄》一卷

（一）作者

《古今說海》本不題撰者。內容分為六篇，依次為〈櫻桃青衣〉、〈獨孤

遐叔〉、〈邢鳳〉、〈沈亞之〉、〈張生〉和〈劉道濟〉。其中，〈櫻桃青衣〉見《太平廣記》卷二八一〈櫻桃青衣〉，未注所據何書，王國良考證「出《異聞集》」〔註3〕。〈獨孤遐叔〉見《太平廣記》卷二八一〈獨孤遐叔〉，注出《河東記》。〈邢鳳〉見《太平廣記》卷二八二〈邢鳳〉，注出《異聞錄》。〈沈亞之〉見《太平廣記》卷二八二〈沈亞之〉，注出《異聞集》，又李劍國考證《異聞集》所引乃沈亞之《沈下賢文集》卷二〈秦夢記〉〔註4〕。〈張生〉見《太平廣記》卷二八二〈張生〉，注出《纂異記》。〈劉道濟〉見《太平廣記》卷二八二〈劉道濟〉，注出《北夢瑣言》，李劍國謂此引唐劉山甫《金溪閒談》〔註5〕。

《異聞集》，唐陳翰輯。翰，生卒字號里籍未詳，嘗官金部員外郎。乾符元年（874）轉庫部員外郎，最終仕履似為屯田員外郎。著有《異聞集》。

《河東記》，唐薛漁思撰。漁思，河東（今山西境內）人，生卒年仕履未詳，約生活於唐穆宗至懿宗年間。著有《河東記》。

《沈下賢文集》，唐沈亞之（約781~約832）撰。亞之，字下賢，吳興武康（今浙江德清）人。元和十年（815）登進士第，授將仕郎守祕書省正字。長慶元年（821）登賢良方正能直言極諫科，歷任櫟陽尉、福建都團練副使、殿中侍御史、行營判官。後貶南康尉、郢州司戶參軍。著有《沈下賢文集》。

《纂異記》，唐李玫撰。玫，生卒字號里籍未詳。太和元年（827），習業龍門天竺寺；大和末，為歙州巡官。大中、咸通以後，仍厄於一第。著有《纂異記》。

《金溪閒談》，唐劉山甫撰。山甫，彭城（今江蘇徐州市）人，生卒年字號未詳。中朝士族，歷唐僖宗、昭宗之世，曾任閩王王審知判官，乾寧中任威武軍節度使判官。著有《金溪閒談》。

（二）傳本

夢遊錄故事六篇，原皆出《太平廣記》，《古今說海》據以彙編，又另題

〔註3〕 王國良據《白孔六帖》卷99、《錦繡萬花谷後集》卷37引，皆注出《異聞集》，而以〈櫻桃青衣〉乃《異聞集》遺文。又，《異聞錄》乃《異聞集》之誤。文參王國良著：《唐代小說敘錄》（臺北：嘉新水泥公司文化基金會，1979年），頁48~49。

〔註4〕 請參李劍國著：《唐五代志怪傳奇敘錄》（天津：南開大學出版社，1993年），頁884。

〔註5〕 請參李劍國著：《唐五代志怪傳奇敘錄》，頁949。

總名作《夢遊錄》。《豔異編》卷三二夢遊部、《重編說郛》本、《五朝小說》本、《五朝小說大觀》本、《合刻三志》志夢類〔註6〕、《龍威秘書》本、《唐人說薈》本、《唐代叢書》本、《香豔叢書》本、《舊小說》乙集、《晉唐小說六十種》本和《叢書集成初編》本皆據此，惟皆題唐任蕃撰。另，《雪窗談異》亦錄之，而《舊小說》乙集只錄〈櫻桃青衣〉、〈獨孤遐叔〉、〈沈亞之〉、〈張生〉四篇。

櫻桃青衣故事原出《異聞集》，《太平廣記》引之，《古今說海》本據以彙編其他五篇作〈夢遊錄〉，但未著錄出處及著者。《豔異編》卷二二夢遊部、《綠窗女史》卷六冥感部夢寐門、《雪窗談異》和《舊小說》乙集即據此，但《綠窗女史》將篇目題作〈櫻桃青衣傳〉，妄題唐任蕃撰。

獨孤遐叔故事原出《河東記》，《太平廣記》引之，《古今說海》本據以彙編其他五篇作〈夢遊錄〉，但未著錄出處及著者。《豔異編》卷二二夢遊部、《續虞初志》卷二、《綠窗女史》卷六冥感部夢寐門、《雪窗談異》和《舊小說》乙集皆據此。又，《綠窗女史》將篇目題作〈獨孤見夢記〉，妄題唐孫頎撰；《舊小說》於題下注「又見《河東記》」，則據《太平廣記》。

邢鳳故事原出《異聞集》，《太平廣記》引之，《古今說海》本據以彙編其他五篇作〈夢遊錄〉，但未著錄出處及著者。《豔異編》卷二二夢遊部和《雪窗談異》即據此，惟《豔異編》所載文末脫「明日，客復有至者」云云一五八字。

沈亞之故事原出《沈下賢文集》卷二〈秦夢記〉，《異聞集》引之，《太平廣記》復引《異聞集》，題〈沈亞之〉，《古今說海》本據以彙編其他五篇作〈夢遊錄〉，但未著錄出處及著者。《豔異編》卷二二夢遊部、《雪窗談異》和《舊小說》乙集即據此，又《舊小說》於題下注「又見《異聞集》」，則據《太平廣記》。

張生故事原出《纂異記》，《太平廣記》引之，《古今說海》本據以彙編其他五篇作〈夢遊錄〉，但未著錄出處及著者。《豔異編》卷二二夢遊部、《雪窗談異》和《舊小說》乙集即據此，惟《舊小說》於題下注「又見《纂異記》」，則據《太平廣記》。

〔註6〕按：《合刻三志》，原書未見，上海圖書館編《中國叢書綜錄》（北京：中華書局，1959～1962年）多有記載，李劍國《唐五代志怪傳奇敘錄》和寧稼雨《中國文言小說總目提要》亦有相關著錄，且大抵相同。故本文探討作者和卷次問題時，凡有關《合刻三志》之論述，皆引此三書所載，不另作註。

劉道濟故事原出《金溪閒談》，《北夢瑣言》卷七〈劉道濟幽窗夢〉引之，《太平廣記》復引《北夢瑣言》，《古今說海》本據以彙編其他五篇作〈夢遊錄〉，但未著錄出處及著者，《豔異編》卷二二夢遊部和《雪窗談異》再據此引。

（三）內容

《夢遊錄・櫻桃青衣》：天寶初年，范陽盧生科考失利，偶至一精舍聽僧誦經，後因疲累入睡，夢遇其從姑及提櫻桃青衣。盧生與從姑外甥女鄭氏成親，科考仕途自此順遂，累遷宰相，盡享富貴榮華。三十年後，盧生復至當年精舍，忽即昏醉夢醒，感嘆人間富貴如夢，自此不再應舉，尋仙訪道，絕跡人世。

《夢遊錄・獨孤遐叔》：唐貞元中，獨孤遐叔落第後至四川遊歷，因水土不服延遲兩年歸家。途中夜宿近家一佛堂，偶見妻子白氏遭眾人挾持、挑逗，遐叔一時怒甚拾磚投向眾人，所見影像立即消失無蹤。遐叔返抵家門時，白氏方從夢魘中醒，其夢境景象與遐叔於佛堂所見相同。

《夢遊錄・邢鳳》：唐貞元年間，邢鳳賃居長安平康里，某日夢一美人從大廳西柱走來，言此處原是其家。因喜作詩故，邢鳳取彩箋謄寫美人所作〈春陽曲〉；美人亦囑邢鳳將之流傳，後遂昏然不復記得。邢鳳醒後更衣，於衣袖間發現美人所作詩，復憶起夢中經歷。

《夢遊錄・沈亞之》：唐太和年間，沈亞之投宿索泉縣，夢至秦穆公內史廖家。經內史推薦，亞之受封中涓官，攻佔得五座城池，穆公喜而將寡居女弄玉妻之。未久，弄玉死，穆公睹亞之則必傷女亡，遂遣之離開。亞之方出函谷關，便自夢醒。

《夢遊錄・張生》：張生北遊五年，歸返汴州途中，於路旁草叢見己妻與六、七賓客飲酒作樂，被迫作詩吟唱且不容拒絕。張生怒而拾瓦扔向眾人，其一誤中妻額，所見景象遂皆不見。張生據此以為妻亡，待返家見妻頭痛病狀，始知昨夜所見乃妻之夢境。

《夢遊錄・劉道濟》：唐光化年間，劉道濟於天台山國清寺夢與某女結為夫妻，此後又多次夢見該女子。而後，道濟於明州奉化縣古寺見夢中景象，始知天台山所夢者，乃原本寄寓此地某客新死女之魂魄。又有彭城劉生，凡夢便入某娼樓，所遇姬身上之香常襲衣。

四、《吳保安傳》一卷

（一）作者

《古今說海》本不題撰者。《太平廣記》卷一六六〈吳保安〉亦載是事，注出《紀聞》。

《紀聞》，唐牛肅撰。牛肅為玄宗時人，生卒里籍仕宦俱未詳，但知肅宗朝猶在世。著有《紀聞》。

（二）傳本

本書原出《紀聞》，《太平廣記》引之，《古今說海》本乃據《太平廣記》，惟改書名作《吳保安傳》，且未著錄出處及著者。《五朝小說》本、《五朝小說大觀》本、《合刻三志》志奇類、《唐人說薈》本和《唐代叢書》本皆據此，但妄題唐許棠撰，書名作《奇男子傳》。《舊小說》乙集和《叢書集成初編》本依《古今說海》本題《吳保安傳》，但《舊小說》於題下注：「又見《紀聞》」，則據《太平廣記》，且妄題唐許棠撰；《叢書集成初編》據《太平廣記》，題唐牛肅撰。

（三）內容

唐人吳保安得鄉人郭仲翔推薦，前往李蒙將軍處擔任管記；後以蠻賊作亂，李蒙戰死，仲翔被俘，遂留滯姚州。蠻族貪財，知仲翔伯父元振任唐朝宰相，故將贖物增至千匹絲絹。仲翔乃致書保安，務將蠻族逼索訊息轉達。適以元振亡故，保安為顧全其義，不惜賣家變財，且至崔州經營財物十年，始籌得贖換仲翔之資。保安妻因飢寒不能立而攜子往尋，途中巧遇姚州都督楊安居，安居知所原委後出資幫助，仲翔終得重返京城且拜官授職。保安夫婦亡後，仲翔以子禮服喪三年，又待其子如兄弟，並將官服官職讓之，以報答保安的再造恩德。

五、《崑崙奴傳》一卷

（一）作者

《古今說海》本不題撰者。《太平廣記》卷一九四〈崑崙奴〉亦載是事，注出《傳奇》。

《傳奇》，唐裴鉶撰。生平資料已見《洛神傳》。

（二）傳本

本書原出《傳奇》，《太平廣記》引之，《古今說海》本乃據《太平廣記》，惟改書名作《崑崙奴傳》，且未著錄出處及著者。《豔異編》卷二四義俠部、《情史類略》卷四情俠類、《續虞初志》卷四、《綠窗女史》卷九節義俠部、《舊小說》丙集和《叢書籍成初編》本皆據此，又《情史類略》將篇目題作〈崑崙奴〉。另，《綠窗女史》妄題唐楊巨源撰，《舊小說》丙集妄題馮延己撰，皆不知所據。再者，《無一是齋叢鈔》題唐段成式撰〔註7〕，恐是因爲清代小說叢書收《劍俠傳》載〈崑崙奴〉，又妄題段成式撰而致誤。

（三）內容

唐大曆年間，崔生於勛臣一品家中識得紅綃妓，別時妓立三指，又反掌者三，再指胸前小鏡云記取，餘更無言。崔生自此神迷意奪，日不暇食。幸有崑崙奴解得紅綃妓意，使兩人相會，且自一品家中奪妓出。兩年後，紅綃妓藏身崔家事洩。一品爲擒拿崑崙奴，命甲士五十人持兵杖包圍崔家，只見崑崙奴持匕首飛出高垣，逃脫離去，不知所向。十餘年後，復有崔家人見崑崙奴賣藥於洛陽，然容髮如舊。

六、《鄭德璘傳》一卷

（一）作者

《古今說海》本不題撰者。《太平廣記》卷一五二〈鄭德璘〉亦載是事，注出《德璘傳》，《類說》卷三二引，注出《傳奇》〔註8〕。

《傳奇》，唐裴鉶撰。生平資料已見《洛神傳》。

（二）傳本

本書原出《傳奇》，《太平廣記》引之，《古今說海》本乃據《太平廣記》，惟改書名作《鄭德璘傳》，且未著錄出處及著者。《豔異編》卷二水神部、《情

〔註7〕 按：《無一是齋叢鈔》原書未見，本書所引，俱參《中國叢書綜錄》所載。

〔註8〕 據盧錦堂考證，《太平廣記》原注「出《傳奇》」者，凡二十一條。卷152〈鄭德璘〉，原注出「《德璘傳》」，查《太平廣記》所收鄭傳之文，僅此一篇，則其爲單篇別行之文字可知。但《太平廣記》「雜傳記」一類皆收錄單篇別行之文字，而此篇不與爲伍，甚可疑其爲明人翻刻此書時所補注。《類說》及《苕溪漁隱叢話》引及是事，云出《傳奇》，則其本屬《傳奇》條文，固無異議。請參盧錦堂著：《太平廣記引書考》（臺北：花木蘭文化出版社，2006年），頁258～259。

史類略》卷八情感類、《綠窗女史》卷一〇神仙部、《舊小說》乙集和《叢書集成初編》本皆據此。但《情史類略》篇目作〈鄭德璘〉，《綠窗女史》題作〈洞庭龍女傳〉。又，《舊小說》題薛瑩撰，恐是因為明清小說叢書所收《龍女傳》載〈鄭德璘傳〉，又妄題薛瑩撰而致誤。

（三）內容

　　唐貞元中，湘潭尉鄭德璘每年皆往江夏探訪表親，途經洞庭湖時輒遇一駛舟老翁，而樂於將所攜酒與之分享。某次，德璘邂逅鄰舟韋氏女，與之情投意合，投詩相贈。其後，韋氏女所乘舟翻覆，德璘悲痛難解。洞庭湖府君預知德璘日後將為地方賢明，復以待己有義，遂讓韋氏女復生，成全其姻緣。三年後，德璘於長沙任期屆滿，果調派境轄洞庭湖之巴陵縣令，船渡洞庭湖時，方知昔日老翁即洞庭府君。

七、《李章武傳》一卷

（一）作者

　　《古今說海》本不題撰者。《太平廣記》卷三四〇〈李章武〉亦載是事，文末云「出李景亮為作傳」〔註9〕。

　　唐李景亮，生卒字號里籍未詳。貞元十年（794）詳明政術可以理人科。元和末至長慶間為翰林待詔，又授左司禦率府長史，依前待詔。

（二）傳本

　　李章武故事，《異聞集》嘗收入之，《太平廣記》引而注出李景亮為作傳，《古今說海》本乃據《太平廣記》，惟改書名作《李章武傳》，且未著錄出處及著者。《豔異編》卷三七鬼部、《青泥蓮花記》卷九、《重編說郛》本、《情史類略》卷八情感類、《廣虞初志》卷二、《舊小說》乙集和《唐宋傳奇集》皆據此。但《青泥蓮花記》將篇目題作〈華州王氏〉，題下注：「李景亮撰《李章武傳》」，文末注出：「《太平廣記》、《古今說海》，字有互異。」《重編說郛》本改書名作《才鬼記》，妄題宋張君房撰；《情史類略》將篇目題作〈李章武〉；《廣虞初志》和《唐宋傳奇集》題李景亮撰；《舊小說》於題下注：「又見《才

〔註9〕　盧錦堂考證，《類說》所錄《異聞集》載其事，則《太平廣記》卷340或單篇別行。然謂《太平廣記》原注脫佚，後人妄載篇末之語而為注，亦未嘗不可。茲仍從通行本《太平廣記》，姑存其目。請參盧錦堂著：《太平廣記引書考》，頁294。

鬼記》」，題李景亮撰。

（三）內容

唐貞元年間，李章武訪華州崔信，邂逅王家兒媳，賃租其屋而私通之。其後，章武因事返長安，兩人自此分別八、九年，未通音訊。待章武再返華州，始知王婦已逝世兩年。適有東鄰楊婦訴以王婦遺言，令章武再居其屋，遂得與陰陽相會，略訴平生。天欲明時，王婦贈章武鞦韉寶石，云乃得自西岳玉京夫人處，因章武崇奉玄道，故以投獻。章武後召玉工審視寶石，並因其形，雕作斛葉象，儲於懷中。後有胡僧視之，言其乃天上物，非人間所有。章武爲答謝楊婦玉成之恩，日後每到華州，必攜禮相贈。

八、《韋自東傳》一卷

（一）作者

《古今說海》本不題撰者。《太平廣記》卷三五六〈韋自東〉亦載是事，注出《傳奇》。

《傳奇》，唐裴鉶撰。生平資料已見《洛神傳》。

（二）傳本

本書原出《傳奇》，《太平廣記》引之，《古今說海》本乃據《太平廣記》，惟改書名作《韋自東傳》，且未著錄出處及著者，《叢書集成初編》本又據此。

（三）內容

唐貞元中，義士韋自東遊歷太白山，因知山中精舍有野人作怪，遂以勇力誅殺之。適一道士前來，言己經仙人指點得煉龍虎丹藥，卻因妖魔擾亂欲毀，故請自東前往斬除，使助丹藥煉成。自東一時不察，致妖魔入侵、丹爐爆裂。道士與自東痛哭悔咎之餘，以泉水滌鼎器後飲之。自此，自東更有少容，而莫知所蹤。

九、《趙合傳》一卷

（一）作者

《古今說海》本不題撰者。《太平廣記》卷三四七〈趙合〉亦載是事，注出《傳奇》。

《傳奇》，唐裴鉶撰。生平資料已見《洛神傳》。

（二）傳本

本書原出《傳奇》，《太平廣記》引之，《古今說海》本乃據《太平廣記》，惟改書名作《趙合傳》，且未著錄出處及著者。《豔異編續》卷一三鬼部、《舊小說》乙集和《叢書集成書初編》本皆據此，但《豔異編續》將篇目題作〈趙合〉。

（三）內容

唐太和年間，有李女爲奉天人，前往洛源探視其姊途中，遭賊黨殺害棄置五原。後有進士趙合遊經此地，以李女相告而收葬其骸骨。鬼靈李文悅欽佩趙合義氣，現身自陳生前對五原貢獻，並請趙合轉達，希冀當地長官能爲之樹立德政碑。時人以趙合妖言惑眾，未接受其建議。五原亦果如文悅所言，遭遇災禍，死亡達上萬人。其後，趙合將李女骨骸埋葬奉天，李女感念其義行，贈以《演參同契續元經》。趙合自此放棄舉業，居少室山中修煉丹藥成仙。

一○、《杜子春傳》一卷

（一）作者

《古今說海》本不題撰者。《太平廣記》卷一六〈杜子春〉亦載是事，注出《續玄怪錄》。程毅中辨正出牛僧孺《玄怪錄》，明刻本《幽怪錄》卷一作〈杜子春〉〔註10〕。

《玄怪錄》，又名《幽怪錄》，唐牛僧孺（780～848）撰。僧孺，字思黯，安定鶉觚（今甘肅省靈臺縣）人。貞元二十一年（805）進士，元和三年（808）應賢良方正能直言極諫科對策第一。歷任伊闕尉、河南尉、監察御史、禮部員外郎、都官員外郎、考功員外郎等職。穆宗即位，以庫部郎中知制誥，遷御史中丞、戶部侍郎，相穆宗、敬宗、文宗三朝。會昌四年（844），因交通劉從諫罪貶爲太子少保，後至循州員外長史。著有《玄怪錄》。

（二）傳本

本書原出《玄怪錄》，《太平廣記》引之，《古今說海》本所據出《太平廣記》或《玄怪錄》，惟改書名作《杜子春傳》，且未著錄出處及著者。《五朝小說》本、《五朝小說大觀》本、《廣虞初志》卷二、《龍威秘書》本、《唐人說

〔註10〕程毅中著：《古小說簡目》（北京：中華書局，1986年），頁111。

薈》本、《唐代叢書》本、《藝苑捃華》本、《舊小說》乙集、《晉唐小說六十種》本和《叢書集成初編》本皆據此，但妄題唐鄭還古撰，且除《舊小說》外，其餘文末都有「馮夢龍曰」云云一段文字。另，《舊小說》於題下注：「又見《續玄怪錄》」，則據《太平廣記》。

（三）內容

周、隋間人杜子春，嗜酒邪遊，不事生產，資財蕩盡，遭親友見棄。有某老資助重金，卻終爲揮霍一空，如此反覆再三，子春方得曉悟，自此佈施孤寡，報答老翁恩德。某日，老翁帶子春上雲臺峰，其自作道士打扮，且命子春看守煉藥丹爐，告誡若見任何幻象，皆得不動不語。最末，子春於幻境中見己化身爲女子，因丈夫盧生以摔破其子頭顱要脅，子春心生不忍而失聲呼叫。霎時幻象遂與俱滅，只見丹爐毀壞情景。老翁因丹藥未成，言子春亦無緣爲上仙，使之歸家。

一一、《裴伷先別傳》一卷

（一）作者

《古今說海》本不題撰者。《太平廣記》卷一四七〈裴伷先〉亦載是事，注出《紀聞》。

《紀聞》，唐牛肅撰。生平資料已見《吳保安傳》。

（二）傳本

本書《澹生堂藏書目》卷四史部記傳類據《古今說海》著錄一卷。故事原出《紀聞》，《太平廣記》引之，《古今說海》本乃據《太平廣記》，惟改書名作《裴伷先別傳》，且未著錄出處及著者，《舊小說》乙集和《叢書集成初編》本皆據此。

（三）內容

唐相國裴炎遇害，其姪伷先受牽連而被廢爲民。伷先爲洗脫裴炎冤情，不愼得罪武則天，發配瀼州。流放期間，伷先先後娶流人盧氏女和北庭可汗女爲妻，致富後得食客通報，知悉朝廷動靜。時有李秦進言伐武者必爲流人，武則天乃下令誅殺所有遭流放者，然伷先以姓名未獲報而得倖免。其後，裴炎遇赦，伷先亦得免除罪罰，並獲任官職且得致美名。

一二、《震澤龍女傳》一卷

（一）作者

　　《古今說海》本不題撰者。《太平廣記》卷四一八〈震澤洞〉亦載是事，注出《梁四公記》。

　　《梁四公記》，唐梁載言撰〔註11〕。載言，博州聊城（今山東聊城縣）人，生卒年字號未詳。上元二年（761）進士，歷鳳閣舍人，專知制誥，中宗時為懷州刺史。著有《具員故事》、《十道志》、《盧詵四公記》。《舊唐書》卷一九○〈劉憲〉附傳。

（二）傳本

　　本書原出《梁四公記》，《太平廣記》引之，《古今說海》本乃據《太平廣記》，但改書名作《震澤龍女傳》，且未著錄出處及著者。又異文情形較多，可互校之：如《太平廣記》：「有長城乃仰公眺誤墮洞中」，《古今說海》作：「有漁人茅公肔偶墮洞中。」《太平廣記》：「忽彷彿說得歸路，尋出之。為吳郡守時，乃具事聞梁武帝。」〔註12〕《古今說海》作：「忽髣髴記得歸路，得去，為吳郡守具言其事，事聞梁武帝。」《綠窗女史》卷一○神仙門〈震澤龍女傳〉和《叢書集成初編》本《龍女傳》所載同《古今說海》，但《綠窗女史》妄題唐薛瑩撰。

（三）內容

　　漁人茅公肔誤入震澤龍宮事為梁武帝知曉後，詔告天下有能者往取龍珠珍寶。羅子春兄弟因遠祖曾與龍族為婚，且能化惡龍、龍毒，故得受命前往。經杰公指點以龍性懼蠟味及喜食燒燕習慣，子春兄弟終得使龍宮守門小蛟不能妄動，且接納燒燕之賄，以代為通問龍女。龍女亦素知梁武帝善意，遂賞各種龍珠使予帶回。

〔註11〕盧錦堂引《直齋書錄解題・梁四公記》：「張說撰。按《館閣書目》稱梁載言纂。唐志作盧詵注（今本《新唐志》無『注』字），云一作梁載言。《邯鄲書目》云載言得之臨淄田通，又云別本題張說，或為盧詵。今按此書卷末所云田通事迹信然，而首題張說，不可曉也。」復以《宋志》題梁載言撰，《通考》題張說撰，《崇文總目》、《遂初堂書目》不著撰人名。最後歸結：「依陳振孫言，題梁載言者似有據，但疑梁氏乃改編舊聞而非創撰；題盧詵、張說者，未詳所本，姑存疑。」文見盧錦堂著：《太平廣記引書考》，頁62。

〔註12〕（宋）李昉等編：〈震澤洞〉，《太平廣記》（臺北：文史哲出版社，1987年），卷418，頁3404。

一三、《袁氏傳》一卷

（一）作者

《古今說海》本不題撰者。《太平廣記》卷四四五〈孫恪〉亦載是事，注出《傳奇》。

《傳奇》，唐裴鉶撰。生平資料已見《洛神傳》。

（二）傳本

本書原出《傳奇》，《太平廣記》引之，《古今說海》本乃據《太平廣記》，惟改書名作《袁氏傳》，且未著錄出處及著者。《豔異編》卷三二妖怪部、《合刻三志》志妖類、《綠窗女史》卷八妖豔部、《龍威秘書》本、《唐人說薈》本、《唐代叢書》本、《舊小說》乙集、《晉唐小說六十種》本和《叢書集成初編》本皆據此，但除《豔異編》外，餘皆妄題唐顧敻撰。《舊小說》篇目題下注：「又見《傳奇》」，則據《太平廣記》。

（三）內容

唐廣德年間，秀才孫恪偶入袁家舊第，得與袁氏相識、婚配。因袁家素來富裕，孫恪自此亦服玩華麗，不復追求名第。三、四年後，孫恪偶遇表兄張生，張告之其妻乃妖怪化身，並予寶劍使誅除之。孫恪因不忍殺害，面露難色，終被袁氏識破計端，將寶劍折毀。此後十餘年間，袁氏鞠育二子，治家嚴謹，不喜參雜。孫恪因被薦為經略判官，攜家赴任途經決山寺時，袁氏睹寺中野猿數十連臂下於高松、食於臺上而情緒惻然，俄而裂衣化為老猿躍樹離去。寺僧方才曉悟此猿乃為沙彌時所養者，孫恪亦悵然攜子而歸。

一四、《少室仙姝傳》［註13］一卷

（一）作者

《古今說海》本不題撰者。《太平廣記》卷六八〈封陟〉亦載是事，注出《傳奇》。

《傳奇》，唐裴鉶撰。生平資料已見《洛神傳》。

（二）傳本

本書原出《傳奇》，《太平廣記》引之，《古今說海》本乃據《太平廣記》，

〔註13〕明嘉靖儼山書院刊本於總目錄作「少室先姝傳」，文中則作「少室仙姝傳」，據其內容當以「仙」字為佳。

惟改書名作《少室仙姝傳》，且未著錄出處及著者。《豔異編》卷四仙部、《舊小說》乙集和《叢書集成初編》本皆據此。

（三）內容

唐寶曆年間，孝廉封陟於少室山邂逅遭貶下凡之上元夫人，夫人以封陟操行嚴謹、堅貞廉正而願爲執箕奉帚，卻屢遭嚴辭拒絕。三年後，封陟染病身亡，鬼使驅趕其魂魄至冥府途間，適遇上元夫人出遊泰山，爲之延壽十二年。封陟還陽後，追悔昔日之事，輒慟哭自咎。

一五、《李林甫外傳》一卷

（一）作者

《古今說海》本不題撰者。《太平廣記》卷一九〈李林甫〉亦載是事，注出《逸史》。

《逸史》，唐盧肇（818～882）撰。肇，字子發，號樂軒，袁州宜春縣文標鄉（今江西新餘市分宜縣楊橋鄉）人。武宗會昌三年（843），進士第一名。初爲鄂岳節度使盧商從事，後除潼關防禦判官、秘書省著作郎，遷倉部員外郎充集賢殿書院直學士。咸通中，以朝散大夫持節歙州諸軍事守歙州刺史，後又移鎭宣、池兩州，復遷吉州刺史，卒於任上。著有《文標集》、《屆堂龜鑒》、《盧子史錄》、《逸史》、《愈風集》、《大統賦注》、《海潮賦》等。

（二）傳本

本書《澹生堂藏書目》卷四史部記傳類據《古今說海》著錄一卷。故事原出《逸史》，《太平廣記》引之，《古今說海》本乃據《太平廣記》，惟改書名作《李林甫外傳》，且未著錄出處及著者。《重編說郛》本、《五朝小說》本、《五朝小說大觀》本、《唐人說薈》本、《唐代叢書》本、《唐開元小說六種》、《舊小說》乙集、《郋園先生全書》和《叢書集成初編》本皆據此。

（三）內容

唐李林甫年輕時好遊獵打毬，經道士點化而修身謹飭，不復放蕩弛縱。三年後，道士自謂行於世間五百年，見林甫之名已登列仙籍，合白日升天，若不欲如此，可擇任二十年宰相。林甫選擇擁有大權，道士勸誡以勿行陰賊事，得廣泛救人、拔擢人才，則三百年後可再升天。此後不消十年，林甫果拜爲丞相，但爲鞏固大權，不惜誅殺異己，忘卻道士教誨。二十年後，道士

赴林甫府第，言其過去作爲非天地能容，六百年後始能再列仙班。言訖遂出門而逝，不知所蹤。

一六、《遼陽海神傳》一卷

（一）作者

明蔡羽（約 1478～1541）撰。羽，字九逵，自號林屋山人，又號左虛子，或稱蔡孔目、消夏居士，江蘇吳縣人（今江蘇蘇州）。羽自小喪父，母吳氏親授讀書，十三歲即能操筆成文，詩文主張復古，言必稱秦漢，或謂其詩似李賀，嘗曰：「吾詩求出魏晉上，今乃爲李賀邪！」自視甚高，頗負奇氣，楷、行書均遒勁。爲人高朗疏俊，聰警過人。爲諸生後，自弘治五年（1492）始，屢試不第。嘉靖十三年（1534），由國子生授南京翰林院孔目，兩年後致仕歸里。著有《太藪外史》、《林屋集》、《南館集》、《蔡林屋詩》、《遼陽海神傳》〔註14〕。《明史》卷二八七〈文徵明〉附傳。

（二）傳本

本書原本未傳，《古今說海》本乃現存最早刊本，《豔異編》卷二水神部、《情史類略》卷一八情疑類、《虞初廣志》卷一〇、《香豔叢書》、《舊小說》丙集和《叢書集成初編》本皆據此。但《豔異編》、《情史類略》和《香豔叢書》均未題撰人，且《情史類略》將篇目題作〈遼陽海神〉。2007 年，長春吉林文史出版社據《古今說海》本點校出版，收入《稀見珍本明清傳奇小說集》。

（三）內容

明正德年間，程宰與兄某至遼陽經商，因投資失利，受僱於其他商人。某夜，遼陽海神至程宰房中，謂與之有夙緣而來相就，兩情繾綣、難分難捨。海神自此人定即來，晨雞再鳴而去。凡程宰心有所慕，舉目便是，極其神速。海神亦暗助程宰經商，使獲利更勝昔年所喪之十倍。嘉靖三年，程宰以離家二十年，思欲回鄉祭祖探親，海神言兩人緣分已盡，只待程宰八十一歲逝後，始能在蓬萊仙島續其盟誓。

〔註14〕 有關蔡羽生平暨作品考辨，請參魏王妙櫻撰：〈明蔡羽遼陽海神傳考述〉，《東吳中文研究集刊》1995 年第 2 期（1995 年 5 月），頁 46～49 和薛洪勣、王汝梅主編：〈遼陽海神傳〉，《稀見珍本明清傳奇小說集》（長春：吉林文史出版社，2007 年），頁 131。

一七、《虭蜉傳》一卷

（一）作者

　　《古今說海》本不題撰者。《太平廣記》卷四七八〈徐玄之〉亦載是事，注出《纂異記》。

　　《纂異記》，唐李玫撰。生平資料已見《夢遊錄》。

（二）傳本

　　本書原出《纂異記》，《太平廣記》引之，《古今說海》本乃據《太平廣記》，惟改書名作《虭蜉傳》，且未著錄出處及著者。《豔異編續》卷一一昆蟲鬼部、《廣虞初志》卷一、《舊小說》乙集和《叢書集成初編》本皆據此。

（三）內容

　　徐玄之自浙東遷吳，於立義里居，其宅素有凶怪出沒。玄之某夜讀書，見虭蜉太子狩獵壯容，乃以書卷蒙之，執燭以爇，後遂一無所見。是夜，玄之方寐間，遭虭蜉繫頸成為階下囚。臣子馬知玄對虭蜉王言太子所受驚恐，實皆逸遊過度所致，毋以此害玄之，否則當遭天譴。虭蜉王不聽勸諫，下令斬殺知玄。是時大雨暴至，草澤臣蟨飛奏謂此乃天泣忠臣妄遭殺戮之淚。虭蜉王方悟己過，拜蟨飛為諫議大夫，追贈知玄為安國大將軍，封知玄子蚳為太史令。後虭蜉王有夢，蟨飛解為亡國徵兆：是玄之將鋤土縱火報繫頸之辱。玄之夢醒，即召家僮掘地得蟻穴而焚之。其宅自此不復有凶怪作祟。

一八、《甘棠靈會錄》一卷

（一）作者

　　《古今說海》本不題撰者。《太平廣記》卷三五○〈許生〉亦載是事，注出《纂異錄》。程毅中辨正《纂異錄》乃《纂異記》之誤〔註15〕。

　　《纂異記》，唐李玫撰。生平資料已見《夢遊錄》。

（二）傳本

　　本書原出《纂異記》，《太平廣記》引之，《古今說海》本乃據《太平廣記》，惟改書名作《甘棠靈會錄》，且未著錄出處及著者，《舊小說》乙集所引即據此。

〔註15〕程毅中著：《古小說簡目》，頁112。

（三）內容

　　唐會昌元年，孝廉許生下第東歸，將宿甘泉，至甘棠館附近偶遇白衣叟。經與言談，許生心知其爲鬼物，卻不與多問，繼續尾隨而行。其後，白衣叟於噴玉泉牌樓下叮囑許生不得再與同行，許生未予理會仍跟隨之，而得見白衣叟與四丈夫一同吟詩喝酒。待眾鬼離去，許生循舊路達甘泉，對店嫗言及所見。嫗方思及許生所見，或即夜間前來買酒者，後果見昨夜賣酒所得盡化作紙錢。

一九、《顏濬傳》一卷

（一）作者

　　《古今說海》本不題撰者。《太平廣記》卷三五〇〈顏濬〉亦載是事，注出《傳奇》。

　　《傳奇》，唐裴鉶撰。生平資料已見《洛神傳》。

（二）傳本

　　本書原出《傳奇》，《太平廣記》引之，《古今說海》本乃據《太平廣記》，惟改書名作《顏濬傳》，且未著錄出處及著者。《豔異編》卷三八鬼部和《情史類略》卷一九情鬼類所引皆據此，但將篇目分別題作〈顏濬〉和〈張貴妃孔貴嬪〉。

（三）內容

　　唐會昌年間，進士顏濬下第遊廣陵，於舟中識得青衣趙幼芳。因顏濬對之多所照顧，故待換船臨別前，幼芳邀濬於中元節至瓦棺閣遊覽，乃欲引見神仙。期至，顏濬依邀赴約，復至張貴妃清溪住處，與陳朝孔貴嬪、江修容和何婕好吟詩喝酒，又與貴妃就寢。次日，顏濬再至清溪，但見松檜丘墟；經詢問於人，始知爲陳朝宮人墓區。數月後，顏濬復遊廣陵，訪吳公臺、煬帝舊陵，果見有宮人趙幼芳墓。顏濬因以奠之。

二〇、《張無頗傳》一卷

（一）作者

　　《古今說海》本不題撰者。《太平廣記》卷三一〇〈張無頗〉亦載是事，注出《傳奇》。

《傳奇》，唐裴鉶撰。生平資料已見《洛神傳》。

（二）傳本

本書原出《傳奇》，《太平廣記》引之，《古今說海》本乃據《太平廣記》，惟改書名作《張無頗傳》，且未著錄出處及著者。《豔異編》卷二水神部、《情史類略》卷一八情疑類和《叢書集成初編》本皆據此，但《情史類略》將篇目題作〈廣利王女〉。

（三）內容

唐長慶年間，進士張無頗於赴舉途中愁困逆旅，偶遇袁大娘贈玉龍膏和暖金盒一只，又告之以能還魂起死、得遇名姝和獲致富貴。時廣利王因愛女有疾，遂邀無頗前往治病，廣利王女服玉龍膏後雖得立癒，卻自此與無頗彼此相思。其後，廣利王女有疾如初，無頗復前來治病，王后見宮中暖金盒在無頗處，曉悟其女有私於無頗，遂與廣利王成全之，使其還陽與無頗歸居韶陽。後袁大娘至韶陽取媒人禮，無頗詰問妻子原由，始知大娘乃唐相士袁天綱女，而暖金盒本屬廣利王宮中之物。

二一、《板橋記》一卷

（一）作者

《古今說海》本不題撰者。《太平廣記》卷二八六〈板橋三娘子〉亦載是事，注出《河東記》。

《河東記》，唐薛漁思撰。生平資料已見《夢遊錄》。

（二）傳本

本書原出《河東記》，《太平廣記》引之，《古今說海》本乃據《太平廣記》，惟改書名作《板橋記》，且未著錄出處及著者，《廣虞初志》卷一和《叢書集成初編》本皆據此。

（三）內容

唐元和年間，許州客趙季和往東都途中，夜宿三娘子板橋店。因輾轉不寐，無意窺見三娘子施行法術，令木牛、木偶耕耘蕎麥、磨成麵粉，及其將麵粉製成燒餅過程。趙季和心知其術，天明後遂藉故離去，但潛戶外窺之。只見諸客食過燒餅盡變成驢，為三娘子驅入店後，又盡沒其貨物錢財過程。月餘後，趙季和自東都回，復宿於板橋店。其趁機將預備之燒餅與三娘子製

者互換其一，致三娘子誤食而亦變成驢，自此策之周遊他處。四年後，經一老人請求釋放，以兩手擘開驢之口鼻，三娘子方從皮中跳出，宛若舊身。三娘子向老人拜訖走去，不知所之。

二二、《鄴侯外傳》一卷

（一）作者

《古今說海》本不題撰者。《太平廣記》卷三八〈李泌〉亦載是事，注出《鄴侯外傳》。據郝潤華考證，《鄴侯外傳》與《鄴侯家傳》實爲一書〔註16〕，作者唐李繁，所記乃其父事蹟。

唐李繁（774～829）〔註17〕，京兆（今陝西西安）人。少聰警，有才名，以廕襲封鄴侯，貞元中入仕太常博士。歷任隨州刺史、處州刺史。敬宗寶曆二年（826），入朝爲大理少卿，加弘文館學士，後出爲亳州刺史。時亳州盜賊甚多，李繁設謀出兵誅除。監察御史舒元輿狀奏其誅戮過甚，濫殺不辜，賜死於京兆府。著有《鄴侯家傳》、《北荒君長錄》、《玄聖蘧廬》、《說纂》。

（二）傳本

《鄴侯外傳》，原作《鄴侯家傳》、《相國鄴侯家傳》、《李鄴侯家傳》，又名《李泌傳》。《新唐書》卷五八〈藝文志〉乙部史錄雜傳記類、《崇文總目》卷四傳記類、《中興館閣書目》史部雜傳類、《郡齋讀書志》卷二下傳記類、《直齋書錄解題》卷七傳記類、《通志》卷六五〈藝文略〉史類傳記類、《文獻通考》卷一九八史部傳記類、《宋史》卷二〇三〈藝文志〉傳記類、《世善堂藏書目錄》卷上稗史野史並雜記類、《國史經籍志》卷三史類傳記類併著錄李繁

〔註16〕 郝潤華認爲《鄴侯家傳》演化爲《鄴侯外傳》之主要原因有三：一是李繁人品不端，《鄴侯家傳》載李泌事蹟又有不可信處，失去史書價值，只得以小說面貌出現，故改名作《外傳》。二是《鄴侯家傳》除記載李泌生平事蹟外，且大量敘寫李泌成仙學道及神秘怪誕事，與傳統「家傳」之寫實特性不同；復以宋代書商爲謀利益，輒將小說體文字改稱「外傳」，或致《家傳》之遭易名。三是唐人筆記小說在流傳過程中往往出現同書異稱情形，故可推測《鄴侯家傳》一書二稱有其出現根據。詳論請參郝潤華撰：〈鄴侯外傳及其與家傳的關係〉，《中國典籍與文化》第 36 期（2001 年第 1 期），頁 46～48。

〔註17〕 李繁生年，史籍未載，韓文奇據唐韓愈〈送諸葛覺往隨州讀書〉云李繁「行年餘五十」句，又該詩作於長慶三年（823），而逆推得李繁生於大曆九年（774）。詳論請參韓文奇撰：〈李繁生年及其相國鄴侯家傳考辨〉，《蘭州大學學報（社會科學版）》第 33 卷第 5 期（2005 年 9 月），頁 43。

《相國鄴侯家傳》十卷，或省作《鄴侯家傳》，此後公私書目不復見有著錄十卷者，知原書或亡佚於明清之際。現存於《太平廣記》、《類說》、《紺珠集》和《說郛》中者，僅皆爲部分內容〔註18〕。《古今說海》本所錄，乃據《太平廣記》，但題《鄴侯外傳》。《玄賞齋書目》卷二傳記類、《澹生堂藏書目》卷四史部記傳類、《也是園藏書目》卷二史部傳記類、《竹崦庵傳鈔書目》子部小說家類、《述古堂藏書目》卷三傳記類著錄《鄴侯外傳》一卷，疑皆據《古今說海》本著錄。據李劍國考證，《廣記引用書目》中亦有《鄴侯外傳》，知此爲原傳之名，而〈李泌〉乃館臣所改〔註19〕。

　　自《古今說海》以下，《鄴侯外傳》以叢書收入而流傳者，多作一卷，除《歷代小史》本和《舊小說》乙集不著撰人，《五朝小說》本和《五朝小說大觀》本皆題唐李繁撰，《重編說郛》本和《叢書集成初編》本則誤作李藥。又，《龍威秘書》本、《唐人說薈》本、《唐代叢書》本、《藝苑捃華》本和《晉唐小說六十種》本將篇目改作《李泌傳》，且誤題唐李藥撰。

（三）內容

　　汝南周氏懷孕三年而生李泌，其甫出生即髮長至眉，且以聰明穎悟，得唐玄宗和朝中大臣寵愛。李泌幼時，身輕能立屏風之上，有道者言其十五歲必白日升天。此後凡空中有異香樂音，其血親必迎罵之，不使預言成讖。李泌以直言規諷張九齡，結爲忘年交。後隨其至荊州，遊歷衡山、嵩山等地，遇神仙童相眞人羨門子安期先生，習長生羽化服餌道術。安史亂時，李泌運籌帷幄，有功於國。肅宗詢之要何獎賞，其但言願枕天子膝上睡一覺，肅宗亦償其所願。李泌以絕粒故，肅宗輒燒梨賞賜，恩渥隆異，令李輔國輩嫉之如仇，多方設計陷害，幸都能化險爲夷。歷佐四朝，後贈太子太傅。

二三、《洛京獵記》一卷

（一）作者

　　《古今說海》本不題撰者。《太平廣記》卷四五五〈張直方〉亦載是事，注出《三水小牘》。

　　《三水小牘》，唐皇甫枚撰。枚，字遵美，安定郡三水邑（今甘肅省涇川

〔註18〕郝潤華撰：〈鄴侯外傳及其與家傳的關係〉，頁48。
〔註19〕請參李劍國著：《唐五代志怪傳奇小說敘錄》，頁910。

縣西南）〔註20〕人，生卒年不詳。咸通末年，爲汝州魯山縣主簿。光啓中，僖宗在梁州，枚赴調行在。唐亡，終老於汾晉。著有《三水小牘》。

（二）傳本

本書原出《三水小牘》卷上〈王知古爲狐招壻〉。今據以和《太平廣記》卷四五五〈張直方〉比較，則《三水小牘》於「凡獲狐大小百餘頭，以其尸歸之水」後，有「人曰：嗟乎王生，生斯世不階，而爲狐貉所侮，況其大者乎！向若無張公之卓袍，則強死穢壇之穴矣。余時在洛敦化里第，於庠集中博士渤海徐公讜爲余言之。豈曰語怪，以摭奇文，故傳言之。」〔註21〕而《太平廣記》迄「凡獲狐大小百餘頭以歸」，故事即告終結，可知《太平廣記》節錄情形。又《古今說海》本亦有「人曰：嗟乎王生」云云文字，知陸楫所本爲《三水小牘》，非今本《太平廣記》，且改篇目作《洛京獵記》，未著錄出處及著者。按：《古今說海》「說畧部」有《三水小牘》，所據出《說郛》本，但脫〈步飛烟〉、〈却要〉和〈王知古〉三則。「說淵部」《洛京獵記》所據，當乃節鈔《說郛》本《三水小牘》，《廣虞初志》卷二和《叢書集成初編》所載同《古今說海》。另，《豔異編續》卷一二獸部篇目作《王知古》，脫「人曰：嗟乎王生」云云以下文字，知係引自《太平廣記》。此外，《合刻三志》志妖類、《綠窗女史》卷八妖豔部、《唐人說薈》本、《唐代叢書》本和《舊小說》乙集篇目作《獵狐記》，文末略脫「豈曰語怪以摭，故傳之爲」十字，且皆妄題唐孫恂撰。

（三）內容

唐咸通年間，有張直方喜狩獵，洛陽四旁飛禽走獸見之必群噪長嗥而去。某日，直方邀王知古狩獵，知古因追捕狐狸失途，偶入山中朱門甲第。其主母以天黑地僻，允諾知古入內借宿，後更欲以女妻之。待曉知古爲直方

〔註20〕 地名「三水」，歷來有指爲邠州三水縣，或安定郡三水邑，造成對皇甫枚籍貫的不同說法。王新亞從歷代設置三水縣之異時異地情形，復引北宋晁柏宇《續談助・三水小牘》跋語和陳振孫《直齋書錄解題》之說，及現存《三水小牘》各故事背景之地緣考量，提出《三水小牘》之「三水」所指爲安定郡三水邑之結論。詳論請參王新亞撰：〈古三水縣與皇甫枚的籍貫〉，《甘肅高師學報》第 7 卷第 6 期（2002 年第 6 期），頁 104～107。

〔註21〕 （唐）皇甫枚著，（清）繆荃孫校補：《三水小牘》（上海：上海古籍出版社，1997 年《續修四庫全書》影華東師範大學圖書館藏清光緒 17 年（1891）繆氏雲自在刊刻本），卷上，頁 39。

好友，舉府上下驚嚇萬分，將之驅趕而出。待知古與直方相遇，敘夜中所遇怪事。直方斷言知古乃遇妖怪作祟，親率獵徒數十前往，凡獵狐狸大小百頭有餘。

二四、《玉壺記》一卷

（一）作者

《古今說海》本不題撰者。《太平廣記》卷二五〈元柳二公〉亦載是事，注出《續仙傳》。程毅中云此「亦見《類說》卷三二《傳奇》，題作〈元徹〉。蓋原出裴鉶《傳奇》。」〔註22〕又陳葆光《三洞群仙錄》卷一二引，亦注出《傳奇》。李劍國復以沈汾《續仙傳》不載，直指《太平廣記》之誤〔註23〕。

《傳奇》，唐裴鉶撰。生平資料已見《洛神傳》。

（二）傳本

本書原出《傳奇》，《太平廣記》誤注出《續仙傳》，《古今說海》本乃據《太平廣記》，但改書名作《玉壺記》，且未著錄出處及著者。又異文情形較多，可互校之：如《太平廣記》：「俄頃尊師至，夫人迎拜，遂還坐。有仙娥數輩，奏笙簧簫笛，旁列鸞鳳之歌舞，雅合節奏。」《古今說海》節錄成：「俄命侍女歌舞，雅合節奏。」《太平廣記》：「玉虛尊師云：『吾輩自有師，師復爲誰？』曰：『南岳太極先生耳。』當自遇之，遂與使者告別。橋之盡所，即昔日合浦之維舟處，回視已無橋矣。二子詢之，時已一十二年。」《古今說海》節錄成：「玉虛尊師云：『吾輩自有師，師復是誰？』曰：『南岳太極先生耳。』二子及回岸，詢時已一十二年矣。」《太平廣記》：「有黃衣少年，持二金合子，各到二子家曰：『郎君令持此藥，曰還魂膏，而報二君子。家有斃者，雖一甲子，猶能塗頂而活。』」〔註24〕《古今說海》節錄成：「有黃衣少年，持二合子，各到二子家曰：『中有藥，若有斃者，雖一甲子，猶能塗其口中，俄頃則活。』」《舊小說》乙集和《叢書集成初編》本所載同《古今說海》。

（三）內容

唐元和初年，元胤與柳實乘舟落海，漂流至一孤島，經南溟夫人指點及

〔註22〕程毅中著：《古小說簡目》，頁113。
〔註23〕請參李劍國著：《唐五代志怪傳奇敍錄》，頁869。
〔註24〕（宋）李昉等編：〈元柳二公〉，《太平廣記》，卷25，頁167～169。

款待，又贈玉壺一枚，方命侍女送之離去。途中侍女以事相託，告以玉壺乃有求必應寶物，待元胤與柳實返鄉，始知已經過十二年，兩人妻子均謝世多年。待完成侍女所交代事，得黃衣少年贈送靈藥，兩人妻子皆得復生。其後，並尋得南嶽太極先生為師，與詣祝融，自此得道，不重見耳。

二五、《姚生傳》一卷

（一）作者

《古今説海》本不題撰者。《太平廣記》卷六五〈姚氏三子〉亦載是事，注出《神仙感遇傳》。杜光庭《神仙感遇傳》卷三〈御史姚生〉篇首云：「鄭州刺史鄭權敘云。」〔註25〕李劍國據《類説》、《紺珠集》、《綠窗新話》節引，及《異聞集》和《神仙感遇傳》進行比對，得《姚生傳》作者為唐鄭權，原篇目或疑作〈三女星精〉〔註26〕，後因收入陳翰《異聞集》而廣流傳，《古今説海》則引自《太平廣記》。

《異聞集》，唐陳翰輯，生平資料已見《夢遊錄》。

據今所知，唐代至少有四位名鄭權者。李劍國《唐五代志怪傳奇敘錄》考此鄭權（？～824），字復道，汴州開封（今河南開封市）人，生年不詳。貞元六年（790）登進士第。十六年佐涇原節度劉昌軍府。歷任行軍司馬、御史中丞、倉部郎中、河南尹、山南東道節度使間襄州刺史、華州刺史、潼關防禦使、鎮國軍節度使、德州刺史、德棣滄景節度使等，長慶間官至嶺南節度使〔註27〕。《舊唐書》卷一六二、《新唐書》卷一五九有傳。

（二）傳本

本書原出《異聞集》，復收入五代杜光庭《神仙感遇傳》卷三，題作〈御

〔註25〕（前蜀）杜光庭著：《神仙感遇傳》（臺南：莊嚴文化事業出版社，1995 年《四庫全書存目叢書》影涵芬樓影印明正統刻道藏本），卷 3，頁 305。

〔註26〕李劍國據《類説》卷 28 節引《異聞集》，題作〈三女星精〉；《紺珠集》卷 10 節引《異聞集》，題〈三女降星〉；《綠窗新話》卷上引《異聞錄》，題〈星女配姚御史兒〉。視《類説》本為詳，然較《神仙感遇傳》多有刪削，唯文句每每同，而知《異聞集》原本及《神仙感遇傳》所取皆為鄭權原文。復以《紺珠集》多就所摘片斷擬題，《綠窗新話》乃以七字標目，皆非原題；而《類説》本《異聞集》各篇標目多同原作，故疑〈三女星精〉乃原題。至若《神仙感遇傳》所題〈御史姚生〉當亦杜光庭自擬，《太平廣記》題〈姚氏三子〉乃修纂者所加。請參李劍國著：《唐五代志怪傳奇敘錄》，頁 433～434。

〔註27〕請參李劍國著：《唐五代志怪傳奇敘錄》，頁 433～435。

史姚生〉，《太平廣記》復引《神仙感遇傳》，改題〈姚氏三子〉。《古今說海》
本乃據《太平廣記》，惟改書名作《姚生傳》，且未著錄出處及著者。《情史類
略》卷一八情疑類、《綠窗女史》卷一〇神仙部、《舊小說》乙集和《叢書集
成初編》本皆據此，但《情史類略》將篇目題作〈織女婺女須女〉，《綠窗女
史》將篇目題作〈三女星傳〉，且妄題元吾衍撰。

（三）內容

　　唐御史姚生有子及二位外甥皆頑駑不肖，遂於山中築屋安置之，希冀其
三人在此囂塵不到處能專心讀書。某夜，姚生子於屋中遭一小豚擾，遂以書
鎮擊之，後卻遍尋不著，莫知所往。次日，有夫人前來言及昨夜被傷者乃其
子，且欲將女兒三人妻之，若三人能於百日內不洩漏今日事，將給予長壽和
富貴。而後，夫人召孔子、姜子牙等前來教導，使都成爲文武全才。姚生以
爲有鬼怪作祟，遂召三人說明事情原委。三人不堪責罰而全盤說出，違背昔
時承諾。時有儒者告姚生曰此三女乃天上織女、婺女、須女變化，本可福及
三人，但因洩露天機，恐有災禍降臨。夫人亦以其洩密而取茶湯令飲，三人
遂復頑愚如初。

二六、《唐晅手記》一卷

（一）作者

　　《古今說海》本不題撰者。《太平廣記》卷三三二引《通幽記》題作〈唐
晅〉，因文末云「事見《唐晅手記》」，知唐晅原作，後爲《通幽記》所採，但
原篇目未必是《唐晅手記》。至若《古今說海》乃引自《太平廣記》。

　　《通幽記》，唐陳劭撰〔註28〕，生平資料未詳。

　　唐唐晅，生平資料未詳，僅知爲開元中晉昌（今甘肅安西縣）人。

（二）傳本

　　本書原收入《通幽記》，《太平廣記》引之，《古今說海》本乃據《太平廣
記》，惟改書名作《唐晅手記》，且未著錄出處及著者。《情史類略》卷八情感
類和《舊小說》乙集即據此，但《情史類略》將篇目題作〈唐晅〉，《舊小說》
於題下注：「又見《通幽記》」，則據《太平廣記》，且題唐唐晅撰。

〔註28〕　此從《新唐書》卷 59〈藝文志〉之說，又《宋史》卷 206〈藝文志〉作「邵」，
　　　　並云一作「召」。

（三）內容

唐晅娶表妹張氏於渭南，後以事到洛陽數月，自此與張氏天人永隔。數年後，唐晅回渭南尋得張氏墳塚，夜深有感而悲吟前人悼亡詩作，張氏鬼魂遂現身相見，且告知冥府一切與陽間相仿，亡女美娘亦受妥善照顧。天將亮時，張氏訴以下次見面得再經四十年，並言墓間祭祀無益，若必有餽贈，惟月底黃昏於野田或河畔間呼喚名字即可盡得，後遂登車離去。

二七、《獨孤穆傳》一卷

（一）作者

《古今說海》本不題撰者。《太平廣記》卷三四二〈獨孤穆〉亦載是事，注出《異聞錄》。按：《異聞錄》乃《異聞集》之誤，前已述之。

《異聞集》，唐陳翰輯，生平資料已見《夢遊錄》。

（二）傳本

本書原出《異聞集》，《太平廣記》引之，誤注出《異聞錄》，《古今說海》本乃據《太平廣記》，惟改書名作《獨孤穆傳》，且未著錄出處及著者。《豔異編》卷三七鬼部和《情史類略》卷一九情鬼類所引皆據此，但《情史類略》改題篇目作〈隋縣主〉。

（三）內容

唐貞元年間，獨孤穆偶遇隋朝臨淄縣主，因獨孤穆先祖為隋朝故臣，頗有忠義，縣主之父又為隋帝次子，舊情甚深，兩人遂結為陰陽配偶。時有惡王騷擾縣主，欲聘之為姬妾。縣主惟恐牽連獨孤穆，令找王善交道士所畫符制服惡王。其後，獨孤穆掘得縣主骨骸，為其置辦陪葬儀從，埋葬安喜門外，而獨居村野別墅。是夜，縣主前來致謝，告之以貞元十五年可再相見。其年某日清晨，獨孤穆見縣主派人來邀請，當晚遂暴斃身亡，後人遂將與縣主合葬。

二八、《王恭伯傳》一卷

（一）作者

《古今說海》本不題撰者。《太平廣記》卷一七〈裴諶〉亦載是事，注出《續玄怪錄》。程毅中辯正出牛僧孺《玄怪錄》，明刻本《幽怪錄》卷一作〈裴

諶〉〔註29〕。

　　《玄怪錄》，又名《幽怪錄》，唐牛僧孺撰，生平資料已見《杜子春傳》。

（二）傳本

　　王恭伯故事，今本《玄怪錄》卷一〈裴諶〉作「王恭伯」，而《太平廣記》卷一七〈裴諶〉則避宋諱作「王敬伯」。知陸楫採自《玄怪錄》原文〔註30〕，另題書名作《王恭伯傳》，且未著錄撰人及出處。《豔異編》卷四仙部、《廣虞初志》卷三和《綠窗女史》卷一〇神仙部和《叢書集成初編》所引皆據此，但《豔異編》和《綠窗女史》將篇目題作〈裴諶〉，《廣虞初志》則題作〈裴諶傳〉。

（三）內容

　　隋大業年間，裴諶、王恭伯、梁芳同入山中習道，十餘年後，梁芳去世，恭伯中途放棄而娶妻仕宦。事過多年，恭伯偶遇裴諶，蒙邀請至其家拜訪。席間，裴諶喚小僮引士大夫之女且適人者前來彈箏助興，不料來者竟是恭伯妻，彼此相見皆驚訝不敢言說。恭伯坐間取朱李投之，王妻乃潛繫於帶，至於他妓所奏曲，王妻皆不能逐。五日後，恭伯再至裴第處，只見荒煙漫草，不復有宅。恭伯妻以朱李為證，視往奏樂曲事為羞辱，而後思及此或為裴諶點化之法，才不復指責。

二九、《中山狼傳》一卷

（一）作者

　　《古今說海》本不題撰者。現存《中山狼傳》版本中，除《古今說海》本外，至少還有明人馬中錫（1446～1512）《東田文集》卷五〈中山狼傳〉、署名宋人謝枋得（1226～1289）的明萬曆程氏滋蘭堂刻本及明末鄧喬林（生卒年不詳）輯《廣虞初志》本（署馬中錫作）〔註31〕。至其作者人選，除上述宋人謝枋得和明人馬中錫外，另外還有唐人姚合（779～846）、宋人謝良（牛

〔註29〕程毅中著：《古小說簡目》，頁114。
〔註30〕請參寧稼雨著：《中國文言小說總目提要》，頁463。
〔註31〕請參王公望撰：〈論中山狼傳和中山狼雜劇并非諷刺李夢陽──兼論中山狼傳之作者與李夢陽同康海、王九思之關係〉，《甘肅社會科學》2004年第1期，頁33。

卒年不詳）、明人葉蕢（生卒年不詳）和明人林希元（1481～1565）〔註32〕。由於《古今說海》「說淵部」所錄作品多前有所據，其除更動部分字句，或化繁爲簡外，多維持故事原貌，是知「說淵部」《中山郎傳》所取材，當非馬中錫《東田文集》之繁本系統。復比較《古今說海》與各簡本系統之文字敘述，明白其與謝枋得本和《廣虞初志》本除個別字和句、段有差異外，其他大致相同〔註33〕。《廣虞初志》及將《中山郎傳》署姚合和謝良所撰者，皆明末輯刊作品，題署作者爲謝枋得、葉蕢和林希元之作，其現存最早者乃皆爲萬曆刻本，又諸說都各有支持和反對者而莫衷一是，則《古今說海》所據何本，仍有待商榷〔註34〕。

（二）傳本

本書《培林堂書目》子部小說家類未題卷數，但載一冊。《古今說海》本將書名題作《中山狼傳》，但未著錄出處及著者。今傳除程氏滋蘭堂刻本和《古今說海》本外，《中山狼傳》採簡本方式爲叢書收入而流傳者，尚有《五朝小說》本、《五朝小說大觀》本、《廣虞初志》卷四和《合刻三志》志寅類，各本所題撰人不一而如前所述。又，《舊小說》戊集亦錄有是篇，但題馬中錫撰；《叢書集成初編》本則不題撰人。

〔註32〕 按：唐人姚合之說見《合刻三志》本之撰者著錄，宋人謝良之說見《五朝小說》本和《五朝小說大觀》本之撰者著錄，明人葉蕢之說見（明）賈三近編：〈中山狼傳〉，《滑耀編》（臺南：莊嚴文化事業出版社，1995 年《四庫全書存目叢書》影南京圖書館藏萬曆刻本），傳類，頁 465～467；明人林希元之說見林希元著：〈中山狼傳〉，《林次崖先生文集》（臺南：莊嚴文化事業出版社，1995 年《四庫全書存目叢書》影遼寧省圖書館藏清乾隆 18 年（1753）陳臚聲詒燕堂刻本），卷 12，頁 667～669。至若《中山狼傳》作者之相關整理，除參見王公望撰：〈論中山狼傳和中山狼雜劇并非諷刺李夢陽──兼論中山狼傳之作者與李夢陽同康海、王九思之關係〉，頁 33；另有周國瑞撰：〈中山狼傳作者考辨〉，《殷都學刊》1990 年第 4 期，頁 107～108 和薛洪勣撰：〈中山狼傳的作者還須重議〉，《明清小說研究》1999 年第 2 期，頁 230。

〔註33〕 請參王公望撰：〈論中山狼傳和中山狼雜劇并非諷刺李夢陽──兼論中山狼傳之作者與李夢陽同康海、王九思之關係〉，頁 33～34。

〔註34〕 張錦繡比較《中山狼傳》各版本後，認爲繁本出現在前的可能性較大，而刪改後的簡本故事則更加通俗明快，故事情節也更趨於合理化。至於簡本系列的不同類別，除說明改動之繁煩複雜外，其實也造成刪改者的多種性，而可能是陸楫、葉蕢、林希元、師古氏等其他的改寫者等。詳論請參張錦繡著：《中山狼傳研究》（蘇州：蘇州大學中國古代文學研究所碩士論文，2008 年），頁 16～23。

（三）內容

中山狼遭趙簡子獵逐，情勢危急，後以東郭先生相助，躲入其囊中而得脫困。中山狼離開囊橐後，欲吞食東郭以解飢餓。東郭認爲中山狼恩將仇報，又惟恐入夜後將有狼群前來，勢必無法脫身，遂謂民俗爲疑，必詢問三老意見，藉此作爲是否該遭中山狼吞食之依據。老樹和老牛以己有恩於主人，而終將被砍被殺，故認同中山狼行爲。老翁謊稱無法定奪孰是孰非，巧計將中山狼再騙入東郭囊中，並以刀刃刺殺之，後棄其屍於途。

三〇、《崔煒傳》一卷

（一）作者

《古今說海》本不題撰者。《太平廣記》卷三四〈崔煒〉亦載是事，注出《傳奇》。

《傳奇》，唐裴鉶撰。生平資料已見《洛神傳》。

（二）傳本

本書原出《傳奇》，《太平廣記》引之，《古今說海》本乃據《太平廣記》，惟改書名作《崔煒傳》，且未著錄出處及著者。又異文情形較多，可互校之：如《太平廣記》：「煒感蛇之見憫，欲爲炙之，奈何無從得火。既久，有遙火飄入于穴。」《古今說海》作：「煒感蛇見憫，欲爲炙之，而無燭不遂。須臾，忽有飄火入穴。」《太平廣記》：「女酌醴飲使者曰：『崔子欲歸番禺，願爲挈往。』使者唱喏，迴謂煒曰：『他日須與使者易服緝宇，以相酌勞。』」〔註35〕《古今說海》作：「女酌醴飲使者，使者唱喏，謂煒曰：『他日須與使者易服葺宇，以相酬勞。』」《豔異編》卷三七鬼部和《情史類略》卷一九情鬼類所據出《古今說海》，但《情史類略》改題篇目作〈田夫人〉，將「而無燭不遂」改作「而恨無火」。

（三）內容

唐貞元年間，崔煒將家中錢財散盡，故而仕宿寺廟；後以幫助老婦關係，獲贈治疣靈藥。崔煒施藥爲任翁除疣，任翁忘恩負義，欲殺之作爲家中鬧鬼祭品；幸任翁之女相救逃脫，卻不慎失足跌落枯井。崔煒因治井中巨蛇之疣故，蛇感恩而載其至南越武王墓中，使獲贈國寶陽燧珠，又得羊城使者幫助

〔註35〕　（宋）李昉等編：〈崔煒〉，《太平廣記》，卷34，頁217～218。

返回寺廟，始發現已經過三年。其後，崔煒以胡人高價購買陽燧珠致富，又獲贈齊王女田夫人爲妻，方知昔日老婦即葛洪妻鮑姑。此外，崔煒因曾於枯井飲龍餘沫，故肌膚少嫩、筋力輕健。後以棲心道門，攜妻往尋鮑姑而不知所適。

三一、《陸顒傳》一卷

（一）作者

《古今說海》本不題撰者。《太平廣記》卷四七六〈陸顒〉亦載是事，注出《宣室志》。

《宣室志》，唐張讀（834？～882 後）撰。讀，字聖朋（一作聖用），深州陸澤（今河北深縣）人。大中六年（852）登進士第。宣州節度使鄭董嘗辟爲幕府，累遷中書舍人。乾符五年（878），以中書舍人權知禮部貢舉，時稱得士。中和初年爲吏部侍郎，選牒精允。後兼弘文館學士，判院台，位終尚書左丞。著有《宣室志》、《建中西狩錄》。《舊唐書》卷一四九〈張薦〉、《新唐書》卷一六一〈張薦〉皆有附傳。

（二）傳本

本書原出《宣室志》，《太平廣記》引之，《古今說海》本乃據《太平廣記》，惟改書名作《陸顒傳》，且未著錄出處及著者，《豔異編續》卷一〇珍奇部和《廣虞初志》卷三所引皆據此。

（三）內容

吳郡陸顒自幼喜食麵食，食愈多而質愈瘦，有胡人謂之乃腹中蟲所致，故予粒藥吞服，蟲遂自其口中出。胡人言此消麵蟲乃天下奇寶，以金銀珠寶易之。陸顒自此大富，食粱肉、衣鮮衣，時人號爲豪士。歲餘，胡人復邀陸顒至海邊，將消麵蟲投入銀鼎熱油，以火煉之七日，而相繼有仙童、玉女、仙人進獻奇珍異寶。胡人接受仙人所獻寶珠，吞食後帶陸顒遊龍宮，獲致珍珠奇寶甚多。陸顒將所得寶物售於南越，又獲數萬黃金，自此益加富有。

三二、《潤玉傳》一卷

（一）作者

《古今說海》本不題撰者。《太平廣記》卷三二六〈沈警〉亦載是事，

注出《異聞集》。「該篇見《類說》本《異聞集》，題〈感異記〉。胡稚《箋注簡齋詩集》卷一○注正引作《異聞集・感異記》。周邦彥《片玉集》卷五陳元龍注引作〈沈警感異記〉。王十朋《東坡先生詩集注》卷六引作〈沈警傳〉。」〔註36〕是知《古今說海》本《潤玉傳》原題作〈感異記〉或〈沈警感異記〉，收入唐陳翰輯《異聞集》，作者沈亞之〔註37〕。亞之生平資料已見《夢遊錄》。

（二）傳本

本書原收入《異聞集》，《太平廣記》引之，《古今說海》本乃據《太平廣記》，惟改書名作《潤玉傳》，且未著錄出處及著者。《豔異編》卷一神部、《情史類略》卷一八情疑類、《合刻三志》志奇類、《香豔叢書》和《叢書集成初編》本皆據此。但《豔異編》和《合刻三志》將篇目題作〈沈警〉，《情史類略》題作〈張女郎〉，文末注出《異聞錄》，《香豔叢書》則題作《沈警遇神女記》。另，《綠窗女史》卷一○神仙部題〈張女郎〉，誤題撰者爲劉斧，又誤其爲元人，且內文刪略嚴重。

（三）內容

吳興郡沈警奉命出使秦隴，途經張女郎廟時，以水代酒前往祈禱，是夜遂有張女郎妹──大、小女郎邀請前往作客吟詩。二女郎命人送上佳餚，合奏仙曲尋歡，後由小女郎潤玉侍寢。潤玉言昔年遊湘江時，曾遇沈警於舜帝廟，自此思念深切，故今日相見，適得償宿願，而沈警亦備記此事。兩人掩戶就寢，備極歡暱，天明方敘離別之情。後沈警出使歸返，於張女郎廟後得潤玉所留信，自此音訊斷絕。

三三、《李衛公別傳》一卷

（一）作者

《古今說海》本不題撰者。《太平廣記》卷四一八〈李靖〉亦載是事，注出《續玄怪錄》。

〔註36〕寧稼雨著：《中國文言小說總目提要》，頁89。

〔註37〕李劍國據小說中所引詩出沈亞之、亞之好敘人神遇合故事、張女郎乃亞之出生地秦隴之神女、此篇風格與亞之其他作品全同、此篇原題〈感異記〉符合亞之命名小說思維、故事主人公沈警和亞之同宗等六點證據，提出沈亞之乃此篇作者之結論。詳論請參李劍國著：《唐五代志怪傳奇敘錄》，頁410～411。

　　《續玄怪錄》，唐李復言撰。復言，生平資料難考。一說李諒即李復言（775～833），隴西（今屬甘肅）人，貞元十六年（800）進士。順宗時，王叔文曾薦爲諫官。元和時任彭城令、祠部員外郎、考功郎中，後改泗州刺史、蘇州刺史、汝州刺史、桂管觀察使等職，官至嶺南節度使，著有《杭越寄和詩集》。一說復言是開成五年（840）進士，任彭城宰，著有《纂異》。以上二說皆有人支持，故《續玄怪錄》之著者，目前仍未有定論〔註38〕。

　　（二）傳本

　　本書《澹生堂藏書目》卷四史部記傳類據《古今說海》著錄一卷。原出《續玄怪錄》，《太平廣記》引之，《古今說海》本乃據《太平廣記》，惟改書名作《李衛公別傳》，且未著錄出處及著者。《豔異編續》卷一龍神部、《舊小說》乙集和《叢書集成初編》本皆據此，但《豔異編續》改篇目作〈李靖〉。

　　（三）內容

　　唐衛國公李靖未作官時，曾因打獵追逐鹿群，失途誤入龍宮。時因上天命下降雨令符，又龍子俱外出，而爲避免耽誤時辰，龍宮太夫人遂請李靖代行。李靖自作主張，降雨二丈，致地方淹水，百姓俱亡，且連累太夫人、龍子受罰。太夫人不欲李靖受驚恐，促其離開，又贈奴僕二名，任其選取。李靖擇從西廊出、一臉憤怒勃然者，待方出門數步，則龍宮、奴僕俱失。後人謂其爲大將，而終不爲相，蓋因擇取奴僕時即決定之。

三四、《齊推女傳》一卷

　　（一）作者

　　《古今說海》本不題撰者。《太平廣記》卷三五八〈齊推女〉亦載是事，

〔註38〕　主張李諒即李復言，乃貞元十六年進士者有錢大昕、王夢鷗、卞孝萱等，請參（清）錢大昕著：〈李諒〉，《十駕齋養新錄》（上海：上海古籍出版社，1997年《續修四庫全書》影復旦大學圖書館藏清抱經堂叢書本），卷20，頁346；王夢鷗撰：〈續玄怪錄及其作者考〉，《幼獅學誌》第6卷第4期（1967年12月），頁1～30和卞孝萱撰：〈再談續玄怪錄〉，《山西大學學報（哲學社會科學版）》1983年第4期，頁91～97。主張李復言乃開成五年進士者有王汝濤、程千帆等，請參王汝濤著：《全唐小說》（濟南：山東文藝出版社，1993年），頁758和程千帆著：《唐代進士行卷與文學》（上海：上海古籍出版社，1980年），頁84～86。

注出《玄怪錄》。《玄怪錄》一名《幽怪錄》，程毅中辨正明刻本《幽怪錄》卷三作〈齊饒州〉〔註39〕。按：《太平廣記》卷三五八〈齊推女〉和《幽怪錄》卷三〈齊饒州〉文句差異頗多，皆據以和《古今說海》相較後，知陸楫此篇當直接引自《玄怪錄》。

《玄怪錄》，唐牛僧孺撰，生平資料已見《杜子春傳》。

（二）傳本

齊推女故事，今傳至少有兩個系統：一是《太平廣記》系統，二是《玄怪錄》系統。《古今說海》本乃據《玄怪錄》，惟改書名作《齊推女傳》，且未著錄出處及著者。《情史類略》卷八情感類、《舊小說》乙集和《叢書集成初編》本皆據此，但《情史類略》改篇目作〈齊饒州女〉，《舊小說》於題下注：「又見《玄怪錄》」，則據《太平廣記》。

（三）內容

唐長慶年間，湖州參軍韋會將赴調，因妻齊推女方娠，遂送其先歸娘家待產，而後始登長安。韋妻方誕之夕，鬼靈陳朝將軍言己居之久矣，無使其污穢而令遷移，不移則當殺之。齊推不信鬼怪事，勿使改移他室，致令韋妻頭破身亡。其後，韋會經妻指點，尋得田先生襄助，益以韋妻陽壽未盡，終得復生。然因韋妻宅舍遭毀，回無所歸，故以具魂當作本身，使歸生路。某日，齊推灌醉韋會，多方盤問韋妻事，待明白真相後，以厭惡之而病亡。

三五、《魚服記》一卷

（一）作者

《古今說海》本不題撰者。《太平廣記》卷四七一〈薛偉〉亦載是事，注出《續玄怪錄》。《續玄怪錄》一名《續幽怪錄》，程毅中辨正宋刻本《續幽怪錄》卷二作〈薛偉〉〔註40〕。

《續玄怪錄》，唐李復言撰。生平資料已見《李衛公別傳》。

（二）傳本

本書原出《續玄怪錄》卷二〈薛偉〉，《太平廣記》引之，《古今說海》本即據《太平廣記》而來，惟改書名作《魚服記》，且未著錄出處及著者。《舊

〔註39〕程毅中著：《古小說簡目》，頁 115。
〔註40〕程毅中著：《古小說簡目》，頁 116。

小說》乙集和《叢書集成初編》本皆據此，但《舊小說》於題下注：「又見《續玄怪錄》」，則據《太平廣記》。

（三）內容

唐乾元二年，青城縣主簿薛偉病後昏迷如往生狀，唯心窩猶存微溫，家人不忍爲之入殮。二十日後，薛偉復甦醒，言己昏睡期間化身成鯉，後遭漁夫逮捕及同僚購買經過。當同僚家廚揮刀砍魚頭霎那，其病體遂清醒康復。而其化身鯉後之見聞遭遇，亦皆曾發生在現實中。自此，同僚終身不復食鯉，薛偉病體亦逐康復，累官華陽縣丞乃卒。

三六、《聶隱娘傳》一卷

（一）作者

《古今說海》本不題撰者。《太平廣記》卷一九四〈聶隱娘〉亦載是事，注出《傳奇》〔註41〕。

《傳奇》，唐裴鉶撰。生平資料已見《洛神傳》。

（二）傳本

聶隱娘故事，原出《傳奇》，《太平廣記》引之。《古今說海》本乃據《太平廣記》，惟改書名作《聶隱娘傳》，且未著錄出處及著者。《豔異編》卷二四俠義部、《續虞初志》卷二、《綠窗女史》卷九節俠部和《舊小說》乙集所引皆據此。然《豔異編》目錄題〈聶隱娘傳〉，內文卻題〈聶隱娘〉，恐是內文脫字。《綠窗女史》妄題唐鄭文寶撰，則不知所據。《舊小說》於題下注：「又見《傳奇》」，乃據《太平廣記》。另，《無一是齋叢鈔》題唐段成式撰，恐是因爲清代小說叢書所收《劍俠傳》載〈聶隱娘〉，又妄題段成式撰而致誤。

（三）內容

聶隱娘幼時遭尼姑所奪，習得飛簷殺人術，而爲殺害諸多惡徒，五年後

〔註41〕《聶隱娘傳》出處，歷來主要有兩種說法，其一從《聶隱娘傳》之題材、人物形象、故事主題、創作思想和藝術特點，認爲出唐袁郊《甘澤謠》，如李宗、夏哲堯；另一從《太平廣記》和《漁樵閒話》所載爲證，認爲出唐裴鉶《傳奇》，如魯迅、汪辟疆、王夢鷗、李劍國、王國良。今採裴鉶《傳奇》之說。詳論請參王國良撰：〈袁郊甘澤謠研究〉，見中國唐代學會編輯委員會編：《第三屆中國唐代文化學術研討會論文集》（臺北：中國唐代學會，1997 年 6 月），頁 264～269 和夏哲堯撰：〈聶隱娘出傳奇辨析〉，《台州師專學報》第 22 卷第 2 期（1999 年 4 月），頁 63～66。

方送返歸家。其後，聶隱娘依附陳許節度使劉悟，與魏帥派來殺害劉悟之精精兒和妙手空空兒鬥法，且獲勝利。元和八年，劉悟從陳許入朝覲見，聶隱娘以不願跟從而漸失所蹤。開成年間，劉悟子縱偶遇隱娘，隱娘相貌卻與當年相仿，還仍騎乘當年白驢。隱娘以預見劉縱將臨災難，規勸辭官返鄉，縱因未能聽勸，後果死於陵州。自此不復有見到隱娘者。

三七、《袁天綱外傳》一卷

（一）作者

《古今說海》本不題撰者。《太平廣記》卷二二一〈袁天綱〉亦載是事，注出《定命錄》。

《定命錄》，唐呂道生增訂。道生，文宗時人，生卒字號里籍未詳。著有《定命錄》。

（二）傳本

本書《澹生堂藏書目》卷四史部記傳類、《竹崦庵傳鈔書目》子部小說家類據《古今說海》著錄一卷。原出《定命錄》，《太平廣記》引之，《古今說海》本乃據《太平廣記》，惟改書名作《袁天綱外傳》，且未著錄出處及著者。《舊小說》乙集和《叢書集成初編》本皆據此，但《舊小說》於題下注：「又見《定命錄》」，則據《太平廣記》。

（三）內容

唐袁天綱擅長相術，其根據竇軌、杜淹、王珪、韋挺、岑文本、房玄齡、李審素、蔣儼、李義甫、李嶠、姚元崇等人面相，斷言官高壽命如何，分毫不爽。對己大限之期，亦如所預言。子客師頗得天綱眞傳，預言亦極靈驗。

三八、《曾季衡傳》一卷

（一）作者

《古今說海》木不題撰者。《太平廣記》卷三四七〈曾季衡〉亦載是事，注出《傳奇》。

《傳奇》，唐裴鉶撰。生平資料已見《洛神傳》。

（二）傳本

本書原出《傳奇》，《太平廣記》引之，《古今說海》本乃據《太平廣記》，

惟改書名作《曾季衡傳》，且未著錄出處及著者，又改文末「則女詩云北邙空恨清秋月也」作「則女詩云北邙空恨清秋月者」，衍文「言其葬處耳」五字。《豔異編》卷三八鬼部和《情史類略》卷八情感類所引皆題作〈曾季衡〉，文末作「則知女詩北邙空恨清秋月也」，且無「言其葬處耳」五字。

（三）內容

唐太和年間，曾季衡居宅西偏院，其向為王使君愛女麗眞暴斃處，白晝或能見鬼魂現身。季衡年少好色，多次焚香祝禱以求一見，終得與麗眞相會。此後，麗眞每逢傍晚即來，前後連續六十餘日，卻以季衡無意洩露，而不復再來。麗眞後歸葬北邙山，或陰晦而魂遊至此。

三九、《蔣子文傳》一卷

（一）作者

《古今說海》本不題撰者。《太平廣記》卷二九三〈蔣子文〉亦載是事，注出《搜神記》、《幽明錄》、《志怪》等書。

《搜神記》，晉干寶撰。寶，字令升，新蔡（今河南新蔡縣）人，生卒年不詳。勤奮好學，博覽群書，性好陰陽數術。永嘉元年（307），初仕鹽官州別駕，歷任佐著作郎、著作郎、山陰令、始安太守、司徒右長史、遷散騎常侍等職。卒後，朝廷特加尚書令，從祀學宮。著有《搜神記》、《周官注》、《周官禮注》、《春秋左氏函傳義》、《晉紀》、《干子》等。《晉書》卷八二有傳。

《幽明錄》，南朝宋劉義慶（403～444）撰。義慶，彭城（今江蘇徐州市）人。長沙景王道憐次子，出繼臨川烈武王道規，後襲封臨川王。文帝時官至南兗州刺史，加開府儀同三司。生性簡素，寡嗜欲，奉佛教，好文義，喜招聚文學之士。著有《徐州先賢傳》、《江左名士傳》、《世說新語》、《幽明錄》、《宣驗記》等書。《宋書》卷五一、《南史》卷一三有傳。

《志怪》，晉祖台之（307？～381）撰。台之，字元辰，范陽（今河北涿州）人。太元年間，初仕尚書左丞，歷任侍中、光祿大夫。著有《志怪》。《晉書》卷七五〈王湛傳〉附傳。

（二）傳本

蔣子文故事，《太平廣記》有引，注出《搜神記》、《幽明錄》、《志怪》等書，《古今說海》本乃據《太平廣記》，惟改書名作《蔣子文傳》，且未著錄出

處及著者。《五朝小說》本、《五朝小說大觀》本、《龍威秘書》本、《唐人說薈》本、《唐代叢書》本、《藝苑捃華》本、《舊小說》乙集、《晉唐小說六十種》本和《叢書集成初編》本皆據此，且都妄題唐羅鄴撰。又，除《舊小說》和《叢書集成初編》本，餘皆刪去劉赤斧及王長豫事。

（三）內容

漢朝末年，有蔣子文嗜酒好色，佻撻無度，常自謂骨青，死後為神。待遭賊人擊額致死，竟頗有靈驗，屢見奇聞，如三國吳先主未予立祠建廟，子文遂降災禍於地方；暗中幫助某丈夫，營救遭老虎叼走之妻；與會稽鄮縣女子吳望子交往，且使有神驗之術；令醉酒戲弄子文廟中婦人像者，皆死亡以婚配之；托夢召見劉赤斧為主簿，其未久而果死赴任；亂時有男子闖子文廟，廟中木像彎弓射之身亡；為王導子長豫請求壽命，後告知命盡非可救者。

四○、《張遵言傳》一卷

（一）作者

《古今說海》本不題撰者。《太平廣記》卷三○九〈張遵言〉亦載是事，注出《博異記》。程毅中辨正《博異記》應作《博異志》〔註42〕。

《博異志》，唐谷神子纂。王國良據《郡齋讀書志》、《少室山房筆叢》、《四庫提要辨證》等，得證谷神子即鄭還古。還古，滎陽（今河南滎陽縣）人，生卒年字號未詳。元和進士，嘗為河北從事，遭同院誹謗，貶吉州掾，後終太常博士〔註43〕。

（二）傳本

本書原出《博異志》，《太平廣記》引之，《古今說海》本乃據《太平廣記》，惟改書名作《張遵言傳》，且未著錄出處及著者。《豔異編》卷一星部、《廣虞初志》卷三和《香豔叢書》皆據此，但《香豔叢書》將書名題作《蘇四郎傳》。

（三）內容

南陽張遵言拾得白犬，百般呵護，與之同寢共食。四年後某日，遵言遭逢危難，犬遂化身為白衣老人，自言姓蘇，排行第四，以報恩故，而為斥去

〔註42〕程毅中著：《古小說簡目》，頁117。
〔註43〕詳論請參王國良著：《唐代小說敘錄》，頁30～31。

夜叉鬼怪，解除災厄。其後，經龍興寺老僧相告，遵言方知白犬乃太白星精
變化，欲取其性命者乃仙府謫官。待遵言次日再訪，老僧亦不知所蹤。

四一、《侯元傳》一卷

（一）作者

《古今說海》本不題撰者。《太平廣記》卷二八七〈侯元〉亦載是事，注
出《三水小牘》。

《三水小牘》，唐皇甫枚撰。生平資料已見《洛京獵傳》。

（二）傳本

本書原出《三水小牘》卷下〈侯元違神君之戒兵敗被殺〉，《太平廣記》
引之。《古今說海》本《侯元傳》出處原或有兩種可能：一是據《太平廣記》
而來；二乃節鈔「說畧部」載錄之《三水小牘》。按：《古今說海》本《三水
小牘》所據出《說郛》本，而《說郛》本《三水小牘》已刪削此篇，則《古
今說海》所據當出《太平廣記》，又改書名作《侯元傳》，且未著錄出處及著
者。另，《叢書集成初編》本即據此。

（三）內容

唐乾符年間，侯元砍柴山中誤入仙洞，遇神君授予陰陽變化之術，告以
日後若圖謀不軌，定當招致災禍。侯元在洞中只覺經過一日，返家後始知已
離家十天。侯元演練熟習法術，鬼怪草木悉為驅使兵將；又招攬鄉裡勇悍少
年為將卒，出入排場形同諸侯。每月朔望，侯元必往拜見神君，神君務告誡
不可舉兵，若要舉事，得待天應。廣明元年，上黨郡守率兵討伐，侯元自恃
有法術而與交戰。卻以先勝後敗，竟至酒酣被擒。侯元雖以法術脫困，卻因
違背神君告誡，遭驅逐師門而法術漸失，後死戰場。

四二、《同昌公主外傳》一卷

（一）作者

《古今說海》本不題撰者。《太平廣記》卷二三七〈同昌公主〉亦載是事，
注出《杜陽編》。

《杜陽編》，又作《杜陽雜編》，唐蘇鶚撰。鶚，字德祥，京兆武功（今
陝西武功縣西北）人，生卒年不詳。自幼好學，長而忘倦，尤喜聞前代故

實；光啓二年（886）進士，仕宦經歷則無所考。著有《杜陽雜編》、《蘇氏演義》。

（二）傳本

本書《澹生堂藏書目》卷四史部記傳類據《古今説海》著錄一卷。原出《杜陽雜編》，《太平廣記》引之，《古今説海》本乃據《太平廣記》，惟改書名作《同昌公主外傳》，且未著錄出處及著者。《豔異編》卷一五戚里部、《重編説郛》本、《綠窗女史》本卷二宮闈部和《叢書集成初編》本皆據此。但《重編説郛》本和《綠窗女史》皆作《同昌公主傳》，題唐蘇鶚撰。

（三）內容

唐咸通年間，有同昌公主居處富麗，日用華奢。所用外朝貢物有九玉釵者，釵上刻九隻鸞鳥，盡有九種顏色，并「玉兒」小字。某日，公主白天小睡，夢一絳衣奴言南齊潘淑妃將索回玉釵，待公主逝後，九玉釵亦失所蹤。經門客指點，始知「玉兒」乃淑妃小名。

四三、《睦仁蒨傳》一卷

（一）作者

《古今説海》本不題撰者。《太平廣記》卷二九七〈睦仁蒨〉、《法苑珠林》卷一○鬼神部皆載是事，注出《冥報錄》（《法苑珠林》題作《冥報記》）。今本《冥報錄》卷中確有是篇，惟「睦」字作「眭」，或《法苑珠林》和《太平廣記》皆以形近致訛，後世叢書亦未詳察而襲之。

《冥報錄》，又作《冥報記》。唐唐臨（600～659）撰。臨，字本德，京兆長安（今陝西西安市）人，生卒年不詳。義寧三年（618），李建成東征，臨直典坊，後授左衛率府曹參軍，累官萬泉縣丞、侍御史、黃門侍郎。高宗即位，任檢校吏部侍郎，官至兵部、度支、吏部三尙書。著有《冥報錄》。《舊唐書》卷八五、《新唐書》卷一一三有傳。

（二）傳本

本書原出《冥報錄》卷中〈唐眭仁蒨〉，《太平廣記》引之，《古今説海》本乃據《太平廣記》，惟改書名作《睦仁蒨傳》，且未著錄出處及著者，《叢書集成初編》本即據此。《唐人説薈》本、《唐代叢書》本亦收之，但妄題唐陳鴻撰。吳曾祺似得見《冥報錄》，故《舊小説》乙集改「睦」爲「眭」，題《眭

仁蒨傳》，然猶妄題唐陳鴻撰。

（三）內容

睦仁蒨不信鬼神，常欲試其有無，經與能見者學十餘年，卻仍未得見。仁蒨後徙向縣，路見一人如大官貌，自此十年間，相見凡數十。因對方交結，始知其爲鬼，名成景。成景將從騎常掌事相贈，使爲預報吉凶禍福，以利仁蒨趨避。大業年間，仁蒨任邯鄲縣岑文本家教，教以設宴河邊和贈金帛，致令成景得能飽食。泰山主簿趙某與仁蒨有同窗情誼，薦其補員缺，遂使遇病困篤，不起月餘。經成景指點製作佛像，方得逃離劫難，病體痊癒。復以常掌事相隨故，仁蒨得在賊軍入犯時，不被發現而保全性命。

四四、《韋鮑二生傳》一卷

（一）作者

《古今說海》本不題撰者。《太平廣記》卷三四九〈韋鮑生妓〉亦載是事，注出《纂異記》。

《纂異記》，唐李玫撰。生平資料已見《夢遊錄》。

（二）傳本

本書原出《纂異記》，《太平廣記》引之，《古今說海》本乃據《太平廣記》，惟改書名作《韋鮑二生傳》，且未著錄出處及著者，《舊小說》乙集和《叢書集成初編》本皆據此。

（三）內容

酒徒鮑生與落第韋生相遇定山寺，鮑生以歌妓換得韋生駿馬；因見二紫衣冠人從水閣來，疑其爲大官而躲入房中窺之。二公論及當今士子作詩取巧情形，並取「以妾換馬」爲題，「舍彼傾城，求其駿足」爲韻各占詩。其後，韋生取紅箋跪獻二公，二公以幽顯殊途而韋生竟能見之，必乃日後有爵祿故，遂謂曰：「異日若能主文柄，無以小巧爲意。」言訖，二公行十餘步而莫知所蹤。

四五、《張令傳》一卷

（一）作者

《古今說海》本不題撰者。《太平廣記》卷三五〇〈浮梁張令〉亦載是事，

注出《纂異記》。程毅中辨正亦見八卷本《搜神記》卷六〔註44〕。

《纂異記》，唐李玫撰。生平資料已見《夢遊錄》。

八卷本《搜神記》，撰者未詳，當編於宋代〔註45〕。

（二）傳本

本書原出《纂異記》，視其文字與八卷本《搜神記》差異頗多。《古今說海》本乃據《太平廣記》，惟改書名作《張令傳》，且未著錄出處及著者，《叢書集成初編》本即據此。

（三）內容

浮梁張縣令任滿回京，途中偶遇黃衫客造訪。張令慷慨供給飲食，始知黃衫客乃遞送死亡簿之鬼差，而自己因貪財好殺、見利忘義關係，姓名赫然在列。經黃衫客指點，張令允諾將千萬錢財許予金天王，希冀藉其力量向仙官劉綱施壓，使能延壽五年。其後，張令反悔不願支付酬謝花費，黃衫客喝叱其以虛妄故將大禍臨頭。未久，張令果疾作身亡。

四六、《李清傳》一卷

（一）作者

《古今說海》本不題撰者。《太平廣記》卷三六〈李清〉亦載是事，注出《集異記》。

《集異記》，又名《古異記》，唐薛用弱撰。用弱，字中勝，河東（今山西永洛縣西）人。生卒年雖未詳，但知其生活在唐德宗貞元以後，歷順、憲、穆、敬、文、武、宣宗諸朝。穆宗時曾任光州刺史，文宗大和年間以儀曹郎出守弋陽郡，時稱良吏。著有《集異記》。

（二）傳本

本書原出《集異記》，《太平廣記》引之，《古今說海》本乃據《太平廣記》，惟改書名作《李清傳》，且未著錄出處及著者，《叢書集成初編》本即據此。

（三）內容

北海人李清，世代以印染為生；年少學道，交結道家術士。隋開皇四年，

〔註44〕程毅中著：《古小說簡目》，頁118。
〔註45〕詳論請參江藍生撰：〈八卷本搜神記語言的時代〉，《中國語文》1987 年第 4 期，頁 295～303。

李清六十九歲生日前，建議子孫親戚改贈百尺粗細麻繩為壽禮，使憑藉進入雲門山窟。其雖於山窟見諸真人，卻以成仙時限未到，而開啓仙府北門，致令心生返家之念，遭遣返人間。待重返故鄉，李清見世代移轉，人事已非；遂改姓易名，據仙家所贈藥書行醫，以重振家業。唐高宗永徽年間，北海人多知李清，齊魯從其習法術者亦有百千輩。其後，李清往泰山觀封禪，自此莫知所之。

四七、《薛昭傳》一卷

（一）作者

《古今說海》本不題撰者。《太平廣記》卷六九〈張雲容〉亦載是事，注出《傳記》。《類說》和《紺珠集》本《傳奇》收錄，周守忠《姬侍類偶》、溫豫《續補侍兒小名錄》並云出《傳奇》，是知《太平廣記》作《傳記》乃《傳奇》之誤。

《傳奇》，唐裴鉶撰。生平資料已見《洛神傳》。

（二）傳本

本書原出《傳奇》，《太平廣記》引之，《續補侍兒小名錄》引作裴鉶〈薛昭傳〉，似即原題。《古今說海》本乃據《太平廣記》，但書名作《薛昭傳》，且未著錄出處及著者。《豔異編》卷四仙部、《情史類略》卷一九情鬼類、《廣虞初志》卷二、《綠窗女史》卷一〇神仙部、《舊小說》乙集和《叢書集成初編》本皆據此，但《情史類略》題篇目作〈張雲容〉。

（三）內容

唐元和年間，平陸縣縣尉薛昭因釋放為母復仇之殺人囚犯，遭貶為百姓且流放海康。時有田山叟嘉勉其義行，遂為脫衣易酒，大醉押解人員，使幫助逃脫。復贈之以去疾去食靈藥，指點逃難路徑，令能遇見楊貴妃侍兒張雲容。雲容生前得申天師贈降雪丹之故，死後得魂魄不散、屍骨不爛；天師亦告之以百年後得遇生人交精之氣，或能再生成為地仙。經薛、張彼此相詢，方知田山叟即為申天師；二人相寢數日，雲容亦果得復生。

四八、《王賈傳》一卷

（一）作者

《古今說海》本不題撰者。《太平廣記》卷三二〈王賈〉亦載是事，注出

《紀聞》。

《紀聞》，唐牛肅撰。生平資料已見《吳保安傳》。

（二）傳本

本書原出《紀聞》，《太平廣記》引之，《古今說海》本乃據《太平廣記》，惟改書名作《王賈傳》，且未著錄出處及著者，《叢書集成初編》本即據此。

（三）內容

王賈自小聰明伶俐，十四歲忽能卜筮吉凶，舉凡家中災難及河有雙龍事，皆如所言而得獲印證。及長，識破狐精假冒表姨及狸精作祟事，且爲誅除之。至若大禹治水乃以金櫃玉符鎮壓故，和己身、妻、女、友朋等之命數因果，亦皆如其所言。

四九、《烏將軍記》一卷

（一）作者

《古今說海》本不題撰者。《說郛》本《幽怪錄》載之，題唐牛僧孺撰。按：《幽怪錄》，即《玄怪錄》也。

《玄怪錄》，唐牛僧孺撰，生平資料已見《杜子春傳》。

（二）傳本

本書原出《玄怪錄》卷二〈郭代公〉，《說郛》引之，《古今說海》本乃據《說郛》，惟改書名作《烏將軍記》，且未著錄出處及著者。《豔異編》卷三二妖怪部、《舊小說》乙集和《叢書集成初編》皆據此，但《豔異編》題篇目作〈烏將軍〉。

（三）內容

唐開元年間，郭元振下第，自晉之汾，以失道投身某宅。當地以烏將軍作祟，居民進呈女子爲貢品，元振知所原委後，立誓相救。將軍前導因皆稱元振爲宰相，元振亦私心獨喜必能戰勝將軍，遂假意奉承願意擔任儐相，邀將軍共享鹿臘，再趁隙砍下其手腕。待天亮視之，只見其手腕化作豬蹄。經與溝通，元振親率鄉民數百尋得豬精洞窟而滅之，復以推辭不得，遂納原進呈女子爲側室，其後亦果成爲朝廷要員。

五〇、《寶玉傳》一卷

（一）作者

《古今說海》本不題撰者。《太平廣記》卷三四三〈寶玉〉亦載是事，注出《玄怪錄》。程毅中辨正出李復言《續玄怪錄》，宋刻本《續幽怪錄》卷三作〈寶玉妻〉〔註46〕。

《續玄怪錄》，唐李復言撰。生平資料已見《李衛公別傳》。

（二）傳本

本書原出《續玄怪錄》，《太平廣記》引之，《古今說海》本乃據《太平廣記》，惟改書名作《寶玉傳》，且未著錄出處及著者。《豔異編》卷三八鬼部、《情史類略》卷一九情鬼類和《廣虞初志》卷四皆據此，但《情史類略》題篇目作〈寶玉〉。

（三）內容

唐元和年間，王勝、蓋夷求薦同州，因賓館填溢，遂假郡公曹第以俟試。王、蓋二生以郡公曹第正堂寬敞，無多什物，欲與其間處士寶玉同處，卻遭拒絕。是夜，二生見正堂富麗景象，馨香四溢，美人往來，疑爲妖術所致。寶玉告之以其於太原時，誤闖陰間與崔表丈相逢，而得娶表妹爲妻。因人鬼殊途，只能在夜間相會，要待十年後方能同行。自此凡夜獨宿，思之即來，供帳饌具，悉妻所攜。爲求保密，寶玉贈二生各三十匹絹，後遂遁而不知所往。

五一、《柳參軍傳》一卷

（一）作者

《古今說海》本不題撰者。《太平廣記》卷三四二〈華州參軍〉亦載是事，注出《乾饌子》。

《乾饌子》，唐溫庭筠（801～866）撰。庭筠，本名歧，字飛卿，并州祁（今山西祁縣）人。庭筠自幼好學，數舉進士不第，以詞聞名，多寫女子閨情，風格穠豔精巧，清新明快，被譽爲花間鼻祖。歷任隋縣尉、襄陽巡官、檢校員外郎，終於國子助教。著有《採茶錄》、《乾饌子》、《學海》、《握蘭集》、《金荃集》、《詩集》、《漢南眞稿》。《舊唐書》卷一九〇有傳、《新唐書》卷九

一〈溫大雅〉附傳。

（二）傳本

　　本書原出《乾𦠆子》，《太平廣記》引之，《古今說海》本乃據《太平廣記》，惟改書名作《柳參軍傳》，且未著錄出處及著者。又異文情形較多，可互校之：如《太平廣記》：「上巳日，曲江見一車子，飾以金碧，半立淺水之中。後簾徐褰，見摻手如玉，指畫令摘芙藥。」〔註47〕《古今說海》作：「上巳日於曲江見一車子，飾以金碧。從一青衣，殊亦俊雅。已而，翠簾徐褰，見摻手如玉，指畫青衣，令摘芙蓉。」《豔異編》卷三六鬼部、《情史類略》卷一〇情靈類、《綠窗女史》卷八妖豔部和《舊小說》乙集所載同《古今說海》，但《情史類略》改篇目作〈長安崔女〉，《舊小說》於題下注：「又見《靈鬼志》及《乾𦠆子》」，則參見《太平廣記》，且又妄題唐李朝威撰。

（三）內容

　　華州柳生與崔氏情投意合，然崔母已先將許配表兄王生，復以疼惜女兒故，私命侍女輕紅教柳生速備財禮，期日完婚。崔母亡後，柳生挈妻與輕紅赴喪，王父知而告官奪取。然崔氏不欲侍王生，命輕紅尋訪柳生蹤跡，搬與同居。王生復訟於官，奪回崔氏、輕紅，柳生亦遭判流江陵。兩年後，崔氏、輕紅相繼謝世，卻又出現江陵，偽稱已與王生分離，將和柳生共度生活。後因王家老僕發現，王生疑而親至柳家探訪。適時崔氏正勻鉛黃未竟，王生於門外見之極叫，崔氏與輕紅遂併消逝。王、柳二生返長安發崔氏墓驗之，即江陵所施鉛黃如新，肌膚衣服俱無損敗，而輕紅亦然。王、柳二生相誓，卻葬之；自此相偕入終南山訪道，遂不復返。

五二、《人虎傳》一卷

（一）作者

　　《古今說海》本不題撰者。《太平廣記》卷四二七〈李徵〉亦載是事，汁山《宣室志》。《類說》卷三四、《錦繡萬花谷》後集卷二九引作《摭遺》。因今本《宣室志》係明人自《太平廣記》輯出重刻，檢閱未周，所遺甚多，而《摭遺》原書已佚，且《古今說海》本與《太平廣記》所引略有出入，或陸

〔註47〕　（宋）李昉等編：〈華州參軍〉，《太平廣記》，卷342，頁2713。

楫取自別本《太平廣記》〔註48〕，亦未可知。

《宣室志》，唐張讀撰。生平資料已見《陸顗傳》。

《摭遺》，宋劉斧撰。斧，生平資料未詳，人稱爲秀才，知約生活於宋仁宗、神宗時。著有《摭遺》、《青瑣高議》、《翰府名談》。

（二）傳本

本書原出《宣室志》或《摭遺》，《太平廣記》注出《宣室志》。除《太平廣記》引，《古今説海》或取自別本《太平廣記》，人物作「李微、李儼」；又用《醉翁談錄》甲集卷一〈小説開闢〉之題，題作《人虎傳》〔註49〕，且未著錄出處及著者。如取今本《太平廣記》與《古今説海》相較，《古今説海》衍文頗多：如《太平廣記》：「已而謂儆曰：『我李徵也，君幸少留，語我一語。』儆即降騎，因問曰：『李君李君，何爲而至是也？』虎曰：『我自與足下別，音問曠阻且久矣。幸喜得無恙乎？今又去何適？向者見君，有二吏驅而前，驛隸挈印囊以導，庸非爲御史而出使乎？』儆曰：『近者幸得備御史之列，今乃使嶺南。』虎曰：『吾子以文學立身，位登朝序，可謂盛矣。』」〔註50〕《古今説海》衍文作：「已而謂儼曰：『我李徵也。』儼乃下馬，曰：『君何由至此？且儼始與君同場屋十餘年，情好歡甚，愈於他友。不意吾先登仕路，君亦繼捷科選。暌間言笑，歷時頗久。傾風結想，如渴待飲。幸因出使，得此遇君。而乃自匿草中，豈故人疇昔之意也？』虎曰：『吾已爲異類，使君見吾形，則且畏怖而惡之矣，何暇酬昔之念邪？雖然君無遽去，得少盡款曲，乃我之幸也。』儼曰：『我素以兄事故人，願展拜禮。』乃再拜。虎曰：『我自與足下別，音容曠阻且久矣。僕夫得無恙乎？宦途不致淹留乎？今又何適？向者見君，有二吏驅而前，驛隸挈印囊以導，庸非爲御史而出使乎？』儼曰：『近者幸得備御史之列，今奉使嶺南。』虎曰：『君子以文學立身，位登朝序，可謂盛矣。』」《唐人説薈》本、《唐代叢書》本和《舊小説》乙集所據出《古今説海》，但皆妄題唐李景亮撰；又《唐人説薈》本和《唐代叢書》本將人物作李徵、李儆，《舊小説》於題下注：「又見《宣室志》」，乃皆據《太平廣記》。

〔註48〕請參寧稼雨著：《中國文言小説總目提要》，頁466～467。

〔註49〕（宋）羅燁著：〈小説開闢〉，《醉翁談錄》（臺北：世界書局，1958年），甲集卷1，頁4。

〔註50〕（宋）李昉等編：〈李徵〉，《太平廣記》，卷427，頁3477。

（三）內容

隴西李微爲唐朝皇族子孫，天寶十五年進士及第，任江南某縣尉；卻以狂放瀟灑，恃才倨傲，不能屈膝卑僚，故於任期滿後回鄉閑居。其後至吳楚遊歷，返家途中卻得病發狂，變身爲虎，自此寄身草莽。某日，李微故友李儼奉命出使嶺南，道遇之而彼此相認。李微告之以其化爲虎及從食獸到食人等歷程，且請李儼代爲照顧妻小及傳詩文於世。

五三、《馬自然傳》一卷

（一）作者

《古今說海》本不題撰者。《太平廣記》卷三三〈馬自然〉亦載是事，注出《續仙傳》。

《續仙傳》，南唐沈汾撰。汾，生平資料未詳，知嘗官溧水令，兼監察御史。著有《續仙傳》。

（二）傳本

本書原出《續仙傳》卷上〈馬自然〉，《太平廣記》引之，《古今說海》本乃據《太平廣記》，惟改書名作《馬自然傳》，且未著錄出處及著者。又異文情形較多，可互校之：如《太平廣記》：「經日方出，衣不沾濕，坐於水上而言曰：『適爲項羽相召飲酒，欲大醉，方返。』」《古今說海》作：「經日坐，水上而來，衣履不濕，言：『適爲項羽相召，飲酒而返。』」《太平廣記》：「湘畫一白鷺，以水噀之，飛入菜畦中啄菜。其主趕起，又飛下再三。湘又畫一猼子，走趕捉白鷺，共踐其菜，一時碎盡止。」〔註51〕《古今說海》作：「湘畫一白鷺，以水噀之，遂化成眞，鷺飛入菜畦中啄菜。其主逐起，又飛下再三。湘又畫一猼子，亦以水噀化成，走趕捉白鷺，共踐其菜，一時碎盡。」《舊小說》乙集所據出《古今說海》，但將「經日坐，水上而來，衣履不濕」改作「經日方出，衣履不濕」，至若題下注：「又見《續仙傳》」，則據《太平廣記》。

（二）內容

馬自然自小不同尋常，能行各種法術而令人觀止，如從水面來而衣服不溼，其但言係項羽相召飲酒；使拳入鼻，拳出而鼻如故；令溪水倒流，柳隨

〔註51〕（宋）李昉等編：〈馬自然〉，《太平廣記》，卷33，頁211～212。

溪走，又指示橋斷且能自行接好。及長，居常州馬植家，曾以席上瓷器裝土種瓜，須臾而開花結果；另於遍身及襪上摸出許多錢幣，投擲入井而呼之飛出。馬植言城中鼠多，自然即書符令公告使皆出城。自然遊越州時，爲懲處傲慢無禮之僧人，而使寺中三百僧皆下床不得。又因施捨白菜遭惡語，遂以紙畫狗與白鷺，噴之水而使皆成眞，且令相追逐踐踏白菜。自然夜宿長溪縣旅舍時，故意施展壁上睡及穿牆術，藉此教訓店主有眼無珠。泊天寶觀之際，言觀中大枯松三十年後將化爲石，而後果如其所言。此外，自然爲人治病從不施藥，僅以竹杖杖人病痛處即得治癒。死後則白日昇天成仙，後發冢啓棺，乃一竹杖爾。

五四、《寶應錄》一卷

（一）作者

　　《古今說海》本不題撰者。《太平廣記》卷四〇四〈肅宗朝八寶〉亦載是事，注出《杜陽雜編》。程毅中辨正今本《杜陽雜編》不載〔註52〕。但《歲時廣記》卷二八引〈授寶玉〉，《錦繡萬花谷》前集卷四引〈眞如得雲寶〉、後集卷一引〈降寶〉，皆出《唐寶記》，知《杜陽雜編》乃取自《唐寶記》。

　　《唐寶記》，一名《八寶記》、《楚寶傳》，唐杜確（733～802）撰。確，偃師（今河南偃師縣）人。大曆二年（767）舉茂才異行科，受命邦畿。歷任兵部員外郎、太常卿、同州刺史、本州防禦史、長春宮使、河中尹、河中絳州觀察使。著有《唐寶記》。

（二）傳本

　　本書原出《唐寶記》，《杜陽雜編》引之，《太平廣記》復引，《古今說海》本乃據《太平廣記》，惟改書名作《寶應錄》，且未著錄出處及著者。《豔異編續》卷一〇珍奇部引，篇目作〈眞如八寶記〉，較之《古今說海》本，文末脫「兩（《太平廣記》作「西」）堂之間」以下二六字。《舊小說》乙集和《叢書集成初編》所載同《古今說海》本，但《舊小說》於題下注：「又見《杜陽雜編》」，則據《太平廣記》。

（三）內容

　　唐天寶年間，比丘尼眞如於鹽瀆之間，忽有五色雲團自東來，且雲中引

〔註52〕程毅中著：《古小說簡目》，頁 119～120。

手以囊授之，告以勿對人言此事。安史之亂時，復有黑衣人指引眞如拜見天帝和諸天，連先前囊中寶物共十三件，除授與使用方法，且令帶回凡間，進獻天子以平息戰亂。眞如至安宜縣後，經幾許風波，方使地方官員信服，得上京進獻。代宗獲寶物後，改年號和安宜縣名爲寶應，封眞如爲寶和。自此征戰漸息，五穀豐登。

五五、《白蛇記》一卷

（一）作者

《古今說海》本不題撰者。《太平廣記》卷四五八〈李黃〉亦載是事，注出《博異志》。

《博異志》，唐谷神子纂。生平資料已見《張遵言傳》。

（二）傳本

本書原出《博異志》，《太平廣記》引之，《古今說海》本復引《太平廣記》，惟「李黃」訛作「李瓘」，又改書名作《白蛇記》，且未著錄出處及著者，《豔異編》卷三四妖怪部、《舊小說》乙集和《叢書集成初編》本皆據此。

（三）內容

唐元和年間，隴西李瓘於長安東市見一著白衣女，心慕之而買錦相贈。白衣女乃傳言爲借貸，令李瓘隨其歸家取錢，又留處宅中三日，飲酒作樂無所不至。待李瓘將歸，但覺身上臊氣異常；歸宅後，頓感身重頭旋而命被就寢。適妻兄鄭生有事與商討，感其言語失次，瓘妻疑而掀被視之，但見其下身盡化成水，唯存頭部。而後，李瓘家人往尋白衣女住處，竟存空園一座。據當地人言，園中輒有白蛇盤據樹下，此外別無其他。復一說，唐元和年間，李琯於安化門外隨二女奴至奉誠園，經女主招待留宿。及明返家，竟腦裂而卒。後經前往探查李琯日昨住處，只見枯槐樹中有白蛇盤據痕跡，唯大蛇已失蹤跡，但存小蛇數尾。

五六、《巴西侯傳》一卷

（一）作者

《古今說海》本不題撰者。《太平廣記》卷四四五〈張鋌〉亦載是事，注出《廣異記》。《太平廣記詳節》卷三九注「出《宣室志》。」寧稼雨《中國文言小說總目提要》云：「《紺珠集》本《宣室志》收入。《白孔六帖》卷九七、

九八、《古今事文類聚》後集卷三五、《群書類編故事》卷二四、《錦繡萬花谷》後集卷四〇等皆引作《宣室志》，知《廣記》有誤。」〔註53〕

《宣室志》，唐張讀撰。生平資料已見《陸顒傳》。

（二）傳本

本書原出《宣室志》，《太平廣記》引之，《古今說海》本乃據《太平廣記》，惟改書名作《巴西侯傳》，且未著錄出處及著者。《豔異編續》卷一二獸部、《廣虞初志》卷三、《舊小說》乙集和《叢書集成初編》本皆據此。

（三）內容

唐開元年間，吳郡張鋌因巴西侯邀請而借宿山中，受邀者另有六雄將軍、白額侯、滄浪君、五豹將軍、鉅鹿侯和玄丘校尉。用餐時，洞玄先生言席間有人將謀害巴西侯，卻以未受採納而招致殺身禍。夜半之際，眾賓客皆醉臥榻上，張鋌亦假寐其間。待天將曉，張鋌始驚見正睡臥石窟，猿、熊、白額虎、花豹、大鹿、狐狸、狼等俱睡一旁。張鋌乃飛奔回鄉，糾集上百鄉民同往誅殺眾獸，永絕禍患。

五七、《柳歸舜傳》一卷

（一）作者

《古今說海》本不題撰者。《太平廣記》卷一八〈柳歸舜〉亦載是事，注出《續玄怪錄》。程毅中辨正出牛僧孺《玄怪錄》，明刻本《幽怪錄》卷二作〈柳歸舜〉〔註54〕。

《玄怪錄》，唐牛僧孺撰。生平資料已見《杜子春傳》。

（二）傳本

本書原收入牛僧孺《玄怪錄》卷二〈柳歸舜〉，《太平廣記》引之，《古今說海》本所據出《太平廣記》或《玄怪錄》，惟改書名作《柳歸舜傳》，且未著錄出處及著者。《豔異編續》卷二仙部、《廣虞初志》卷一和《叢書集成初編》本皆據此。

（三）內容

隋開皇年間，吳興柳歸舜自巴陵乘舟，遇風吹至君山，而誤入石中寶地。

〔註53〕寧稼雨著：《中國文言小說總目提要》，頁466。
〔註54〕程毅中著：《古小說簡目》，頁120。

但見鸚鵡數千，相呼姓字，且多能歌唱誦賦，各有見聞。有名喚武仙郎者，原欲請桂家三十娘子接待，卻以黃郎不在家中，改由鳳花台招呼。鳳花台對歸舜講述其曾向杜蘭香、東方朔、揚雄、王褒、陸機、陸雲學習詩賦，待二陸被殺，始至此地。歸舜謂近日宗師乃薛道衡和江總，復背誦數篇示之，鳳花台但論非不靡麗，殊少骨氣。後有二道士自空飛下，領歸舜達舟所，其才發現已失蹤三日。歸舜後至此泊舟尋訪，則不復見。

五八、《求心錄》一卷

（一）作者

《古今說海》本不題撰者。《太平廣記》卷四四五〈楊叟〉亦載是事，注出《宣室志》。

《宣室志》，唐張讀撰。生平資料已見《陸顒傳》。

（二）傳本

本書原出《宣室志》，《太平廣記》引之，《古今說海》本乃據《太平廣記》，惟改書名作《求心錄》，且未著錄出處及著者。《舊小說》乙集和《叢書集成初編》本皆據此，但《舊小說》於題下注：「又見《宣室志》」，則據《太平廣記》。

（三）內容

唐乾元年間，有楊叟病重將亡，醫者陳生言楊叟之病在心，唯食生人心方能救治。楊叟子宗憲以生人心不可得，獨修佛法以佑父疾。某日，宗憲送齋途中誤入山徑，有胡僧袁氏言願捨己之心救楊叟疾病，但得先飽餐而後死。宗憲遂盡心招待，使胡僧飽食。而後，胡僧躍上樹間，藉《金剛經》：「過去心不可得，見在心不可得，未來心不可得」，闡論其心不可得之理。胡僧化猿離去，宗憲亦惶駭而歸。

五九、《知命錄》一卷

（一）作者

《古今說海》本不題撰者。檢其文字，出四卷本《玄怪錄》卷三、十一卷本《玄怪錄》卷九〈吳全素〉。

《玄怪錄》，唐牛僧孺撰。生平資料已見《杜子春傳》。

（二）傳本

本書原出《玄怪錄》，《古今說海》本引之，惟改書名作《知命錄》，且未著錄出處及著者，《舊小說》乙集和《叢書集成初編》本皆據此。

（三）內容

唐元和十二年某夜，有鬼差誤逮吳全素入地府，待查明發現其將於次年得中明經科，且中後尚有陽壽三年，方遣返其回人世。途中因二鬼差喊窮，令其向姨母托夢，而求得百萬紙錢。鬼差復帶全素往觀勾人魂魄及使投胎過程，且謂生前作爲攸關死後去處。待全素歸返陽世，但覺頭腦昏眩，適其姨丈前來驗證夢境眞僞，遂攜以回家療養。全素於冥府預見未來命數，卻不想按照原本安排而試圖改變，終不免受到各種原因左右，導致其人生福禍一如在冥府所見情形。

六〇、《山莊夜怪錄》一卷

（一）作者

《古今說海》本不題撰者。《太平廣記》卷四三四〈甯茵〉亦載是事，注出《傳奇》。

《傳奇》，唐裴鉶撰。生平資料已見《洛神傳》。

（二）傳本

本書原出《傳奇》，《太平廣記》引之，《古今說海》本乃據《太平廣記》，復以其事類《東陽夜怪錄》，故陸楫仿之而改書名作《山莊夜怪錄》〔註55〕，且未著錄出處及著者。又異文情形較多，可互校之：如《太平廣記》：「後漢有班超投筆從戎，相者曰：『君當封侯萬里外。』超詰之。曰：『君燕頷虎頭，飛而食肉萬里，公侯相也。』後果守玉門關，封定遠侯。」《古今說海》節略作：「後漢有班超，立功萬里外，封威遠侯。」《太平廣記》：「數巡後，特稱小疾，便不趕過飲。寅曰：『談何容易，有酒如澠，方學紂爲長夜之飲，覺面已赤。』特曰：『弟大是鐘鼎之戶，一坐大耽更不動。』後二班飲過，語紛孥。」〔註56〕《古今說海》節略作：「數巡後，二班使酒作劇，言語紛孥。」《豔異編續》卷一二獸部、《廣虞初志》卷三和《舊小說》乙集所載同《古今說海》，

〔註55〕請參寧稼雨著：《中國文言小說總目提要》，頁467。
〔註56〕（宋）李昉等編：〈甯茵〉，《太平廣記》，卷434，頁3526。

卻都將「威遠侯」改作「定遠侯」；又《廣虞初志》將「甯菌」改作「寧茵」，《舊小説》將「甯菌」改作「甯茵」；而《舊小説》於題下注：「又見《傳奇》」，則據《太平廣記》。

（三）內容

唐大中年間，秀才甯菌借住南山下。某夜，桃林斑特處士和斑寅將軍先後來訪，兩人先論斑姓由來，復下棋、飲酒。後以二斑使酒作劇，言語紛挐，甯生爲使停止爭執，遂持尺長削脯刀恐嚇之。久之，二斑各賦詩一章，甯生以斑特有詩才而令斑寅不悅，二斑復爭執後方相繼告辭。及明，甯生視門外唯有虎跡牛蹤，始知昨夜二訪客乃虎精和牛精。

六一、《五眞記》一卷

（一）作者

《古今説海》本不題撰者。《太平廣記》卷六八〈楊敬眞〉亦載是事，注出《續玄怪錄》。

《續玄怪錄》，唐李復言撰。生平資料已見《李衛公別傳》。

（二）傳本

本書原出《續玄怪錄》，《太平廣記》引之，《古今説海》本乃據《太平廣記》，惟改書名作《五眞記》，且未著錄出處及著者。又異文情形較多，可互校之：如《太平廣記》：「楊氏婦道甚謹，夫族目之勤力。」《古今説海》作：「楊氏奉箕箒供農婦之職甚謹，夫族目之勤力。」《太平廣記》：「告其夫曰：『妾神識頗不安，惡聞人言，當於靜室寧之，君宜與兒女暫居異室。』夫許之。楊氏遂沐浴，著新衣，焚香閉戶而坐。」〔註57〕《古今説海》作：「告其夫曰：『妾神識頗不安，惡聞人語，當於靜室寧之，請君與兒女暫居異室。』其夫以田作困，又保無他，因以許之，不問其故。楊氏遂沐浴，著新衣，灑掃其室，焚香閉戶而坐。」《舊小説》乙集和《叢書集成初編》本所載同《古今説海》，但《舊小説》於題下注：「又見《續玄怪錄》」，則據《太平廣記》。

（三）內容

唐元和十二年某夜，有仙人雲鶴接引虢州楊敬眞至華山雲臺峰爲仙，與

〔註57〕　（宋）李昉等編：〈楊敬眞〉，《太平廣記》，卷68，頁421～422。

之同夜登仙者，尚有宋州、幽州、荆州和青州等四位女子，且皆賜「眞」字名號。敬眞以阿翁年事已高，需賴晚輩侍奉，請求先返人間盡孝，他日再登天成仙。地方州府知曉後，邀敬眞舍於陝州紫極宮，請其阿翁居之別室，凡有瞻拜者，亦不得升紫極宮階。敬眞自此終歲不食，或啖果實飲酒，容色但轉芳嫩爾。

六二、《小金傳》一卷

（一）作者

《古今説海》本不題撰者。《太平廣記》卷三四〇〈盧頊〉亦載是事，注出《通幽錄》。

《通幽錄》，又作《通幽記》，唐陳劭撰。生平資料已見《唐晅手記》。

（二）傳本

本書原出《通幽錄》，《太平廣記》引之，《古今説海》本所據乃《太平廣記》，惟改書名作《小金傳》，且未著錄出處及著者，《舊小説》乙集和《叢書集成初編》本皆據此。

（三）內容

唐貞元年間，范陽盧頊侍女小金輒受鬼靈朱十二騷擾，以致昏迷不醒。而後，盧生予朱十二餛飩及雇船錢，令其於鹽官縣尋母，小金遂釋然爲間。又，小金母遭盧生舅父楊郎家鬼婢花容附身，經與對話，始知朱十二生前惡毒，死後罰作蛇身，久而能變化通靈。至於花容前來，係楊郎所命，意欲接取小金母女。經盧生懇求，以剪紙人代替，小金母女方得倖免。再有小金夜夢神人前來，爲其治癒腰背疼痛，還教導刺繡佛像、幡子，以香蠟供佛，且得暫離杭州地界，才能避免鬼怪騷擾，保全生命。

六三、《林靈素傳》一卷

（一）作者

《古今説海》本題宋趙與時（1172～1228）撰。按：趙與時《賓退錄》卷一引耿延禧《林靈素傳》，唯文末「此耿延禧所作《靈素傳》也」云云一段文字乃趙與時語，而《古今説海》本亦載之，是知《古今説海》所據乃《賓退錄》，非趙氏原文。又陸楫不察，誤題撰人。

宋耿延禧（？～1136），開封（今河南開封市）人，徽宗宣和年間爲太學官，歷任太常少卿、中書舍人、龍圖閣直學士、樞密直學士、龍圖閣學士、京城撫諭使副、龍圖閣待制等職。著有《建炎中興記》。《宋史》卷三五二〈耿南仲〉附傳。

（二）傳本

本書《竹崦庵傳鈔書目》子部道家類和《稽瑞樓書目》著錄一卷。耿延禧原作，趙與時《賓退錄》引，《古今說海》本又引《賓退錄》，仍以《林靈素傳》爲書名，但誤題趙與時撰，《重編說郛》本、《舊小說》丁集和《叢書集成初編》本皆據此。

（三）內容

北宋林靈素習法術於趙升，趙升逝後，靈素密藏道書，頗善妖術，乞食諸寺，僧人多惡之。政和三年，宋徽宗召靈素驅除宮中怪異，使能得見已逝之明達皇后。靈素自此深受重用，升座講經，言佛害道，且將寺院改爲道觀、釋迦改爲天尊、菩薩改爲大士、羅漢改爲尊者、和尚改爲德士，並與僧人鬥法得勝，而令蔡京等人不滿，輒設法陷害。靈素亡後，弟子未按其生前交代下棺，後復不見其墓塚蹤跡。

六四、《海陵三仙傳》一卷

（一）作者

《古今說海》本不題撰者。《宋史》卷二〇五〈藝文志〉有「王禹錫《海陵三仙傳》一卷」，知撰者爲王禹錫。

宋王禹錫，海陵（今江蘇泰州市）人，生平經歷不詳，著有《海陵三仙傳》。

（二）傳本

本書《宋史》卷二〇五〈藝文志〉子類道家類、《竹崦庵傳鈔書目》子部道家類和《稽瑞樓書目》著錄一卷。《古今說海》本引之，但未著錄出處及著者，《舊小說》丁集和《叢書集成初編》本又據此。

（三）內容

《海陵三仙傳·徐神翁》：徐神翁六、七歲始能言語，及長而誦讀道家書籍，習得分身術且能預言他人吉凶。神翁不通書法，凡寫字與人，其文字輒

能解贈者之惑。宋元豐年間，有妖人遭逮而牽連神翁，其卻回答茹葷即得脫困。爾後，徐禧、呂惠卿、王安石、蘇軾、蘇轍等人禍福，率以神翁故而得先知。紹聖三年，郡中瘟疫流行，神翁以符咒水使病者皆癒。此後，又展現神通頗多，如知己畫像被扔入潭中始末、預知皇位繼者、助人遠避凶難等。神翁逝時，有白氣自其頂上往西北而去，空中遂有鶴鳴聲響。時天氣炎熱，七日後而四體卻屈伸如生，異香遠達宮外。政和八年，其弟子所刻神翁像之目有神光、墮淚，食頃乃止，識者咸知其心意。日後禱於祠者，皆用籤語代替神翁言，無不契合。

《海陵三仙傳‧周處士》：周處士考試未第，鬱鬱不得志。嘗誦讀老子書時，忽大呼撲地，醒後遂將儒衣書籍焚毀。因徐神翁曾言周家將出神仙，世人方始敬重處士。處士曾靈魂出遊救人，復嘗起死回生，預言他人吉凶。朝廷雖多次徵召，其終不願赴任。處士逝時而目不瞑，神光射人；其安葬之初雖體重莫能勝，後卻漸輕若虛器然。

《海陵三仙傳‧唐先生》：唐先生原任郡中小官，行為卻莫名異常，言語輒涉他人吉凶事。凡飲食或捐半於地，或灑溝渠而食其餘；若食燒餅，必先沾渠中污泥。先生所入店鋪，當日定獲厚潤；賭徒若得借其錢為博資，必終日勝。先生常住王家米店，若當離去，則不復有光顧者。倘非先生常遊之家，其往輒必有怪事生，故人多畏懼。紹興七年，先生引火自焚，且撕身上肉以食及餵狗，須臾而逝。爾後，各地仍不時有見其蹤影者。

第七章 《古今説海》「説畧部」
── 雜記家之研究

　　《古今説海》「説畧部」雜記家三十二卷，每卷一部小説。《史通・雜述》云：「雜記者，若論神仙之道，則服食鍊氣，可以益壽延年；語魑魅之途，則福善禍淫，可以懲惡勸善，斯則可矣。及謬者爲之，則苟談怪異，務述妖邪，求諸弘益，其義無取。」浦起龍注「雜記」云：「此謂搜探怪異之書，足當外史勸誡乃佳。」〔註1〕劉知幾舉神仙鬼怪作品爲例，強調若不以荒誕爲尚、炫奇耀怪，仍有可觀之處，能補正史不足，故葛洪《西京雜記》、田融《苻朝雜記》、杜寶《大業雜記》、張密《廬山雜記》等以「雜記」命名之作，皆被新、舊《唐書》置入史部。《宋史・藝文志》雖亦將呂本中《紫微雜記》、李宗諤《翰林雜記》、周必大《淳熙玉堂雜記》、李心傳《建炎以來朝野雜記》、《朝野雜記》置史部故事類，葛洪《西京雜記》、杜寶《大業雜記》、元澄《秦京內外雜記》、李璋《太原事蹟雜記》、沈立《奉使二浙雜記》、不知撰者《虜庭雜記》、孔傳《東家雜記》、鄭熊《番禺雜記》置史部傳記類，陳廷禧《北征雜記》、吳從政《襄沔雜記》、范旻《邕管雜記》、譚掞《邕管溪洞雜記》置史部地理類，卻又把蒲仁裕《蜀廣政雜記》、黃朝英《青箱雜記》、王鞏《甲申雜記》、孫宗鑑《東臯雜記》置子部小説類。是知早先以「雜記」命書名者，係反映《史通・雜述》將「雜記」列屬「雜史」成員之認知，呼應新、舊《唐書》部居此類書籍於史部之現象。但至少到了《宋史》以後，「雜記」一詞龐

〔註1〕（唐）劉知幾著，（清）浦起龍釋，（清）趙燁舉例舉要：〈雜述〉，《史通通釋》（臺北：世界書局，1962年），卷10，頁132。

雜記述的特質被突顯，同時涵蓋被《宋史》置入子部小說類之書，體現雜傳、野史、傳記類書籍與古小說發展關係密切之事實。職是，《古今說海》「說畧部」雜記家兼錄歷史傳聞、瑣談逸事、考證雜辨和詩歌評述之作，更乃將「雜」記特質極致發揮之實證。其若按四庫分類以觀，有雜說類者，如《默記》、《孔氏雜說》、《話腴》、《蒙齋筆談》、《霏雪錄》、《就日錄》；有雜史類者，如《朝野遺紀》、《聞見雜錄》、《三朝野史》、《鐵圍山叢談》、《錢氏私誌》、《遂昌山樵雜錄》、《靖康朝野僉言》；有地理類者，如《古杭雜記》；有政書類者，如《文昌雜錄》；有傳記類者，如《桐陰舊話》；有小說類者，如雜錄小說《墨客揮犀》、《續墨客揮犀》、《昨夢錄》、《三水小牘》、《談藪》、《清尊錄》、《宣政雜錄》、《朝野僉載》、《高齋漫錄》、《東園友聞》，諧謔小說《諧史》和《挮掌錄》，志怪小說《睽車志》，傳奇小說《瀟湘錄》；有詩文評類者，如《山房隨筆》和《碧湖雜記》。今分述各書如下：

一、《默記》一卷

（一）作者

宋王銍（？～1146）撰。銍，字性之，自稱汝陰老民，人稱雪溪先生，汝陰（今安徽阜陽）人。銍少而博學，嘗從歐陽脩學。紹興初年，官迪功郎，權樞密院編修官，撰成《樞庭備檢》。後罷爲右承事郎，主管台州崇道觀，續上《七朝國史》等。紹興九年（1139），爲湖南安撫司參議官。晚年避居剡溪山，以詩詞自娛。著有《默記》、《雜纂續》、《侍兒小名錄》、《國老談苑》、《王公四六話》、《雪溪集》等。《宋史翼》卷二七有傳。

（二）傳本

本書《也是園藏書目》卷五子部小說家類和《述古堂藏書目》卷三小說家類著錄十卷。《小眠齋讀書日札》、《欽定續通志》卷一六〇〈藝文略〉諸子類小說家類、《欽定續文獻通考》卷一七九〈經籍考〉子部小說家類、《四庫全書總目》卷一四一子部小說家類、《海源閣書目》子部鈔本、《鐵琴銅劍樓藏書目錄》卷一七子部小說家類、《邵亭知見傳本書目》卷一一子部小說家類、《皕宋樓藏書志》卷六三史部小說家類、《孫氏祠堂書目》內編卷四說部、《抱經樓藏書志》卷四七子部小說家類、《藝風藏書記》卷八小說類、《善本書室藏書志》卷二一子部、《佳趣堂書目》、《藏園群書經眼錄》卷八部雜家類、《涵芬樓燼餘書錄》子部著錄三卷。《祕閣書目》子雜類、《徐氏家藏書目》卷三

子部小說類、《讀書敏求記》卷三雜家類、《讀書敏求記校證》卷三上雜家類、《傳是樓書目》子部小說家類、《鄭堂讀書記》卷六四子部小說家類、《郋園讀書志》卷六子部、《八千卷樓書目》卷一四子部小說家類著錄一卷。《文淵閣書目》卷八子雜類、《徐氏紅雨樓書目》卷三子部小說家類、《拜經樓藏書題跋記》卷四、《笠澤堂書目》子部小說家類不著錄卷數。

　　今傳唯見三卷本和一卷本，三卷本有《四庫全書》本、《學海類編》本和《宋元人說部書》本，一卷本有《說郛》本、《古今說海》本、《歷代小史》本、《重編說郛》本、《五朝小說》本、《五朝小說大觀》本、《知不足齋叢書》本、《說庫》本、《叢書集成初編》本和《宋人筆記》本。其中，《知不足齋叢書》本與三卷本乃分卷差異，內容無多寡之別，而《叢書集成初編》本影《知不足齋叢書》本，《宋人筆記》本復以《知不足齋叢書》本爲底本而參校他本，凡一百二則。另，《說郛》本節引十五則，皆有標目〔註2〕，《古今說海》本乃出《說郛》本，但少〈拆字〉一則，且刪削篇目，間有脫文情形，如〈大輪小兒〉一則，文末脫「哉，陸子履爲先子言」八字；〈歐陽文忠公〉一則，文末脫「曾存之言」四字。《歷代小史》本、《重編說郛》本、《五朝小說》本、《五朝小說大觀》本和《說庫》本所載同《古今說海》本。又，《舊小說》丁集錄有七則。1981 年，朱杰人據《宋元人說部書》本爲底本，以《知不足齋叢書》本覆校，再用《學海類編》本和浙江圖書館藏文瀾閣本對校，且參考《說郛》本、《古今說海》本、《說庫》本和清張載華、瞿熙邦兩部抄本點校，由北京中華書局出版，收入《歷代史料筆記叢刊》。2001 年，孔一據《知不足齋叢書》本爲底本，校以《四庫全書》本，并有關史籍參校，由上海古籍出版社出版，收入《宋元筆記小說大觀》。

（三）內容

　　本書載五代末至北宋之朝野掌故，逸事遺聞。其「有較正史而加詳者，有爲正史所不及者。其怪誕不經處，似唐人小品。」〔註3〕《古今說海》本載十四則，各則要旨依次如下：後周樞密使王樸夜觀玄象大異，未久而後周爲

〔註2〕按：《說郛》本十五則之篇目，依序爲：〈大輪小兒〉、〈世宗二字〉、〈徐鉉見故主〉、〈張茂實頭角類龍種〉、〈捐金繒〉、〈慈聖后〉、〈喬氏捨經〉、〈拆字〉、〈徐鉉詰〉、〈懸珠照明〉、〈賢母〉、〈歐陽文忠公〉、〈盈盈傳〉、〈李國主〉、〈太祖見趙普〉。

〔註3〕（清）王文濡輯：〈說庫提要〉，《說庫》（杭州：浙江古籍出版社，1986 年），頁 8。

宋所滅。宋太祖將周世宗子賜潘美爲義子，其供奉祖宗三代，惟稱潘美爲父。李後主對徐鉉言己悔殺潘佑、李平，而後有秦王賜牽機藥事。宋眞宗子張茂實雖由內侍撫養，然頭角突出不掩龍種相貌。滕元發攻北虜不下而鬱鬱不樂，尤愴聖志不就。李植信道而不樂婚宦，娶妻時則見鬼神在前。李後主手書《心經》一卷，歷幾番波折而無損害。徐十郎藏徐鉉、徐鍇誥敕甚多。李後主寵姬謂其宮中懸掛寶珠照明，光照一室如日中。楊察母教子甚嚴，以子省試第二爲恥。歐陽脩爲官正直而得罪權貴，有欲以與外甥張氏私通事中傷之。達奚盈盈私藏千牛官，栽贓嫁禍虢國夫人。周后隨命婦入宮出，必大泣罵後主。宋太祖早先敗於皇甫暉，後得趙普幫助而得生擒之。

二、《宣政雜錄》一卷

（一）作者

《古今說海》本不題撰者。《說郛》本題譙郡公撰，《重編說郛》本和《徐氏家藏書目》題宋江萬里撰。昌彼得云：「譙郡公不詳爲何人，觀書中多記徽宗政和宣和間異聞雜事，語多不經。其丙午條云：『北狩之禍，僕實從徽宗北行』，則南北宋間人也。《重編說郛》則題宋江萬里撰，萬里字子遠，都昌人，度宗朝官左丞相，元兵南侵殉國，乃宋末人，知其本所題非是。」〔註4〕

（二）傳本

本書《國史經籍志》卷四下子類小說家類和《澹生堂藏書目》卷四史部雜史類著錄二卷。《徐氏家藏書目》卷三子部小說類著錄一卷。《徐氏紅雨樓書目》卷三子部小說類不著錄卷數。

原書未傳，《說郛》本節引十五則，各則均有標目〔註5〕，《古今說海》本即據《說郛》本而來，但刪略篇目。《續百川學海》本、《歷代小史》本、《重編說郛》本、《叢書集成初編》本悉出《古今說海》本。但〈婦人、小兒生鬢〉〔註6〕一則，《續百川學海》本於文末脫「胡兒也亦胡寇之警云」九字，《重編

〔註4〕 昌彼得著：《說郛考》（臺北：文史哲出版社，1979年），頁213。

〔註5〕 按：《說郛》本十五則之篇目，依序爲：〈狐登御座〉、〈人妖〉、〈詞讖〉、〈白芝〉、〈墓屍化蛇〉、〈孝子〉、〈孝女〉、〈唐汰僧碑〉、〈唐述志碑〉、〈通同部〉、〈兒生兒〉、〈丙午〉、〈還鄉橋石〉、〈犬妖〉、〈詩讖〉。

〔註6〕 按：《古今說海》「說畧部」所錄書條文多未有標目，爲便利討論，遂撮述各則要旨擬作其目；尤其論及《古今說海》對後世叢書、類書之影響者，皆以此爲據。但若《古今說海》子目書引據《說郛》，且較《說郛》本有刪略增衍

說郛》本則脫「亦胡寇之警云」六字；〈夜聞犬吠而不見犬〉一則，《古今說海》本文末作「後里中猶有蠻狄之禍，況此聲舉城之多邪」，《續百川學海》本則作「後里中亦有禍，況此聲舉城之多邪」，《重編說郛》本又刪略成「後里中亦有禍」；〈宋徽宗詩有「金世界」句〉一則，《重編說郛》本文末脫「然次年戎馬犯順，後國號金，亦先兆金世界也」十八字。又，《歷代小史》本脫首則〈狐登殿而坐〉，存十四則。另，《舊小說》丁集錄有一則。

（三）內容

本書載北宋軼事瑣聞為主，對金人南犯、宋人恐慌心理多所著墨，或假諸多怪異現象說明之。《古今說海》本載十五則，各則要旨依次如下：狐登殿而坐，係胡人犯闕徵兆。婦人、小兒生髯，皆胡寇犯闕之警。金人〈臻蓬蓬歌〉和雜技人所念詩，皆宋朝國祚讖語。趙士頓和王黼家長白芝，後兩人皆死。張德死後化白蛇，其子飼之，復以成妖而殺之不得。趙倚為母手刃繼父，朝廷獎掖其孝行而從寬處置。崔氏效法王祥臥冰求鯉，母食所得魚後果病癒。開元寺僧掘得古碑有「僧盡烏巾，尼皆綠鬢」字，後有詔改僧為德士。北宋河南尹上書請求擊碎武則天〈升中述志碑〉。通同部所製鼓漫上不漫下。四歲子臍裂生子，三日後而二子皆亡。宋徽宗夢童子示「丙午昌期，真人當出」玉牌，是年而有女真入犯。宋徽宗經梁魚務還鄉橋，自詡後聖必能伸其冤。夜聞犬吠而不見犬，金人入犯始覺其怪異所在。宋徽宗詩有「金世界」句，後女真國號為金。

三、《靖康朝野僉言》一卷

（一）作者

《古今說海》本不題撰者。《重編說郛》本妄題「宋張匯」撰，當是因《朝野僉載》撰者而誤，下文《朝野遺紀》亦然。又，《直齋書錄解題》著錄云：「不著名氏，有序建炎元年八月，繫年錄稱夏少曾，未詳何人。」〔註7〕

（一）傳本

《靖康朝野僉言》，一名《朝野僉言》。《直齋書錄解題》卷五雜史類謂為

情形，又《說郛》本已標有篇目，則文中逕以《說郛》本之篇目稱之。

〔註7〕　（宋）陳振孫著：《直齋書錄解題》（臺北：臺灣商務印書館，1983 年影清文淵閣《四庫全書》本），卷 5 雜史類，頁 623。

二卷，《國史經籍志》卷四下子類小說家類、《澹生堂藏書目》卷四史部雜史類、《徐氏家藏書目》卷三子部小說類、《徐氏紅雨樓書目》卷三子部小說類著錄一卷。《遂初堂書目》本朝雜史類不著錄卷數。

本書原本未傳，今以節錄關係入叢書者，悉出《說郛》本，《古今說海》本即據此，但文中譯名有別，如《說郛》本「咼里勃」，《古今說海》本譯作「斡離不」，《歷代小史》本和《重編說郛》本所載同《古今說海》本。2008年，鄭州大象出版社以《說郛》本爲底本，參他本點校，收入《全宋筆記》。

（三）內容

本書載北宋末年金人南下攻占汴城始末，從靖康元年十一月二十五日金兵抵京城始，迄隔年二月初七宋徽宗與諸王妃被俘金營止。重要情節有：金兵環城列柵，有必拔之計。流星下墜，流光數丈，蔡京府宅焚無片木而不及鄰。金兵攻打城池，太子、內侍、王妃多遁民間。彗星出現次日，日出赤如血。宋欽宗出南薰門見二金酋，百姓涕泣不計其數。宋朝百姓日上御街候駕，雨雪凍餓死者不計其數。金兵索教坊內侍、露臺歌妓，一時間哭泣聲傳遍閭巷。宋朝將亡，軍民憂懼。

四、《朝野遺紀》一卷

（一）作者

《古今說海》本不題撰者。《重編說郛》本妄題「宋張鷟撰」之因已如前述，《四庫全書總目》云：「舊本題無名氏撰。」〔註8〕但據書中記載，知爲南宋人所著。

（二）傳本

本書《澹生堂藏書目》卷四史部雜史類注出「《古今說海》本」，譌作二卷。《國史經籍志》卷四下子類小說家類、《徐氏家藏書目》卷三子部小說類、《欽定續通志》卷一六〇〈藝文略〉諸子類小說家類、《欽定續文獻通考》卷一七九〈經籍考〉子部小說家類、《四庫全書總目》卷一四三子部小說家類存目、《八千卷樓書目》卷一四子部小說家類著錄一卷。《徐氏紅雨樓書目》卷三子部小說類不著錄卷數。

〔註8〕 （清）永瑢等奉敕著：《四庫全書總目》，卷143子部53・小說家類存目，頁2813。

　　昌彼得以《說郛》本題云二卷，認爲是《朝野遺紀》原書卷帙，今傳本摘錄三十一則，各則均有標目〔註9〕。《古今說海》本即出《說郛》本，但脫〈張說負舟〉、〈劉蘇善謔〉、〈避戎夜話〉、〈善利將軍〉、〈感舊詞〉、〈六州歌頭〉、〈徽宗詞〉、〈象簡匾闊〉等八則，又刪落其篇目。《歷代小史》本、《重編說郛》本、《學海類編》本和《說庫》本所載同《古今說海》本。另，《遜敏堂叢書》〔註10〕有一卷本，未見；《舊小說》丁集錄有七則。

（三）內容

　　《四庫全書總目·朝野遺紀》提要：「載南渡後雜事。稱寧宗爲今上，而又有寧宗字，又稱理宗爲今東宮，頗爲不倫。亦似雜採小說爲之。」〔註11〕然本書所記間及北宋高、孝宗事，而〈苗傳、劉正彥叛變〉溯及李唐事，知是書實不以南渡後之事爲限。《古今說海》本載二十三則，各則要旨依次如下：韋后失信於宋欽宗，後遭左目失明報應。宋欽宗死後神遊仍不忘故國。妙應師父見揚州城民面帶死氣，後果有金人屠城災禍。汪伯彥、黃潛善收賄隱瞞事變，宋高宗受驚後得菫腐病。苗傳、劉正彥叛變，值虛器於前星。宋高宗航海戰時，丞相呂頤浩利誘衛士上船。宋高宗折斷祖廷彤几作爲印信符節。宋高宗留魏王於宮中，乃欲立其兄爲太子。宋光宗觸犯宓妃戒條，致狂風大作、雷電交加。李皇后對光宗言遭孝宗責罵。宋孝宗因光宗久未朝拜而生氣染病。宋光宗請鮮于皇太后告知孝宗有繼位意願，因己已頭髮斑白不復爲小

〔註9〕　按：《說郛》本三十一則之篇目，依序爲：〈以誓瞽目〉、〈欽宗神遊行都〉、〈相者預見〉、〈高宗無子思明受〉、〈明受之事〉、〈航海衛士幾生變〉、〈高宗渡江〉、〈張說負舟〉、〈越次建儲〉、〈光宗初郊〉、〈重華責李后〉、〈光宗不朝東內〉、〈光宗欲速得正位〉、〈光宗追恨壽仁〉、〈壽仁終于精室〉、〈寧宗后楊氏〉、〈理宗〉、〈寧宗立后〉、〈劉蘇善謔〉、〈避戎夜話〉、〈善利將軍〉、〈感舊詞〉、〈六州歌頭〉、〈宣和君臣褻狎〉、〈徽宗詞〉、〈銀工家出相〉、〈象簡匾闊〉、〈忠勇〉、〈程敦厚知貢舉〉、〈秦檜妻〉、〈岳王卒葬〉。

〔註10〕　按：《中國叢書綜錄》著錄《朝野遺紀》、《三朝野史》（題《漱石軒筆記》）和《瀟湘錄》皆有《遜敏堂叢書》本，臺北傅斯年圖書館藏清道光咸豐間盲黃黃氏木活字排印之《遜敏堂叢書》卻未見上述三書，又以「遜敏堂叢書」爲關鍵字對「中文古籍書目資料庫」進行檢索，搜尋得中國國家圖書館藏《朝野遺紀》和《三朝野史》（題《漱石軒筆記》）資料。竊以傅斯年圖書館藏《遜敏堂叢書》非完本，而線上資料庫著錄或未完善，故仍將此版本列出，以供參考。

〔註11〕　（清）永瑢等奉敕著：《四庫全書總目》，卷143子部53·小說家類存目，頁2813～2814。

兒。宋光宗皇后隱瞞郊祭事，後遭毆而跌倒致病。宋光宗皇后屍體遭廊日曝
曬，墳塚遭雷擊震毀。長秋皇后生時得憲聖皇太后祝福，後果如所言而被立
為后。趙善下得韓侂冑引導和韓皇后寵愛而被立為皇儲。長秋、曹氏競逐后
位，長秋使權謀而得立。王黼和宋徽宗以歷代君臣名諱相謔。李邦彥母不因
銀匠家出宰相為恥，可恥乃宰相家出銀匠。石頖屢敗金兵，後受俘遭剮死。
秦檜使計讓程敦厚熟讀其案上書而令科舉第一。秦檜妻陰險，致岳飛冤死獄
中。隗順負岳飛屍首埋葬，又刻字「棘寺」為記，使利日後找尋。

五、《墨客揮犀》一卷

（一）作者

《古今說海》本不題撰者，宋元諸志亦然，明清諸家藏書目多題宋彭淵
材或宋彭乘撰。今傳主要有五種說法：一曰佚名，二曰益州華陽（今四川華
陽縣）彭乘，三曰筠州高安（今江西高安市）彭乘，四曰宜豐（今江西宜豐
縣）彭淵材，五曰惠洪族人彭某〔註12〕。今從《四庫全書總目‧墨客揮犀》
提要，題作高安彭乘。

宋彭乘，四庫館臣云《墨客揮犀》中稱其嘗為「中書檢正，又稱至和中
赴任邕州，而不言其為何官，又自稱嘗至儋耳。其所議論，大抵推重蘇、黃，
疑亦蜀黨中人也。」〔註13〕其餘生卒仕履情形，則不得而知。

（二）傳本

本書《直齋書錄解題》卷一一小說家類、《文獻通考》卷二一七〈經籍考〉
子部小說家類、《百川書志》卷八子志小說家類、《澹生堂藏書目》卷七子部
小說家類、《徐氏家藏書目》卷三子部小說類、《徐氏紅雨樓書目》卷三子部
小說類、《絳雲樓書目》小說類家類、《也是園藏書目》卷五子部小說家類、《欽
定續通志》卷一六○〈藝文略〉諸子類小說家類、《四庫全書總目》卷一四一
子部小說家類、《邵亭知見傳本書目》卷一一子部小說家類、《持靜齋書目》
卷三子部小說類、《萬卷堂書目》卷三子類小說家類、《八千卷樓書目》卷一
四子部小說家類著錄十卷。《宋史》卷二○六〈藝文志〉史類小說類、《國史
經籍志》卷四下子類小說家類著錄二十卷，或合《續墨客揮犀》之卷數計，

〔註12〕 請參孔凡禮撰：〈墨客揮犀點校說明〉，見（宋）彭□著，孔凡禮點校：《侯鯖
　　　　錄、墨客揮犀、續墨客揮犀》（北京：中華書局，2002年），頁263～265。
〔註13〕 （清）永瑢等奉敕著：《四庫全書總目》，卷141子部51‧小說家類，頁2764。

故原書仍當十卷。《遂初堂書目》小說類、《文淵閣書目》卷八子雜類、《近古堂書目》卷上小說類和《笠澤堂書目》子部小說家類不著錄卷數。

今傳十卷本有《稗海》本、《四庫全書》本、清抄本和《叢書集成初編》本，餘均作一卷。其中以明萬曆商濬《稗海》本最早，清抄本最佳，各本則數不一〔註14〕。另，《類說》卷四八刪錄五十二則，昌彼得認為只有前二十四則為正集之文，其中〈芸草七里香〉、〈包孝肅比黃河清〉、〈擊甕圖〉三則不見於今本。此外，《說郛》本凡錄十七則，其〈日中覆蓋新赤油傘於屍首〉一則，傳本亦未載之，可見今本尚有闕脫，非宋元之舊〔註15〕，《古今說海》一卷本所據，即出此本。又，《重編說郛》本節錄六十五則，俱出於今本前六卷。另，《舊小說》丁集錄有五則。2002年，孔凡禮據《稗海》本為底本，以清抄本為主要校本，又採用清抄本的小標題，將清抄本多出的十二則，分別按原來次第補入；同時參校《四庫全書》本、《類說》本、《說郛》本、《重編說郛》本和《古今說海》本等，佐以《因話錄》、《夢溪筆談》、《冷齋夜話》等《墨客揮犀》援引之書，復據《詩話總龜》、《宋朝事實類苑》、《苕溪漁隱叢話》、《詩林廣記》、《詩人玉屑》等書引《墨客揮犀》進行點校；並將《類說》所收《墨客揮犀》，包括《續墨客揮犀》，較今本以上二書，多出六則，作為《墨客揮犀》補遺，收入《唐宋史料筆記叢刊》，由北京中華書局出版。2008年，鄭州大象出版社以《稗海》本為底本，校以他本及參校有關書籍，且自清抄本和《類說》輯佚次於書末，收入《全宋筆記》。

（三）內容

據孔凡禮的研究指出，《墨客揮犀》出自《晉書》者二則，《魏書》一則，《北史》一則，《南史》一則，《因話錄》三則，《本朝名臣錄》一則，《魏王別錄》一則，《廬陵歸田錄》一則，《湘山野錄》一則，《夢溪筆談》五十一則，《倦遊雜錄》三十五則，《邃齋閒覽》三十四則，《冷齋夜話》十九則。另一則，見《宋朝事實類苑》，偶脫出處。此外，尚有七十四則出處不可考〔註16〕。朱易安等點校《墨客揮犀》，認為本書內容文字更勝今日所見之《夢溪筆談》、

〔註14〕有關《稗海》本、《四庫全書》本和清抄本之版本來源及優劣情形，請參孔凡禮撰：〈墨客揮犀點校說明〉，見（宋）彭□著，孔凡禮點校：《侯鯖錄、墨客揮犀、續墨客揮犀》，頁268～269。

〔註15〕請參昌彼得著：《說郛考》，頁207～208。

〔註16〕孔凡禮撰：〈墨客揮犀點校說明〉，見（宋）彭□著，孔凡禮點校：《侯鯖錄、墨客揮犀、續墨客揮犀》，頁263。

《倦遊雜錄》、《邇齋閑覽》、《冷齋夜話》諸書〔註17〕。《古今說海》本載十七
則，各則要旨依次如下：張升以宋仁宗乏賢相名將而謂之孤寒。世人所畫韓
愈，實多爲韓熙載。某士於榜下爲高門所擇，其婉拒以要和家室商量。辨別
古畫眞品有耳鑒、揣骨聽聲和得古人之意三法。李氏女〈拾得破錢〉詩。骨
托鳥食鐵石。漳州獨象最獷悍，遇人則踐踏之。射者見母猿託交其子而後死，
自此誓不復射。蜈蚣入蛇口而食其腸，後穴其腹旁出。蝸牛以涎繞蜈蚣，蜈
蚣足盡落。日中覆蓋新赤油傘於屍首後以水沃之，則傷處必現。世謂太守爲
五馬，典出《周禮》。杜牧〈華清宮〉詩，辭美而失實。蘇軾言其下棋、吃酒
和唱曲皆不如人。宋神宗見虱上王安石之鬚而笑。蒲傳正重色欲而輕長壽。
王元澤以「獐旁是鹿，鹿旁是獐」回答所問。

六、《續墨客揮犀》一卷

（一）作者

《古今說海》本不題撰者。今從《四庫全書總目·墨客揮犀》提要，題
作宋彭乘輯撰。生平資料已見《墨客揮犀》。

（二）傳本

本書《直齋書錄解題》卷一一小說家類、《文獻通考》卷二一七〈經籍考〉
子部小說家類、《絳雲樓書目》小說類、《也是園藏書目》卷五子部小說家
類、《愛日精廬藏書志》卷二七子部小說家類、《鐵琴銅劍樓藏書目錄》卷一
七子部小說家類、《邵亭知見傳本書目》卷一一子部小說家類、《持靜齋藏書
紀要》卷下子部、《持靜齋書目》卷三子部小說家類、《皕宋樓藏書志》卷六
三史部小說家類、《善本書室藏書志》卷二一子部、《唫香僊館書目》卷三部
小說家類、《清吟閣書目》卷一和《八千卷樓書目》卷一四子部小說家類著錄
十卷。《澹生堂藏書目》卷七子部小說家類、《徐氏家藏書目》卷三子部小說
類、《徐氏紅雨樓書目》卷三子部小說類、《鄭堂讀書記·補逸》卷二八子部
小說家類著錄一卷。《玄賞齋書目》卷六小說類和《近古堂書目》卷上小說類
不著錄卷數。

今傳十卷本有明正德四年（1510）志雅齋抄本、明抄本（存前五卷）、《宛
委別藏》本、《弢園叢書》本、清宣統抄本、《涵芬樓秘笈》本和《殷禮在斯

〔註17〕朱易安等主編：〈墨客揮犀點校說明〉，《全宋筆記·第四編》（鄭州：大象出
版社，2008年）。

堂叢書》本〔註18〕。《說郛》本摘錄二十則，《古今說海》一卷本即據此，《叢書集成初編》本又據《古今說海》本。另，《舊小說》丁集錄有二則。2002年，孔凡禮以《殷禮在斯堂叢書》本爲底本，參酌他書并有關資料進行點校，收入《唐宋史料筆記叢刊》，由北京中華書局出版。2008年，鄭州大象出版社以《涵芬樓秘笈》本爲底本，參校他書并有關資料點校，收入《全宋筆記》。

（三）內容

　　《四庫未收書目·續墨客揮犀》提要：「宋陳振孫《直齋書錄解題》則前續二編俱載，共二十卷，而不著撰人姓氏。……卷中所載軼事遺聞以及詩話文評，徵引頗爲詳洽，足補前編之所未備。」〔註19〕《續墨客揮犀》同《墨客揮犀》皆屬輯撰作品，據孔凡禮的研究指出，《續墨客揮犀》出自《夢溪筆談》者四十九則，《倦遊雜錄》二十七則，《邐齋閑覽》三十三則，《冷齋夜話》十九則，《孔氏談苑》和《詩史》各一則，餘六十則之作者則有待深入考察〔註20〕。《古今說海》本載二十則，各則要旨依次如下：石延年未嘗一日不醉，卻因戒酒成疾致卒。劉潛因母亡慟絕，其妻亦因潛死而卒。龔紀應舉放榜時，家中牲畜皆異，後始知爲高第進士之兆。遊人藝玩華山巖洞殭屍，後有落石塞住洞口。閩嶺以南之木棉花所織布稱吉貝。姑蘇固有分夜鐘習俗，非以人新死之故。梁灝八十二歲狀元及第。延平吳氏凡三適而皆不終，平生殺婢十餘人，連鬼皆畏其威。守宮能守鑰匙、宮人異志及有淫心者。肺石供鳴冤者敲擊，其形係以肺部主聲而得達冤。張杲卿因婦人能辨井中屍爲其夫，而查明與姦夫同謀致死。獼猴毛可助捕魚，持誦揭諦咒可使終日無獲。白雁至則霜降，河北人謂之霜信。鼠盜食而不可得，則涎滴器中，令食者得黃疾。李庭彥爲求對仗而捏造兄弟皆亡事。許義方妻言自丈夫外出即閉門自守，所作詩卻有招鄰僧閒話事。東漢無復名者，乃沿襲王莽禁用兩字名規定。芋梗治蜂螫毒。生薑汁解窩茱毒。荊芥湯禁與魚一同食用。

〔註18〕請參孔凡禮撰：〈續墨客揮犀點校說明〉，見（宋）彭□著，孔凡禮點校：《侯鯖錄、墨客揮犀、續墨客揮犀》，頁410～411。

〔註19〕（清）阮元編：《四庫未收書目提要》（臺北：成文出版社，1978年《書目類編》影民國20年（1931）雙流黃氏重刊本），卷5，頁3654～3655。

〔註20〕孔凡禮撰：〈續墨客揮犀點校說明〉，見（宋）彭□著，孔凡禮點校：《侯鯖錄、墨客揮犀、續墨客揮犀》，頁409。

七、《聞見雜錄》一卷

（一）作者

《古今說海》本不題撰者。《重編說郛》本《聞見雜錄》題宋蘇舜欽撰，明清目錄和叢書著錄多沿此說，或未題撰者姓名。傅平驤以《古今說海》和吳曾祺《舊小說》未題撰人，乃是「陸吳二氏均對《聞見雜錄》之撰者爲蘇舜欽有懷疑，故用不署名或云缺名等方式以示其意。」再者，以宋代史傳文字和公私藏書目錄俱無記載，且書中所反映撰者家世、時代、行蹤和仕宦均與蘇舜欽不符，卻與王鞏相稱，而斷定其撰者乃王鞏〔註21〕。胡問濤則認爲「《聞見雜錄》確係由《聞見近錄》散佚之部分材料經後人綴輯而成」，可算是《聞見近錄》之節本〔註22〕。

宋王鞏（1048～1117），字定國，自號清虛居士，魏州（今河北大名縣）人。歷通判揚州，知海、密、宿州。因與蘇軾遊，元豐二年（1079）以烏臺詩案，遭貶賓州酒稅。後入元祐黨籍，官至宗正寺丞。鞏爲人正直，豪氣眞情，每上書言事，多切時弊。不僅爲北宋著名詩人，亦擅繪畫。著有《甲申雜記》、《聞見近錄》、《隨手雜錄》。《宋史》卷三二〇〈王素〉附傳。

（二）傳本

本書《澹生堂藏書目》卷四史部雜史類和《徐氏家藏書目》卷三子部小說類著錄一卷。《徐氏紅雨樓書目》卷三子部小說類不著錄卷數。《宋史》卷二〇六〈藝文志〉子類小說類和《四庫全書總目》卷一四〇子部小說家類則載有「《聞見近錄》一卷」，《說郛》本題下注云二卷，當是原書卷帙。

按：今傳《聞見近錄》凡八十七則，王鞏從曾孫王從謹《清虛雜著補闕》

〔註21〕 詳論請參傅平驤撰：〈聞見雜錄非蘇舜欽撰〉，《西華師範大學學報（哲學社會科學版）》1984 年第 3 期，頁 41～46。

〔註22〕 余嘉錫《四庫提要辨證・古今說海》有云：「《聞見雜錄》，即《聞見近錄》」，但未言所據爲何。胡問濤雖釐清《聞見雜錄》與《聞見近錄》關係，並指出其撰者爲宋人王鞏，卻誤題《聞見雜錄》凡十六則軼事。今按：《古今說海》本《聞見雜錄》摘錄《聞見近錄》十七則，其所對應，依次分別爲《聞見近錄》之第二、四、三十一、三十六、四十三、四十四、五十四、五十五、五十六、五十九、六十二、六十八、七十、七十一、七十七、七十八和八十一則。書見（宋）王鞏著：《聞見近錄》（北京：北京圖書館出版社，2003 年影印中國國家圖書館藏宋刻本）；余嘉錫著：《四庫提要辨證》（昆明：雲南人民出版社，2004 年），頁 797 和胡問濤撰：〈聞見雜錄非蘇舜欽作〉，《中國古典文獻學叢刊》第 3 卷（2003 年），頁 140～142。

一卷，增補《聞見近錄》遺文二十五則，故《四庫全書》本《甲申聞見二錄補遺》載《聞見近錄》補遺二十五則，《重編說郛》本《聞見近錄》附《續聞見近錄》一卷、二十五則，《知不足齋叢書》本以此二十五則爲《聞見近錄》補闕處理，《全宋筆記》本則移錄此二十五則於卷末。又《學海類編》將一百一十二則皆置於《聞見近錄》，不再別立補闕或佚文名目，《唐宋叢書》本則僅摘錄前五十三則。另，《說郛》本摘錄十七則，《古今說海》本所據當出此，妄改書名作《聞見雜錄》，且不著錄撰人。《續百川學海》本、《歷代小史》本、《重編說郛》本、《五朝小說》本和《五朝小說大觀》本所載悉出《古今說海》本，題《聞見雜錄》，一卷。但《歷代小史》本脫〈李沆不改其端默性格〉一則；《五朝小說大觀》本將〈皇帝親族加「皇」字〉末句改作「書之廢弛久矣」。《舊小說》丁集錄有三則。

（三）內容

本書內容載宋太祖、太宗事爲主，間及地方軼事瑣聞。《古今說海》本載十七則，各則要旨依次如下：宋太祖欲任正直者如王樸爲相。宋太祖使計撤去執政座椅，開執政立奏之始。溫成使計遣范觀音等出宮，不令宋仁宗寵幸。宋仁宗因諫官言而去王德用進呈女子。李和文置官妓於宴而遭諫官議論。楊億以「相公坐處幕漫天」，駁丁謂「內翰拜時鬢撇地」之譏。宋太祖因寵嬪將所贈牡丹擲地，憤而引刀截其腕。宋太宗射殺太祖寵幸之金城夫人，勸其要以社稷爲重。鄰人私用官錢遭家僕威脅，張乖崖使計解鄰人憂慮。宋太祖言願拱手讓帝位而得方鎭稱服。李沆不以花檻頹圯而易其端默性格。廣東老婦懼失寶珠而煮之至半枯。對金州石龍和仙人像求雨，祈畢則有記雨多少書於洞門。凡稱四川聖泉洞石爲龍王，必有泉水湧出。揚州后土廟瓊花移植他處輒枯，故曰之爲無雙。寺僧得山神托夢，而知張文懿官拜相位與否。皇帝親族加「皇」字，始自宋太宗稱太祖之子。

八、《山房隨筆》一卷

（一）作者

元蔣子文撰。《說郛》本、《千頃堂書目》、《澹生堂藏書目》、《徐氏家藏書目》、《宋史藝文志補》和《鐵琴銅劍樓藏書目錄》誤作蔣正文或蔣正子。子文，字子正，生平里籍未詳，宋末嘗爲溧陽學官。

（二）傳本

《山房隨筆》，一名《山居隨筆》。《萬卷精華樓藏書記》卷九九子部小說家類、《千頃堂書目》卷一二小說家類、《宋史藝文志補》子部小說家類、《欽定續通志》卷一六〇〈藝文略〉諸子類小說家類、《欽定續文獻通考》卷一七九〈經籍考〉子部小說家類、《澹生堂藏書目》卷七子部小說家類、《徐氏家藏書目》卷三子部小說類、《徐氏紅雨樓書目》卷三子部小說類、《補元史藝文志》子類雜家類、《四庫全書總目》卷一四一子部小說家類、《鄭堂讀書記》卷六五子部小說家類、《鐵琴銅劍樓藏書》卷一七子部小說家類、《邵亭知見傳本書目》卷一一子部小說家類、《持靜齋書目》卷三子部小說家類、《孫氏祠堂書目》內編卷四說部、《八千卷樓書目》卷一四子部小說家類著錄一卷。《寶文堂分類書目》卷二子雜類、《玄賞齋書目》卷六小說類、《近古堂書目》卷上小說類、《絳雲樓書目》小說類、《笠澤堂書目》子部小說家類不著錄卷數。

今傳諸本通作一卷，《知不足齋叢書》本、《四庫全書》本、《歷代詩話》本和《叢書集成初編》本皆作四十六則；《稗海》本脫〈梁棟隆吉題茅筆〉、〈吳履齋開慶之變再入相〉二則，存四十四則；《螢雪軒叢書》本除錄四十六則，又天頭有日人近藤元粹之評訂外，並據所見《百川學海》本取十則而置入其中，以為補遺。《說郛》本摘錄二十七則，《古今說海》本所據即出此本，但將《說郛》本第十六則首句「庚申履齋」改作「先是履齋」，且併於第二十五則之末，凡二十六則；又把〈摘抄王文炳鐵椎銘〉之「永鎮奸貪」改作「永鎮奸回」，將〈詩諷賈似道羅織遊騎過事〉之「逮世變而後已」改作「世變而凌夷矣」。《重編說郛》本和《說庫》本所載同《古今說海》本。再者，清末繆荃孫得舊抄本一卷，各本所錄，皆見其中。如將繆荃孫所得抄本與《知不足齋叢書》本相較，知其乃分別將〈李公山〉「西山張倅云」以下和〈莫兩山〉「文本心典」以下另作一則，凡四十八則，又把《知不足齋叢書》本所無之十一則作《補遺》一卷，刻入《藕香零拾》。另，《舊小說》戊集錄有五則。2001 年，徐時儀以《知不足齋叢書》本為底本，又據《藕香零拾》本補以未收錄之十一則加以標點，且校之以《說郛》本、《稗海》本和《四庫全書》本，由上海古籍出版社出版，收入《宋元筆記小說大觀》。

（三）內容

《四庫全書總目·山房隨筆》提要是書：「所記多宋末、元初之事。」

〔註23〕《古今說海》本載二十六則，主要爲詩歌本事、詩話批評和摘抄詩人詩作，各則要旨依次如下：劉改之「拔豪已付管城子」和「背水未成韓信陳」二詩本事。摘抄李恭〈賦楊妃菊〉：「命委嵬坡萬馬泥」詩。摘抄宋徽宗：「徹夜西風撼破扉」題壁詩。陸君實：「曾聞海上鐵斗膽」詩乃敘張世傑死後火化而膽大如斗事。摘抄聶碧窗：「乾坤殺氣正沉沉」、「當年結髮在深閨」、「雙柳垂鬢別樣梳」和「鳳表龍姿儼若新」等詩。摘抄林觀過：「視之不見名曰希」詩。摘抄「夜醉長沙，曉行湘水，難教檣燕之留」、「望玉宇瓊樓之邃，何似人間」、「三月三日，長安水邊多麗人」等祝賀書啓文書。摘抄文本心〈謝賈相啓〉：「人家如破寺」詩。摘抄蔣復軒〈鑷白髮詩〉：「勸君休鑷鬢白斑」詩。杜氏婦〈北行詩〉：「江淮幼女別鄉閭」詩乃驛亭美談之作。元好問妹以「補天手段暫施張」詩辭卻張平章追求。摘抄張復〈題雨竹圖〉和〈風竹圖〉詩。陳剛以端陽節適母誕，作〈太常引〉二章感念母恩。卓用：「丈夫隻手把吳鉤」詩可想其人溺志。摘抄王文炳〈鐵椎銘〉。陳野水因山中老叟云：「汝自倒解由，我自搗桐油」句而省悟。趙靜齋顯靈示「生居四代將門家」詩予其孫。摘抄王昂〈催妝詞〉：「喜氣滿門闌」。陳詵：「鬢邊一點似飛鴉」詞乃狎妓江柳而後作。趙棠：「名擅無雙氣色雄」詩乃弔揚州瓊花無雙之作。摘抄王宥〈歸婦吟〉及其序。摘抄潘文虎〈四禽言詞〉。摘抄梁棟〈四禽言詞〉。摘抄諷刺賈似道敗師亡國詩：「深院無人草已荒」、「事到窮時計亦窮」、「檀板敲殘月上花」和「榮華富貴等浮花」等四首。賈似道難逃鄭姓臣子不利於他之命運。「老壑曾居葛嶺西」詩諷刺賈似道羅織遊騎過事。

九、《諧史》一卷

（一）作者

宋沈俶撰。俶，生平事蹟未詳。《說郛》卷二三題宋沈徵撰，名下注：「雪人」；則沈徵乃吳興（今浙江湖州）人，生平事蹟亦未詳。

（二）傳本

本書《說郛》注云二卷，原帙不傳。《澹生堂藏書目》卷七子部小說家類、《徐氏家藏書目》卷三子部小說類、《欽定續通志》卷一六○〈藝文略〉諸子類小說家類、《四庫全書總目》卷一四四子部小說家類、《鄭堂讀書記・補逸》

〔註23〕　（清）永瑢等奉敕著：《四庫全書總目》，卷141子部51・小說家類，頁2780。

卷二八子部小說家類、《八千卷樓書目》卷一四子部小說家類俱錄一卷。

今傳《諧史》俱出《說郛》節本，凡八則，《古今說海》本即據此，但改撰人爲沈俶，又〈戴伯簡結損友而敗家〉文末脫「雖然求之楊忠儔類中」云云五十八字，〈趙元儼生前爲金朝所重〉文末脫「至今八大天王之名」云云二十四字。《重編說郛》本、《學海類編》本、《古今說部叢書》本、《說庫》本和《叢書集成初編》本所載同《古今說海》本。另，《舊小說》丁集錄有七則。

（三）內容

《四庫全書總目‧諧史》提要是書：「所錄皆汴京舊聞，以多詼嘲之語，故名曰《諧史》。」〔註24〕今觀遺文，記事所在霅川、四明、杭州，俱在兩浙路。至若南渡前事，亦有在海州、歷陽等地，而不囿於汴京一地。其內容，旨當寓諷於諧，非徒引噱爾〔註25〕。《古今說海》本載八則，各則要旨依次如下：蕭惠明於項羽廟宴賓客而卒，養子蕭琛遷移項羽神位卻無恙，知鬼魅只侮其命當死及衰者。楊允妻劉氏於亂時獻納，讓數縣官民得免流離失所，以諷刺趁亂奪民錢財之人。戴伯簡結損友而敗家，映襯舊僕楊忠持刀欲殺其友之賢。趙氏寧死不願作賊王妻，以諷男子不能爲國守節。徐觀妙怒罵賊兵被殺，情操壯烈如秋霜烈日。趙元儼生前爲金朝所重，亡後則宋朝國事堪慮。丘浚遭僧人傲慢對待，世態冷暖於釋道家身上格外顯著。某賊製造不在場證明之靈敏，對比辦案者之昏昧無知。

一〇、《昨夢錄》一卷

（一）作者

《說郛》本題宋康與之撰，《古今說海》本改題作康譽之，《四庫全書總目‧昨夢錄》提要：「宋康與之撰。與之，字伯可，又字叔聞，號退軒。」〔註26〕明清私人藏書目、讀書志或與之、譽之兼有述及，徒致後人混淆。今人鍾振振已辨明兩人爲兄弟關係，《昨夢錄》作者爲康譽之〔註27〕。

〔註24〕（清）永瑢等奉敕著：《四庫全書總目》，卷144子部54‧小說家類存目，頁2849。

〔註25〕請參張家維著：《宋金元志人小說敘錄》（臺北：臺北大學古典文獻學研究所碩士論文，2008年），頁127。

〔註26〕（清）永瑢等奉敕著：《四庫全書總目》，卷143子部53‧小說家類存目，頁2812。

〔註27〕鍾振振以與之爲兄，字伯可，譽之爲弟，字叔聞，長幼有序，豈得謂與之「字

宋康譽之撰。譽之，字叔聞，原籍西京登封（今河南登封縣），後徙陳州宛丘（今河南淮陽縣）。進士及第，曾至南康軍聽讀，餘生平事履未詳。著有《昨夢錄》。

（二）傳本

《昨夢錄》，一名《退軒筆錄》。《說郛》本注云五卷，原帙不傳。《澹生堂藏書目》卷七子部小說家類、《徐氏家藏書目》卷三子部小說類、《欽定續通志》卷一六〇〈藝文略〉諸子類小說家類、《四庫全書總目》卷一四三子部小說類存目、《鄭堂讀書記》卷六四子部小說家類、《竹崦庵傳鈔書目》子部雜家類、《八千卷樓書目》卷一四子部小說家類著錄一卷。《徐氏紅雨樓書目》卷三子部小說類和《持靜齋書目・續增》卷五子部小說家類不著錄卷數。

今傳《昨夢錄》悉出《說郛》節本，凡九則，《古今説海》本即據此，但改撰人爲康譽之；又將〈竹牛角所製弓強勁有力〉之「其近靶黑者，謂之前蘸，近稍黑者，謂之後蘸」，脫略成「其近靶黑者，謂之後蘸」。《廣百川學海》本、《重編說郛》本、《五朝小說》本、《五朝小說大觀》本、《學海類編》本、《說庫》本、《叢書集成初編》本和《全宋筆記》本所載同《古今説海》本。另，《舊小說》丁集錄有六則。

（三）內容

《四庫全書總目・昨夢錄》提要是書：「皆追述北宋軼聞，以生於滑臺，目睹汴都之盛，故以昨夢爲名。」〔註28〕《古今説海》本載九則，各則要旨依次如下：滑臺南邊沙橋有佛塔，大水至此則水波遽息，待過此城復濤瀾洶湧。西北邊城蓄猛火油乃盛夏烘石所流，可藉以燒滅敵軍。開封府尹李倫鐵面處決朝廷命官，卻以祖制無此而遭罷官放歸。竹牛角所製弓強勁有力，常雜於犀角中販售。某僧爲奪人妻而賂舟人殺其夫，後因不堪舟人威脅復欲殺之，舟人以是自首而眞相大白。滑臺官民取長藤編製卷掃和寸金藤，藉此遏

伯可，又字叔聞？」指出《四庫全書總目》之誤。其次，據《昨夢錄》載「紹興辛巳，余聽讀於建昌教官省元劉溥德廣」云云，而當時與之已得罪，在廣東貶所，安得聽讀於建昌軍教官元劉溥？故而斷定《昨夢錄》乃康譽之撰。文見鍾振振撰：〈全宋詞康與之小傳補正〉，《浙江大學學報（人文社會科學版）》第 39 卷第 3 期（2009 年 5 月），頁 105。

〔註28〕　（清）永瑢等奉敕著：《四庫全書總目》，卷 143 子部 53・小說家類存目，頁2812。

止黃河氾濫。隱士與老畫工較勁繪製老子廟中圖，隱士所畫帝王相達世間人境界，老畫工僅至人間人境界而敗之。北方習俗，男女年當嫁娶，未婚而死者，則請鬼媒爲之合婚。楊可試三兄弟爲隱士引至世外桃源，後以金人南下而失去音訊。

一一、《三朝野史》一卷

（一）作者

《古今說海》本不題撰者。《廣百川學海》本及《重編說郛》本題元吳萊撰，不詳所據。余嘉錫考吳萊著有《桑海遺錄》、《淵穎集》，又《淵穎集》卷一二載其自序，不聞撰有是書〔註29〕。

（二）傳本

本書《澹生堂藏書目》卷四史部雜史類、《徐氏家藏書目》卷三子部小說類、《欽定續通志》卷一六○〈藝文略〉諸子類小說家類、《欽定續文獻通考》卷一七九〈經籍考〉子部小說家類、《四庫全書總目》卷五二雜史類存目、同書卷一四三小說家類存目、《鄭堂讀書記》卷一九史部雜史類、《八千卷樓書目》卷一四子部小說家類著錄一卷。《徐氏紅雨樓書目》卷三子部小說類、《絳雲樓書目》卷二小說類和《持靜齋書目・續增》卷五子部小說家類不著錄卷數。

今本《三朝野史》以叢書收入而流傳者，最早見於《說郛》，凡十四則，《古今說海》本前十三則即出此，而脫〈寄語園翁勤剗艸〉一則；又最末六則乃自《浩然齋視聽鈔》等書誤入，凡十九則。若以《古今說海》本前十三則與《說郛》本相較，得《古今說海》本將〈史彌遠前世爲覺長老〉文末之「及此之由」改作「由此」，〈李全擾淮〉文末脫「至彌遠安得不躍然而喜哉」十一字，〈毛惜惜不欲服事叛臣李全〉文末脫「全既受擒，光祖因此罷任」十字，將〈宋軍方渡長江〉文首之「大元軍馬」改作「大兵」，〈賈似道能力未若其父〉文首「賈似道」下脫「名父之子」四字，將〈北宋滅後周與元朝滅南宋〉文首之「嗚呼，宋之興也，始於後周顯德七年」節略爲「宋興於後周顯德七年」，且文末脫「愚故爲之說」云云二十六字。《廣百川學海》本、《重編說郛》本、《學海類編》本、《古今說部叢書》本、《說庫》本和《叢書集成

〔註29〕余嘉錫著：《四庫提要辨證》，卷19，頁990。

初編》本所載同《古今說海》本。但《學海類編》本〈馬光祖知京口〉文末脫「此光祖以禮待士也」八字，將〈謝太后與宋度宗生日相差一日〉末句之「滿朝縉紳皆喜之」改作「滿朝縉紳皆賞之」。又，《遜敏堂叢書》亦載有一卷節本，未見；《舊小說》丁集錄有一則。

（三）內容

　　《四庫全書總目・三朝野史》提要有二，雜史類存目云是書：「記理、度、恭三朝軼事瑣言，僅十有九條，疑非完本。書中附記丙子三宮赴北事，蓋亦宋遺民所作也。」〔註30〕小說家類存目云是書：「記理、度、端三朝之事。然書中稱大兵渡江，賈似道出檄書；又稱周有太后在上，禪位於太祖，宋亦有太后在上，歸附於大元，則元人作矣。書僅十九條，率他說部所有，似雜摭成編之偽本。」〔註31〕可見四庫館臣著錄係據《古今說海》本系統。各則要旨依次如下：史彌遠前世為覺長老，因一念偏差致蒲團功夫俱廢，後以擁立理宗而自恃功高，賈似道不許配享理宗。潘丙、潘壬冊立濟王事敗，幸李侯太尉托夢史彌遠求免，湖州百姓始免遭殺戮。李全擾淮，史彌遠束手無策而欲投池，幸林夫人制止，方得見趙葵報捷訊息。毛惜惜不欲服事叛臣李全遭殺害，方岳感而為作〈義娼傳〉。馬光祖知京口時，巧判百姓不還租借錢和士子偷人室女諸案。趙以夫與徐霖皆憂心國事，後相見大慟。宋理宗肚量寬大，不計較徐清叟觸犯生肖諱。包恢笑答賈似道所問長壽之道，乃服獨睡丸五十年爾。謝太后與宋度宗生日相差一日，黃蛻巧作祝壽聯而滿朝縉紳皆喜。宋臣夏貴歸附元朝四年而後死，有詩諷其若早四年亡則可名垂不朽。宋軍方渡長江，賈似道即出檄書謂宋君仁厚。賈似道能力未若其父，益以貪財好色敗壞宋朝。北宋滅後周與元朝滅南宋之狀雷同，此乃造物報應之理。賈似道嘗作「寒食家家插柳枝」詩，而明年譴死。摘抄趙僧〈錢塘懷古〉：「天定終難恃武功」詩。賈似道所作青詞雖可怒可笑可恨，然其文自好。南宋遭金押解往北學生原有百人，最後僅餘十七、八人。文天祥與留夢炎雖皆由狀元任宰相，但流芳、遺臭各不相同。彭大雅築城為西蜀根本，後果成為蜀人之避難所。

〔註30〕　（清）永瑢等奉敕著：《四庫全書總目》，卷52史部8・雜史類存目，頁1131。
〔註31〕　（清）永瑢等奉敕著：《四庫全書總目》，卷143子部53・小說家類存目，頁2814。

一二、《鐵圍山叢談》一卷

（一）作者

宋蔡絛（1097～1156 以後）〔註32〕撰。絛，字約之，自號百衲居士，別號無爲子，興化仙游（今福建仙游縣）人，京次子。官至徽猷閣侍制。徽宗宣和六年（1124），京再起領三省，年老不能視事，奏判皆絛爲之，又代京入奏，由是恣爲姦利，竊弄威炳。七年，賜進士出身，未幾勒停。京敗後，絛徙白州，後死該地。著有《西清詩話》（又名《金玉詩話》）、《鐵圍山叢談》、《北征紀實》、《百衲詩評》。《宋史》卷四七二〈蔡京〉附傳。

（二）傳本

本書《藝風藏書續記》卷八小說類著錄十卷。《蕘圃藏書題識》卷六子類著錄八卷。《萬卷精華樓藏書記》卷九九子部小說家類、《培林堂書目》子部小說家類、《讀書敏求記》卷三雜家類、《讀書敏求記校證》卷三上雜家類、《也是園藏書目》卷五子部小說家類、《欽定續通志》卷一六〇〈藝文略〉諸子類小說家類、《浙江採輯遺書總錄》己集子部說家類、《四庫全書總目》卷一四一子部小說家類、《鄭堂讀書記》卷六四子部小說家類、《抱經樓藏書志》卷四六子部小說家類、《鐵琴銅劍樓藏書目錄》卷一七子部小說家類、《韓氏讀有用書齋書目》子部、《邵亭知見傳本書目》卷一一子部小說家類、《皕宋樓藏書志》卷六三史部小說類、《孫氏祠堂書目》卷四說部、《藝芸書舍宋元書目》子部小說類、《述古堂藏書目》卷三雜史類、《唫香僊館書目》卷三子部小說家類、《八千卷樓書目》卷一四子部小說家類、《莊圃善本書目》卷六下批校本子部著錄六卷。《直齋書錄解題》卷一一小說家類、《文獻通考》卷二一七〈經籍考〉子部小說家類、《徐氏家藏書目》卷三子部小說家類、《徐氏紅雨樓書目》卷三子部小說類、《絳雲樓書目》小說類、《國史經籍志》卷四下子類小說家類、《述古堂藏書目》卷五小說家著錄五卷。《澹生堂藏書目》卷四史部雜史類著錄三卷。《思適齋書跋》和《思適齋集外書跋輯存》子類著錄殘本二卷。《玄賞齋書目》卷六小說類和《近古堂書目》卷上小說類不著錄卷數。昌彼得據《直齋書錄解題》、《文獻通考·經籍考》和《國史經籍志》均著錄五卷，與《說郛》所載卷數合，認爲四庫所收及傳本作六卷，當係後

〔註32〕蔡絛之生卒年，學界仍未有定論，笪珪如據《鐵圍山叢談》記載，考其生於哲宗紹聖 4 年（1097），卒於紹興 26 年（1156）或更晚。詳論請參笪珪如著：《鐵圍山叢談研究》（上海：華東師範大學古籍研究所碩士論文，2005 年），頁 2。

人所分〔註33〕。寧稼雨則以《讀書敏求記》載明嘉靖寫本、《皕宋樓藏書志》載舊抄本，及現存《學海類編》和《知不足齋叢書》本均爲六卷，而疑陳振孫《直齋書錄解題》所錄或有誤〔註34〕。

今傳未見五卷本，而六卷本除單行本外〔註35〕，另有《四庫全書》本、《學海類編》本、《知不足齋叢書》本、《叢書集成初編》本和《全宋筆記》本，凡二百三十四則。《知不足齋叢書》本乃據明嘉靖庚戌（1550）雁里草堂寫本校刊，參璜川吳氏及涉園張氏鈔本，較爲精善。《説郛》摘錄九則，《古今説海》本摘錄二十八則，乃各據所見抄本節錄。《續百川學海》本、《歷代小史》本、《重編説郛》本、《五朝小說》本、《説庫》本皆據《古今説海》本而來。又，《無一是齋叢鈔》亦有一卷節本，未見；《舊小說》丁集錄有十一則。1983年，沈錫麟、馮惠民以《知不足齋叢書》本爲底本，參校《歷代小史》本、《重編説郛》本、《四庫全書》本、《學海類編》本、《説庫》本，由北京中華書局出版，收入《歷代史料筆記叢刊》。2001年，李夢生以《知不足齋叢書》本爲底本，校以《四庫全書》本，並參考中華書局點校本重新點校，由上海古籍出版社出版，收入《宋元筆記小說大觀》。

（三）內容

余嘉錫以白州境內有鐵圍山，古稱鐵城，而蔡絛曾游息於此，則《鐵圍山叢談》係其流放白州時作〔註36〕。是書內容起迄，上自太祖建隆，下及高宗紹興，凡朝廷墫聞、制度、掌故，皆詳細備載。書中稱徽宗爲太上，稱高宗爲今上，又述及高宗南渡後二十載見聞，頗符史實。《四庫全書總目・鐵圍

〔註33〕請參昌彼得著：《説郛考》，頁190。

〔註34〕請參寧稼雨著：《中國文言小說總目提》，頁202。

〔註35〕按：《鐵圍山叢談》除叢書收錄外，據臺北國家圖書館藏，知另有四部六卷單行本。一爲清代張充之手抄本（有黃丕烈手書題記），一爲舊抄本（有顧廣圻手跋、黃丕烈手校及跋文），一爲傳抄明嘉靖間雁里草堂刊本（有清代鄧飛鵬手書題識），一爲抄本。請參張棣華撰：〈國立中央圖書館善本書志〉，《國立中央圖書館館刊》第20卷第1期（1987年6月），頁170～171。又，臺北傅斯年圖書館藏清代抄本（有吳焯手題記、藝風堂藏書和東方文化事業總委員會所藏圖書等印記），亦屬六卷本。

〔註36〕余嘉錫引文廷式《純常子枝語》卷23言：「鐵圍山，佛家多言之，然皆與叢談之義不相關涉。後閱《永樂大典》卷二千三百四十引《元一統志》云：『鐵圍山在興業縣五里』……據經所載，即古之鐵城。蔡絛以坐父京累，貶白州，嘗游息於此，作《鐵圍山叢談》。然後知絛之書名蓋出於此。」文見余嘉錫著：《四庫提要辨證》，卷17，頁908。

山叢談》提要是書：「如述九璽之源流，元圭之形製，九鼎之鑄造，三館之建置，大晟樂之宮律，及徽宗五改年號之義，公主初改帝嬴、後改帝姬之故，《宣和書譜》、《畫譜》、《博古圖》之緣起，記所目覩，皆較他書爲詳核。以及辨禁中無六更之例，宮花有三等之別，俗諺包彈之始，粵人雞卜之注，諸葛氏筆、張滋墨、米芾研山，大觀端研、玻璃母、龍涎香、薔薇水、沈水香、合浦珠、鎮庫帶、藕絲鐙、百衲琴、建溪茶、姚黃花諸條，皆足以資考證、廣異聞。……其人雖不足道，以其書論之，亦說部中之佳本矣。」〔註37〕《古今說海》本載二十八則，各則要旨依次如下：五星齊聚奎宿，乃宋太宗再受命之祥。乞丐於市集遭刺死，太宗令有司即嚴索捕，務使不妄殺人。政和初天下大治，地方不愛寶而多獻朝廷。自宋徽宗始，天子諸子行冠禮於外庭。宋太祖討僞漢而引汾水灌太原城，水退則城圮。狄青取百錢爲據，祝禱出征得勝，一擲而百錢盡紅。藉八字相同而命運不同，論陰陽家言未可盡信。藉後唐滅時與犬戎背棄盟約爲例，言天水碧色或爲逼迫之兆。龐籍仰重司馬光賢能，故願爲承擔失職之過。王安石嘆可繼掌國政者所剩人才無幾。義門姚家因兄誤殺死而復生之弟媳，致令全族滅絕。黠鬼附身女奴，散播任宗堯已死之不實消息。洛陽宮中多見怪，宋監官吳本曾睹唐昭宗率眾出行。劉器之以土神未盡職守，遂予毀壞重塑，其怪事亦不復作。王晉卿藏〈碧檻蜀葵圖〉原缺半幅，宋徽宗尋得其半而傳爲美談。宋始重古器，後遇僭亂而散落無存。宋太祖原欲滅佛，後以某僧所吐物悉成御香而不廢。都城大水，有傳言泗州僧伽大士降伏龍神而水始退，徽宗聞得後意甚不悅。寺童對徽宗言毀佛者當有報應，後雖嚴刑逼供其身分來歷，終無法得知。韓生持杓取月光入籃，夜黑又將之取出。宋徽宗將龍涎香分賜大臣近侍，成爲佩香之始。將水倒入于闐國鎧鍋中，頃即沸騰。刺蝟能剋金蠶毒，托胎蟲能剋蜈蚣。售解毒丸者因懼放毒者仇殺而匿跡。前蜀、後蜀各有花蕊夫人，二者亡命過程不同。世謂小龍出現必有靈異發生。嶺南風俗淳厚時，虎如犬而不傷人。博白縣境僻遠村中產鳳凰。

一三、《孔氏雜說》一卷

（一）作者

宋孔平仲（1044～？）撰。平仲，字毅父，一字義甫，臨江軍新淦縣（今

〔註37〕　（清）永瑢等奉敕著：《四庫全書總目》，卷 141 子部 51・小說家類，頁 2762。

江西峽江縣）人。當時著名詩人，與其兄文仲、武仲俱有文名，時號「三孔」。嘉祐七年（1062）中鄉舉，治平元年（1064）爲國學解魁，隔年舉進士第，授洪州分寧縣主簿。熙寧三年（1070）爲密州教授，後知衢州軍事推官。歷任秘書省校書郎，充都水監勾當公事。元豐元年（1078）以奉議郎通判虔州，權知江州錢監。元祐元年（1086），朝廷召試學士院，後任秘書丞，次年得授集賢校理，旋爲太常博士。六年，充秘書閣校理，提點江浙鑄錢，京西刑獄。紹聖年間，被貶削官，出知衡州，後徙韶州。因上書辯解，再貶惠州別駕，最後安置編管於英州。徽宗即位，復召朝散大夫，爲戶部郎中，出任提舉永興路刑獄。鉤黨之禍再起，復被罷職，後主管兗州景靈宮，奉祀而卒〔註38〕。著有《良史事證》、《釋稗》、《詩戲》、《孔氏雜說》、《續世說》、《孔氏談苑》、《朝散集》。《宋史》卷三四四有傳。

（二）傳本

　　《孔氏雜說》，一名《珩璜新論》、《孔氏雜說記》。「蓋是書本名《孔氏雜說》，後人推重之，比于珩璜貫佩之義，因而改名。今傳本仍兩名互用。」〔註39〕《重編說郛》卷三七、《四庫全書》本、《學海類編》本、《墨海金壺》本、《守山閣叢書》本、《叢書集成初編》本和《全宋筆記》本皆名爲《珩璜新論》，餘則作《孔氏雜說》。

　　《郡齋讀書志》卷五上雜說類、《直齋書錄解題》卷一〇雜家類、《文獻通考》卷二〇四〈經籍考〉子部雜家類、《宋史》卷二〇六〈藝文志〉子類小說類、《文淵閣書目》卷八子雜類、《祕閣書目》子雜類、《澹生堂藏書目》卷七子部小說家類、《絳雲樓書目》小說類、《宋史藝文志補》子部小說家類、《四庫全書總目》卷一二〇子部雜家類、《鄭堂讀書記》卷五六子部雜家類、《拜經樓藏書題跋記》卷四、《鐵琴銅劍樓藏書》卷一六子部雜家類、《邵亭知見傳本書目》卷一〇子部雜家類、《皕宋樓藏書志》卷五七子部雜家類、《孫氏祠堂書目》內編卷四說部、《抱經樓藏書志》卷四三子部雜家類、《善本書室藏書志》卷一九子部、《佳趣堂書目》、《蕘圃藏書題識》卷六子類、《藏園群書經眼錄》卷八子部雜家類、《八十卷樓書目》卷一二子部雜家類著錄一卷。《玄賞齋書目》卷六小說類、《近古堂書目》卷上小說類、《浙江採輯遺書總

〔註38〕有關孔平仲之生平事略，請參王文玉著：《孔平仲及其詩歌研究》（濟南：山東師範大學中國古代文學研究所碩士論文，2008年），頁3～4。
〔註39〕昌彼得著：《說郛考》，頁206。

錄》已集子部雜家類和《稽瑞樓書目》不著錄卷數。

今傳《孔氏雜說》,《寶顏堂祕笈》本、《學海類編》本、《墨海金壺》本、《守山閣叢書》本、《宋元人說部書》本、《叢書集成初編》本和《全宋筆記》本皆有二百十一則;其中,《寶顏堂祕笈》本、《學海類編》本和《全宋筆記》本雖分作四卷,但與其他分作一卷本者內容相同。又,《守山閣叢書》本除正文外,並有雙行小字注。另,《四庫全書》本摘錄二百八則,卷末有七則獨立於正文之外,而似作補遺;經與分作二百十一則者比較後,知此七則係其最末七則,則《四庫全書》本實共有二百十五則。再與《學海類編》本比較後,發現《四庫全書》本係將〈高祖時彭越無顯罪〉中「〈鄭當時傳〉」以下文字另立一則,〈相之不可憑也〉中「《南史》:徐陵八歲屬文」以下文字另立一則,〈天子八寶〉中「神宗朝,有使虜者」以下文字另立一則,但改作「仁宗朝,有使北者」,〈後漢南海貢荔枝〉中「盧仝詩」以下文字另立一則,〈觀題壁〉中「杜子美〈石硯詩〉」以下文字另立一則,並刪略〈俗所謂平善〉一則。可知《四庫全書》本與其他分作二百十一則者,多係條文分合差異,至其內容,則僅脫漏〈俗所謂平善〉一則。《說郛》本摘錄二十八則,《古今說海》本又據以刪略〈漢文帝封宗昌為壯武侯〉,凡二十七則,且將〈註解霍去病傳〉文末之「流合作留字」改作「流字合作留」。《重編說郛》本卷一三、《格致叢書》本和《說庫》本所載同《古今說海》本,但《重編說郛》卷一三《孔氏雜說》為各則加上篇目﹝註40﹞。又,《唐宋叢書》本乃據《重編說郛》卷一三《孔氏雜說》出,保留其篇目,但脫最末一則。此外,《重編說郛》卷三七又別摘錄十九則,名《珩璜新論》,蓋編者不察而致重出也。

(三)內容

《四庫全書總目·珩璜新論》提要是書:「皆考證舊聞,亦間託古事以發議,其說多精核可取。」﹝註41﹞此外,由於《孔氏雜說》保存孔平仲對當時詞語之解釋,就語言學研究而言,至少具備詞語探源、辨析詞義、訂正字音

﹝註40﹞ 按:《重編說郛》本卷一三裡的二十七則篇目,依序為:〈以名為字〉、〈三世用之字〉、〈或諱或不諱〉、〈古文字通稱〉、〈然不止比君德〉、〈大人〉、〈射策對策〉、〈可憑〉、〈佛氏〉、〈留落〉、〈得太上皇名〉、〈古人名字〉、〈幕帷〉、〈稱謂可通用〉、〈箱巾五經〉、〈更點擊鐘〉、〈用仰字〉、〈累重〉、〈阿誰〉、〈日子〉、〈功夫停〉、〈待〉、〈日許〉、〈抽替〉、〈五夜〉、〈課馬〉、〈太夫人〉。

﹝註41﹞ (清)永瑢等奉敕著:《四庫全書總目》,卷120子部30·雜家類,頁2406。

字形和考證稱謂等史料價值〔註42〕。《古今說海》本載二十七則，各則要旨依次如下：孔安國、晉安帝、晉恭帝等皆以名為字。王羲之、王允之、王晏之等皆兩世同用「之」字為名。司馬遷《史記》、范曄《後漢書》皆避其父諱，韓愈、曹志則否。通用代稱情形，如文君代文王、《唐書》代《堯典》。以龍喻君德及有德者情形。敕、聖善、萬歲、萬壽、垂拱諸辭用法。漢時射策、對策其事不同。藉庾敳、褚蘊、柳渾諸例，論相不可信。藉梁武帝入佛卻無法避禍諸例，論佛果之說未可盡信。註解〈霍去病傳〉：「諸宿將嘗流落不耦」。《後漢書》載漢高祖父名執嘉。管仲、子產、原憲等字號出處。《唐志》載唐婦改戴帷帽、坐檐子。明公、閣下、高明諸詞通用情形。巾箱五經始自衡陽王。唐代更點擊鐘，宋代更點擊鉦。宋代公家文字用「仰」字始見《北史》。「累重」詞出《漢書》。俗語「阿誰」始見三國文獻。「日子」詞出〈曹公檄吳將校部曲文〉。「工夫」或作「功夫」。俗語「停待」始見《晉書》。「日許」、「爾許」乃聲訛所致。抽替棺始見《南史》文獻。「持時」即報五更。俗呼牝馬為課馬始見《唐六典》。太夫人、夫人用法乃據如淳之說。

一四、《瀟湘錄》一卷

（一）作者

　　《古今說海》本題李隱撰。按：《崇文總目》卷六小說類、《新唐書‧藝文志》題柳祥撰，十卷。《中興館閣書目》乃稱唐校書郎李隱撰。陳振孫《直齋書錄解題》云：「唐校書郎李隱撰，《館閣書目》云爾。《唐志》做柳詳（《唐志》作祥，此引誤），未知書目何據也。」〔註43〕則改作李隱者，始自《中興館閣書目》。《宋史》卷二〇六〈藝文志〉子類小說類著錄李隱《瀟湘錄》十卷及柳祥《瀟湘錄》十卷，兼存二本。《國史經籍志》卷三史類傳記類著錄柳祥《瀟湘錄》十卷，同書卷四下子類小說家類則又著錄李隱《瀟湘錄》十卷。李劍國以本書與李隱《大唐奇事記》皆十卷，同出唐末，風格內容有相近處，題材間相蹈襲，或謂本書亦李隱作。但又以李隱抉異述怪，不當分撰二書；且據程毅中《古小說簡目》及王國良《唐代小說敘錄》載，以《中興館閣書目》成於南宋淳熙五年（1178），晚《崇文總目》（慶曆元年，1041）一百三十

〔註42〕 詳論請參李福唐撰：〈珩璜新論、談苑中的語言學史料〉，《語文學刊》2009年第 8 期，頁 67～68。

〔註43〕 （宋）陳振孫著：《直齋書錄解題》，卷 11 小說類，頁 731。

餘年，而認爲《崇文總目》之說較可靠，最後定其撰者爲柳祥〔註44〕。

柳祥，字號里籍仕履不詳，僅知爲唐末人。

（二）傳本

本書《新唐書》卷五九〈藝文志〉丙部子錄小說家類、《崇文總目》卷六小說類、《中興館閣書目》子部小說家類、《直齋書錄解題》卷一一小說家類、《通志》卷六五〈藝文略〉史類傳記類、《文獻通考》卷二一五〈經籍考〉子部小說家類、《宋史》卷二〇六〈藝文志〉子類小說類、《國史經籍志》卷三史類傳記類、同書卷四下小說家類著錄十卷。《澹生堂藏書目》卷七子部小說家類、《徐氏家藏書目》卷三子部小說類、《徐氏紅雨樓書目》卷三子部小說類、《竹崦庵傳鈔書目》子部小說家類、《八千卷樓書目》卷一四子部小說家類著錄一卷。《持靜齋書目·續增》卷五子部小說家類不著錄卷數。

《瀟湘錄》原書十卷，今佚。《太平廣記》收四十三則，《說郛》卷三和卷三三分別引三和六則，其中〈白鳳銜書〉互見，凡八則。今本以叢書收入而流傳，主要分兩個系統，一是二十六則系統，除收錄《說郛》卷三三之六則外，復自《太平廣記》錄二十則，《唐人說薈》本、《唐代叢書》本和《說庫》本皆據此，但《說庫》本將〈張珽〉和〈梁守威〉合爲一則，成二十五則。二是六則系統，以《說郛》卷三三爲代表，《古今說海》本即據此，但將〈宮人挖穴修藥〉之「修其藥，宮人開坎作藥爐，比藥中有燒香者」節略爲「修藥宮人開坎作藥」，將〈老翁賣藥城中〉之「則心無病，心既無病，則內輔必堅，臟腑雖有病」節略爲「則心先無病，心無病，則餘臟腑雖有病」。《廣百川學海》本、《重編說郛》本、《五朝小說》本、《五朝小說大觀》本、《學海類編》本和《叢書集成初編》本所載同《古今說海》本。但《學海類編》本將書名改作《漱石軒筆記》。又，《遜敏堂叢書》亦載一卷節本，書名作《漱石軒筆記》，未見。《舊小說》乙集亦錄有二十五則，然與《說庫》本不同，且除〈楊貴妃〉（即《說郛》本〈白鳳銜書〉）外，其餘各則不出《太平廣記》。

（三）內容

《唐代小說敘錄》以《瀟湘錄》「所記大抵朝野瑣聞，侈言鬼神變異，光

〔註44〕 請參李劍國著：《唐五代志怪傳奇敘錄》（天津：南開大學出版社，1993年），頁929。

怪陸離，亦唐季志怪小說之本色也。」〔註45〕《古今說海》本載六則，各則要旨依次如下：宮人挖穴修藥得金蛤蟆，高宗惡而殺之，是夜宮人、宦者皆亡。武則天末年有老翁賣藥城中，凡得錢則救濟貧困，心正者則病易治；其後，老翁自服一藥而化作白鶴飛去。李林甫僕蒼璧死而復蘇，謂死時曾聽神人言大唐國祚和安祿山將反，林甫知時局將亂而潛恣酒色。白鳳銜書言楊貴妃色誘人君，宜死人世；貴妃惡之而藏書於玉匣，三日後而書失之。某婦指楊國忠誤國，國忠命左右殺之而婦忽自滅，又讖言安祿山將起。薛氏與白犬私通遭夫休棄，其子遍身白毛且個性兇殘。

一五、《三水小牘》一卷

（一）作者

《古今說海》本題皇甫枝撰。「枝」乃「枚」字之譌，又唐皇甫枚生平資料見本書下篇第六章《侯元傳》。

（二）傳本

本書《直齋書錄解題》卷一一小說家類、《文獻通考》卷二一五〈經籍考〉子部小說家類、《國史經籍志》卷四下子類小說家類、《澹生堂藏書目》卷七子部小說家類、《培林堂書目》子部小說家類、《也是園藏書目》卷五子部小說家類著錄三卷。《崇文總目》卷四傳記類、《宋史》卷二〇六〈藝文志〉子類小說類、《萬卷精華樓藏書記》卷九九子部小說家類、《傳是樓書目》子部小說家類、《鄭堂讀書記・補逸》卷二八子部小說家類、《邵亭知見傳本書目》卷一一子部小說家類、《稽瑞樓書目》、《八千卷樓書目》卷一四子部小說家類著錄二卷。《百川書志》卷八子志小說家類、《徐氏家藏書目》卷三子部小說類著錄一卷。《竹崦庵傳鈔書目》子部小說家類著錄補遺一卷。《遂初堂書目》小說類、《寶文堂分類書目》卷二子雜類、《玄賞齋書目》卷六小說類、《徐氏紅雨樓書目》卷三子部小說類、《笠澤堂書目》子部小說家類不著錄卷數。

昌彼得「疑作三卷者，字之誤也。」〔註46〕王國良認為「三卷之本，殆已亡矣。」〔註47〕明《天一閣書目》著錄楊儀藏二卷本，後為清盧文弨等刻

〔註45〕王國良著：《唐代小說敘錄》（臺北：嘉新水泥公司文化基金會，1979年），頁40。

〔註46〕昌彼得著：《說郛考》，頁233。

〔註47〕王國良著：《唐代小說敘錄》，頁38。

入《抱經堂叢書》、《宛委別藏》和《素養軒叢錄》，而《叢書集成初編》又影《抱經堂叢書》本，上卷十七則，下卷十八則，凡三十五則，各有標目，當係後人所加。《三水小牘》原書雖佚，但內容散見於《太平廣記》、《續談助》、《類說》和《紺珠集》，繆荃孫據盧文弨《抱經堂叢書》本，又輯見《太平廣記》十則、《續談助》一則、《琅邪代醉編》一則爲佚文，附於書後，刊入《雲自在龕叢書》，然繆氏自《琅邪代醉編》所輯得佚文係出於《鐵圍山叢談》之〈成相如〉〔註48〕，非《三水小牘》之條文。

　　《說郛》本摘錄十則，《古今說海》本實出《說郛》本前七則，題作一卷。《古今說海》本所刪〈步飛烟〉、〈却要〉和〈王知古〉，「皆以單篇收入明稗故也。」〔註49〕《廣百川學海》本和《重編說郛》本所載同《古今說海》本。然《廣百川學海》本題宋皇甫枝撰，乃形近致誤，又錯弄撰者年代，且皆易書名作《驚聽錄》。另，《粵雅堂叢書》和《十萬卷樓叢書》中《續談助》所收《三水小牘》錄有八則；《舊小說》乙集錄有十五則。

　　（三）內容

　　《唐代小說敘錄·三水小牘》云是書：「所記大抵宣、懿、僖、昭四朝事。雖多記仙靈怪異，而每及義烈，亦復凜凜有生氣。」〔註50〕《古今說海》本載七則，各則要旨依次如下：韓愈於夢中承諾願隨神人爭討，後果病薨而得從其請。崔彥遭龐勛執後，其所居地之永福湖如凝血，未幾而凶信至。陸存遭王仙芝黨識破謊言被殺，李庭妻崔氏不願受辱而遭挖心。夏侯禎以言語褻瀆魯山女靈，後遭陰靈附身懲罰。封夫人遭黃巢賊殺後，其夫撫屍長號而絕，三婢亦皆投井死。皇甫枚見自然異象知非吉兆，後果發生李迻光劫掠事。嚴郜率女憩鄭大王祠，其女阿珊以大王欲聘之而後殞。

一六、《談藪》一卷

（一）作者

　　《古今說海》本題宋龐元英撰。元英，字懋賢，單州成武（今山東成武

〔註48〕 見（宋）蔡絛撰，沈錫麟、馮惠民點校：〈成相如〉，《鐵圍山叢談》（北京：中華書局，2006年《唐宋史料筆記叢刊》據民國10年（1921）上海古書流通處石印知不足齋本點校），卷5，頁93～94。
〔註49〕 李劍國著：《唐五代志怪傳奇敘錄》，頁963。
〔註50〕 王國良著：《唐代小說敘錄》，頁39。

縣）人。至和二年（1055）賜同進士出身。元豐二年（1079），任群牧判官、都官郎中。五年，爲朝散大夫、主客郎中，後任中散大夫、鴻臚少卿。元佑三年（1088），知晉州。著有《文昌雜錄》、《南齋雜錄》、《五禮新編》、《文集》。

《四庫全書總目・談藪》提要：「（龐）元英爲宰相籍子，乃元豐中人。此書乃多述南宋寧、理兩朝事，相距百載，其僞殆不足攻。」〔註51〕余嘉錫認爲《說郛》卷三一有《文昌雜錄》和《談藪》，以兩書前後相接，臆以傳鈔蒙上文致誤，而《古今說海》續踵之；又以二書俱題龐元英之下，其各按註語別之，以爲「似兩人同姓名者。」〔註52〕昌彼得以《說郛》本題：「宋龐元英號瘦竹翁撰」，並以明抄本《說郛》及《培林堂書目》但題宋號瘦竹翁，不著撰者姓名，而謂題龐元英撰者，乃明人妄加，殆涉前書而致誤〔註53〕。則所撰人，或題宋某號瘦竹翁者，生平未詳。

（二）傳本

《談藪》，一名《龐氏談藪》。《崇文總目》卷六小說類譌作八卷。《祕書省續編到四庫闕書目》卷二子類小說家類著錄四卷。《澹生堂藏書目》卷七子部小說家類著錄二卷。《徐氏家藏書目》卷三子部小說類、《徐氏紅雨樓書目》卷三子部小說類、《培林堂書目》子部小說家類、《欽定續通志》卷一六○〈藝文略〉諸子類小說家類、《四庫全書總目》卷一四三子部小說家類存目、《鄭氏讀書記》卷六四子部小說家類、《八千卷樓書目》卷一四子部小說家類著錄一卷。《寶文堂分類書目》卷二子雜類不著錄卷數。

此書原本不傳，《說郛》本凡錄四十五則，注云七卷，則自原帙摘出。《古今說海》本之二十五則又自《說郛》本錄出，但將〈洪文惠兄弟皆懼內〉之「洪文憲」改作「洪文惠」，〈五峰山上多猴〉之「謙之云」改作「漁溪云」，〈孫琳擅治病〉之「奇驗如此」改作「如此奇驗」，〈某士爲諸婦領去交歡〉之「花園」改作「花圃」，〈德安總轄破獲三件偷竊事〉之「臨安」改作「德安」，〈韓侂胄族子咏迎春黃胖詩〉文末脫「也」字。《學海類編》本和《叢書集成初編》本所載同《古今說海》本。《全宋筆記》本又以《學海類編》本爲

〔註51〕（清）永瑢等奉敕著：《四庫全書總目》，卷 143 子部 53・小說家類存目，頁 2812。

〔註52〕余嘉錫著：《四庫提要辨證》，卷 19，頁 988。

〔註53〕請參昌彼得著：《說郛考》，頁 225。

底本，校以其他諸本，且從《說郛》本輯出二十則，附錄於後。《重編說郛》本、《五朝小說》本、《五朝小說大觀》本和《古今說部叢書》本僅錄〈王袞殺掌墓人〉、〈甄龍友遭永嘉知州懲罰〉、〈沈約攜妾至筠州七年〉、〈韓侂胄族子咏迎春黃胖詩〉、〈唐小說記紅葉事〉、〈大溪山洞每歲五月五日開〉、〈朱買臣廟附近有朱池朱村〉、〈五峰山上多猴〉、〈兀朮爲奪卒妻而殺其夫〉、〈明州有三賤、慈谿縣有三荐〉、〈蔡元定通數術〉等十一則，且悉出《古今說海》本；其中，〈兀朮爲奪卒妻而殺其夫〉一則，《重編說郛》本、《五朝小說》本和《五朝小說大觀》本文末脫「其所以爲兀朮也」七字，《古今說部叢書》本脫「丘宗卿同客談此曰：此其所以爲兀朮也」十六字。另，《舊小說》丁集錄有十三則。

（三）內容

《四庫全書總目‧談藪》提要是書：「凡載雜事二十五條，皆他說部所有，殆書賈鈔合舊文，詭立新目，售僞於藏書之家者。」〔註54〕余嘉錫則謂是書所載條目，雖不免與他書互見，甚有記詳於彼者，故有裨於考證〔註55〕。「從現存佚文看，本書以記敘文人軼事和市井傳聞爲主，亦間及名物制度，典籍考據。與宋代同類小說比，本書編撰者似較注意小說消遣意味，故書中偶有生動故事。」〔註56〕《古今說海》本載二十五則，各則要旨依次如下：王袞以掌墓人奚泗發其祖先墳而殺之，兄宣子奏乞以己官贖袞之罪。甄龍友尋永嘉知州玩笑遭懲，卻因其詩得宋孝宗青睞而升通判。沈約攜妾至筠州七年，後完璧歸其父母。錢處和好餌鼠，鼠隨往各地任官，待處和亡而鼠乃不見。洪文惠、文敏兄弟皆懼內，不圖妻亡得享群妾圍繞之樂。謝希孟狎妓而遭陸九淵責怪，復與陳伯益好相調戲。曹詠以秦檜姻親故得顯貴，檜死，其則被貶新州。韓侂胄族子咏〈迎春黃胖〉詩，未幾而發生詩中所言災禍。樓鏞隨同窗至某僧處行樂，但覺所到處非人間所有。唐小說記紅葉事，有《本事詩》、《雲溪友議》、《北夢瑣言》、《玉溪編事》和《青瑣高議》。廣州大溪山洞每歲五月五日開，洞壁文字多咒術藥方，應用之而無不效驗。湖南、北沙板如笋而自地發，析之爲板則其利甚博。嚴州壽昌縣朱買臣廟附近有朱池、朱村，

〔註54〕（清）永瑢等奉敕著：《四庫全書總目》，卷143子部53‧小說家類存目，頁2812。

〔註55〕請參余嘉錫著：《四庫提要辨證》，卷19，頁988。

〔註56〕寧稼雨著：《中國文言小說總目提要》，頁197。

居人亦多姓朱。筠州新昌五峰山上多猴，虎畏山中多鼠。賴省幹挾妖術殺人祭鬼，常尋十餘歲童女備用，某女急念揭諦咒而得誅蟒怪。寺僧遭蛇咬而一足皆爛，幸遊僧救治而得癒。孫琳擅治病淋、病瘰和軟腳病。某縣丞養十數嬰而後皆死，係爲取嬰腎入藥而殺之。兀术爲奪卒妻而殺其夫，卒妻爲報夫仇卻爲所覺，兀术但令從諸將中擇一改嫁。某士誤入蔡京花園而爲諸婦領去交歡。西蕃入寇安西，毗沙門天王次子獨健往救。明州有三賤、慈谿縣有三荐。德安總轄破獲三件偷竊事。何伯壽子孫皆盲，應驗其所發毒誓。蔡元定通數術，卜葬卻不皆準。

一七、《清尊錄》一卷

（一）作者

　　《古今說海》本文末有「右《清尊錄》，廉宣仲布所撰，或謂陸公務觀所作，非也。蓋二公同時，後人因誤指耳。至大改元（1308）三月，華石山人識。」蓋以《清尊錄》乃廉布所撰。然此華石山人〈跋〉亦併附於《說郛》本《清尊錄》，《古今說海》本刪削「凡七十三則」五字併元統甲戌（1334）王東〈跋〉。昌彼得乃據王東〈跋〉云：「右此錄實山陰陸務觀所記也，前人誤以爲廉宣仲紀述，半村俞則大亦承前誤。予嘗讀王明清《揮麈錄》有云：『近日陸務觀《清尊錄》載紹興間老內侍見林靈素於蜀道，此最切著。』明清之父銍字性之，務觀嘗攜文謁之，備見於《老學菴續筆記》中，半村之言，似無所據。」按：王明清引陸游《清尊錄》事見《揮麈後錄》卷五〈黃巢明馬兒李順皆能逃命於一時〉，又《揮麈餘話》卷二載〈廉布自云〉，知王氏與廉布相識，其謂此書爲陸游撰，當不妄也〔註57〕。李劍國從內證提出反駁，謂《清尊錄》載作者在太學時事與廉布相符，與陸游生平則不相符，且所記多爲北宋東京時事，似爲作者親所見聞。此外，王明清與陸游、廉布爲友，又都居住會稽，三人頗有往來，至若《揮麈後錄》載「近日陸務觀《清尊錄》言」並非王明清誤記作者，而很有可能是今本「陸務觀」下脫一云字或言字，即原文爲「近日陸務觀云：《清尊錄》言……」意即在王明清回鄉省親時，陸游爲王說《清尊錄》中事。據此，則《清尊錄》實係廉布所作〔註58〕。《古今

〔註57〕請參昌彼得著：《說郛考》，頁 165。
〔註58〕請參李劍國著：《宋代志怪傳奇敘錄》（天津：南開大學出版社，1997 年），頁258～260。

說海》本刪略王東〈跋〉之目的，或欲避免造成誤解爾。

宋廉布，字宣仲，自號射澤老農，楚州山陽（今江蘇淮安）人，生卒年未詳。宣和三年（1121），上舍登第，宰相張邦昌納爲婿，徵爲太學博士。歷任處州錄事參軍、左從事郎、都調官，官至武學博士。後因邦昌降金，布受牽連遭廢，遂以詩酒自娛。工於繪畫，尤擅山水竹木，風格飄逸清致。著有《清尊錄》。

（二）傳本

本書《百川書志》卷八子志小說家類、《澹生堂藏書目》卷七子部小說家類、《徐氏家藏書目》卷三子部小說類、《八千卷樓書目》卷一四子部小說家類著錄一卷。《徐氏紅雨樓書目》卷三子部小說類和《持靜齋書目・續增》卷五子部小說家類不著錄卷數。

《清尊錄》原書未傳，《說郛》本摘錄十則，注云一卷，末有至大改元三月華石山人〈跋〉和元統甲戌王東〈跋〉。據華石山人〈跋〉及引王明清《揮麈錄》，知本書原有七十三則，今所遺者，至少有記載林靈素事一則。《古今說海》本乃據《說郛》本，但刪略王東〈跋〉，和華石山人〈跋〉「凡七十三則」五字，以充全帙，且〈張生悔婚孫氏而致其氣絕〉文末衍文「有其事」三字。《廣百川學海》本、《重編說郛》本、《五朝小說》本、《五朝小說大觀》本、《香豔叢書》本、《叢書集成初編》本和《全宋筆記》本所載同《古今說海》本，但《全宋筆記》本〈張生悔婚孫氏而致其氣絕〉文末衍文作「傳其事」。另，《楚州叢書》從《說郛》本輯出〔註59〕；《舊小說》丁集錄有七則。

（三）內容

本書「所記多爲市井奇聞，篇幅較長，故事曲折有致，描寫也很精采。」〔註60〕《古今說海》本載十則，各則要旨依次如下：某官妻死，卻以地府失收而復聽其聲、見其形。楊廣死後化驢，因嚙子妻手臂遭殺，妻以媳殺翁告官。某民將所拾得小兒飾治爲女，高價售爲通判妻後遂遁去無蹤。崔嗣復遇新死屍氣所化之鬼。某生私狄夫人，狄生覺後遂禁其往來，夫人自此抑鬱而

〔註59〕 《楚州叢書》原書未見，今引據蕭相愷撰：〈宋代小說家廉布及小說清尊錄〉，《淮陰師範學院學報（哲學社會科學版）》第 24 卷（2002 年 6 月），頁 754。
〔註60〕 寧稼雨著：《中國文言小說總目提要》，頁 155。

終。王生奪曹氏後以父召而返，兩人歷經波折後重逢。孫氏因張生悔婚氣絕，其後雖得復生，卻誤遭張生推倒致死。大盜馬吉仁慈愛民，後遭讒言而爲盜首殺。范祖禹修《裕陵實錄》作韓公傳。雷申錫因曾誤入死囚，遭罰三世如意時皆暴死。

一八、《睽車志》一卷

（一）作者

《古今說海》本題宋陸偉撰，係妄題撰人。《直齋書錄解題》載：「知興國軍歷陽郭象次象撰。」〔註61〕《文獻通考‧經籍考》、《宋史‧藝文志》、《也是園書目》所載同，知撰者爲郭象。

宋郭象，字次象，和州歷陽（今安徽和縣）人，生卒年未詳。紹興十七年（1147），任浙東路某縣主簿，曾參與漕試爲考官。二十四年中進士，後知興國軍。著有《睽車志》。

（二）傳本

本書《澹生堂藏書目》卷七子部小說家類、《邵亭知見傳本書目》卷一一子部小說家類、《持靜齋書目》卷三子部小說家類、《八千卷樓書目》卷一四子部小說家類著錄六卷。《直齋書錄解題》卷一一小說家類、《文獻通考》卷二一七〈經籍考〉子部小說家類、《國史經籍志》卷三史類傳記類、《絳雲樓書目》小說類、《也是園藏書目》卷二史部冥異類著錄五卷。《宋史》卷二〇六〈藝文志〉子類小說類、《祕閣書目》子雜類、《徐氏紅雨樓書目》卷三子部小說類、《欽定續通志》卷一五九〈藝文略〉史類傳記類著錄一卷。《文淵閣書目》卷八子雜類、《寶文堂分類書目》卷二子雜類、《玄賞齋書目》卷六小說類、《江陰李氏得月樓書目摘錄》、《近古堂書目》卷上小說類、《笠澤堂書目》子部小說家類、《清吟閣書目》卷三不著錄卷數。《宋史‧藝文志》和《祕閣書目》著錄一卷，若非誤書，便是併其卷目，而五卷本未見，今傳乃六卷本。又《說郛》本《睽車志》下注云「五卷並續添」。據李劍國考證，謂六卷本之卷六，即五卷本續添部分，所續十一則原未編爲第六卷，故《直齋書錄解題》著錄五卷，而陶宗儀所見本實也是五卷本，但特別注明另有續添。後人把續添部分編爲第六卷，始刊於《稗海》，後又收入《四庫全書》。然《四

〔註61〕　（宋）陳振孫著：《直齋書錄解題》，卷 11 小說類，頁 730。

庫全書》本卷四較《稗海》本少〈宣和間，沂密有優人〉、〈逆亮末年自製尖靴頭極長銳〉二則，但對《稗海》缺字誤刻處則多有補上。另，《叢書集成初編》本據《稗海》本排印，且翻刻《古今說海》所載〈四庫全書提要〉於後，亦皆謂六卷本。故五卷和六卷實無不同，並非內容有所增損〔註62〕。

　　《說郛》本摘錄十二則，〈向汲因孿生弟婦誤認而詈之〉不見於六卷本，或傳本脫佚，或有可疑〔註63〕。《古今說海》本乃出《說郛》本，但〈某婦取潔米奉姑〉文末脫「如始聞此事」云云六十五字。《重編說郛》本、《五朝小說》本和《五朝小說大觀》本所載同《古今說海》本，但將〈宗左宅邊墓中有斫石〉之「宗左」改作「宋左」，且與〈李稷臣誤信讒言〉合爲一則，又〈向汲因孿生弟婦誤認而詈之〉文末脫「異」字。另，《龍威秘書》本注出《說郛》原本，但脫〈狗自地震裂處出〉、〈李稷臣誤信讒言〉、〈宗左宅邊墓中有斫石〉、〈向汲因孿生弟婦誤認而詈之〉、〈優人持二長鬚胡孩供人觀賞〉、〈完顏亮自製尖靴謂不頭〉六則。相較於《古今說海》本，《龍威秘書》本除脫六則外，〈某婦取潔米奉姑〉文末衍文「予始聞子事……故錄以爲人之勸云」云云六十八字；又，《五朝小說》本此則所載與《龍威秘書》本相同。此外，《舊小說》丁集錄有四則。1991年，徐凌雲、許善述據《四庫全書》本爲底本，用《叢書集成初編》本對校，參考其他諸本點校，由合肥黃山書社出版，收入《唐宋筆記小說三種》。2001年，李夢生以《稗海》本爲底本，校以《四庫全書》本，卷次依《四庫全書》本作六卷，由上海古籍出版社出版，收入《宋元筆記小說大觀》。

（三）內容

　　《睽車志》之命名，蓋指《易經》〈睽卦〉上九「見豕負塗，載鬼一車」〔註64〕之意。《四庫全書總目・睽車志》提要是書：「皆紀鬼怪神異之事，爲當時耳目所見聞者。」〔註65〕《古今說海》本載十二則，各則要旨依次如下：

〔註62〕詳論請參李劍國著：《宋代志怪傳奇敍錄》，頁322～323。

〔註63〕昌彼得以此則未見於《睽車志》六卷本，故謂今傳本尚有脫佚；李劍國則以其事非異聞，殊有可疑。文見昌彼得著：《說郛考》，頁231及李劍國著：《宋代志怪傳奇敍錄》，頁323。

〔註64〕（魏）王弼、（晉）韓康伯注，（唐）孔穎達正義，（唐）陸德明音義，（清）阮元校勘，（清）盧宣旬摘錄：〈睽〉，《周易注疏》（臺北：藝文印書館，1989年《十三經注疏》影清嘉慶間阮元校刊本），卷第4，頁91。

〔註65〕（清）永瑢等奉敕著：《四庫全書總目》，卷142子部52・小說家類，頁2803。

長安郊外古塚，多掘得三代古物，故知當時冠服頗類今制。劉堯舉因私舟人女，遭神靈取消及第資格。岳飛顯靈臨安，所書名及詩皆如生前眞跡。某婦取潔米奉姑，但自食其臭者，上天感而贈之神奇布囊。狗自地震裂處出，視其底皆林木蔚然。玉眞娘子飛住程迴家，以能預言而人往爭觀，期年忽復飛去，不知所蹤。李稷臣炮烙葉百致死，自此獨坐則見葉百在側，三年後而體生瘡疱卒。宗左宅邊墓中有斫石爲乳婢抱哺嬰兒，而不知何用。向汲因孿生弟婦誤認而詈之，自此更衣冠以別異。優人持二長鬚胡孩供人觀賞，未久而胡人進犯。完顏亮自製尖靴謂不頭，短鞭謂沒下稍。劉先生覽寺廟而拂拭神佛塑像，不安於他人所與衲袍而轉贈，又所借住墳墓之白骨感其氣而抱之。

一九、《話腴》一卷

（一）作者

宋陳郁（1184～1275）撰。郁，字仲文，號藏一，撫州臨川人（今江西臨川縣）。郁平昔閉門終日，研討經籍，不叩權門，具理學風範。理宗時，仕緝熙殿應制；景定間，充東宮講堂掌書兼撰述。著有《話腴》。

（二）傳本

《話腴》，一名《藏一話腴》。《傳是樓書目》子部小說家類、《欽定續通志》卷一六〇〈藝文略〉諸子類雜家類、《欽定續文獻通考》卷一七七〈經籍考〉子部雜家類、《四庫全書總目》卷一二一子部雜家類、《邵亭知見傳本書目》卷一〇子部雜家類、《持靜齋藏書紀要》卷下子部、《八千卷樓書目》卷一二子部雜家類著錄四卷。《善本書室藏書志》卷一九子部著錄內編二卷、外編二卷。《浙江採輯遺書總錄》己集子部雜家類和《藏園群書經眼錄》卷八子部雜家類著錄甲集二卷、乙集二卷。《皕宋樓藏書志》卷五八子部雜家類著錄內編二卷、外編一卷。《鐵琴銅劍樓藏書》卷一六子部雜家類和《述古堂藏書目》卷五小說家著錄二卷。《千頃堂書目》卷一二小說家類、《澹生堂藏書目》卷七子部小說家類、《徐氏家藏書目》卷三子部小說類、《宋史藝文志補》子部小說家類、《莚圃善本書目》卷五上舊鈔精鈔本子部著錄一卷。《寶文堂分類書目》卷二子雜類、《脈望館書目》暑字號小說類、《徐氏紅雨樓書目》卷三子部小說類、《近古堂書目》卷上小說類、《絳雲樓書目》小說類不著錄卷數。

《四庫全書總目‧藏一話腴》提要是書:「分甲乙兩集,又各分上下卷」
〔註66〕,合計凡四卷,今傳復改甲乙集爲內外編。《說郛》本《藏一話腴》題
云「十二卷,甲乙丙丁戊己各二卷。」知原書凡分六集,今傳諸本皆屬殘帙。
除《四庫全書》本外,《適園叢書》本和《豫章叢書》本亦皆四卷本。《說郛》
卷五摘錄十二則,卷六○摘錄十八則,又卷五之十二則與卷六○之首二則均
見於通行之四卷本,餘十六則未見,當爲丙丁戊己四集之佚文。

《話腴》以叢書收入而流傳者,另有作一卷者,《古今說海》本和《說郛》
卷五及卷六○所載條目大不相同。但與四卷本相較,《古今說海》本〈逃亡金
人手抄詩稿〉乃四卷本所無,《說郛》本亦未載,當爲丙丁戊己四集之佚文。
《重編說郛》本、《五朝小說》本、《五朝小說大觀》本、《學海類編》本和《叢
書集成初編》本所載同《古今說海》本;其中,《重編說郛》本、《五朝小說》
本和《五朝小說大觀》本脫〈岳飛料敵如神〉、〈曲端之叔兵敗被斬〉、〈慶安
寺前古松免被伐命運〉三則,且將〈逃亡金人手抄詩稿〉放置最末。另,《舊
小說》丁集錄有一則。

(三)內容

《四庫全書總目‧藏一話腴》提要是書:「多記南北宋雜事,間及詩話,
亦或自抒議論。」〔註67〕且「持論雖欠公允,然遺聞軼事,賴以流存,可爲
查考之助。」〔註68〕《古今說海》本載十七則,各則要旨依次如下:國史潤
飾宋太祖詩作,但文氣卑弱不如原作。王大受捕趙某等三海盜而後死,眞西
山賞罰分明教人驚服。劉氏三許人而投潭死,鄉社爲之立賢女祠。菱寒芰暖,
桃杏雙仁有毒,是知有物有則。向薌林妾爲救家人,先假意屈服賊黨而後投
江死。岳飛料事如神,知敵人歸還城池乃別有用心。太學生續宋徽宗題白團
扇詩而賜進士第。強盜劫李涉所乘船,只求能得其詩而不取金帛。宋眞宗欲
去殿側古檜,一夕風雷遂轉折其枝。諸葛亮深沉大略,薦馬超並結關羽之心。
端平甲午逃亡金人手抄詩稿,具河朔幽燕渾厚之氣。史本所種木樨爲高宗喜,
自此四方爭傳其本。藉由評價阮籍,論善觀人者當察其心。曲端之叔以不聽
勸而兵敗被斬,秦檜因某官作祭文極簡而無法加罪。聶昌因河北百姓不肯割

〔註66〕　(清)永瑢等奉敕著:《四庫全書總目》,卷121子部31‧雜家類,頁2430。
〔註67〕　(清)永瑢等奉敕著:《四庫全書總目》,卷121子部31‧雜家類,頁2430。
〔註68〕　張棣華撰:〈國立中央圖書館善本書志〉,《國立中央圖書館館刊》第19卷第1
　　　　期(1986年6月),頁153。

地而與金人爭論至死。慶安寺前古松以馮軌詩故而免被伐命運。寫形易，寫心難。

二〇、《朝野僉載》一卷

（一）作者

唐張鷟（約650～722）〔註69〕撰。鷟，字文成，號浮休子，深州陸澤（今河北深縣）人。上元二年（675）登進士第，授岐王府參軍，凡八應制舉皆甲科。歷任長安尉、鴻臚丞、襄樂尉等。長安初（701～702）為監察御史，出為處州司倉，半年後改柳州司戶，再改官德州平昌令、河陽縣尉。開元二年（714），為御史李全交所劾，配流嶺南，後遷龔州長史，終司門員外郎〔註70〕。文體浮艷，時稱「青錢學士」。著有《朝野僉載》、《龍筋鳳髓判》、《遊仙窟》。《舊唐書》卷一四九〈張薦〉和《新唐書》卷一六一〈張薦〉皆附傳。

（二）傳本

本書《崇文總目》卷四傳記類、《中興館閣書目》史部雜傳類、《新唐書》卷五八〈藝文志〉史錄雜傳記類、《通志》卷六五〈藝文略〉史類雜史類、《宋史》卷二〇三〈藝文志〉傳記類、《國史經籍志》卷三史類雜史類、《絳雲樓書目》小說類著錄二十卷。《宋元舊本書經眼錄》卷三和《稽瑞樓書目》著錄十卷。《孫氏祠堂書目》內編卷三史學著錄六卷。《鄭堂讀書記》卷六三子部小說家類著錄三卷。《郡齋讀書志》卷三下小說類、《文獻通考》卷二一五〈經籍考〉子部小說家類、《宋史》卷二〇三〈藝文志〉傳記類著錄補遺三卷。《直齋書錄解題》卷一一小說家類、《徐氏家藏書目》卷三子部小說類、《徐氏紅雨樓書目》卷三子部小說類著錄一卷。《玄賞齋書目》卷六小說類、《遂初堂書目》小說類和《笠澤堂書目》子部小說家類不著錄卷數。

〔註69〕有關張鷟生卒年之論，請參劉真倫撰：〈張鷟事蹟繫年考〉，《重慶師院學報》1987年第4期，頁83～88。

〔註70〕張鷟終於何官之論，其說主要有二：《舊唐書》謂張鷟於「開元中，入為司門員列郎，卒。」《新唐書》亦云張鷟「終司員外郎。」但《桂林風土記》謂其「起為龔州長史，卒。」今從新、舊《唐書》之說。相關論述參見（晉）劉昫著：〈張薦〉，《舊唐書》（臺北：藝文印書館，1982年影清乾隆間武英殿刊本），卷149，頁2006；（宋）歐陽修、宋祁等著：〈張薦〉，《新唐書》（臺北：藝文印書館，1982年影清乾隆間武英殿刊本），卷161，頁1911和（唐）莫休符著：〈張鷟〉，《桂林風土記》（北京：中華書局，1985年《叢書集成初編》據學海類編本排印），頁16。

　　《直齋書錄解題》雖著錄一卷，但云：「其書本三十卷（當爲二十卷之譌），此特其節略耳。」〔註71〕知宋代流傳有三，一爲二十卷本，一爲一卷刪節本，一爲補遺三卷本。錢謙益（1582～1664）《絳雲樓書目》載本書二十卷，知清初全帙尚有偶存。今傳六卷本乃陳繼儒自《太平廣記》輯出，刻入《寶顏堂秘笈》。然《太平廣記》引《朝野僉載》共四百十六則，《寶顏堂秘笈》本僅輯入三百七十則〔註72〕，可見其檢閱未周，多所掛漏，文字也亂作改動。又其中但有與張鷟所處時代不合之文，乃《寶顏堂秘笈》本誤抄《太平廣記》造成，或沿襲《太平廣記》編纂上的錯誤而失察〔註73〕，《四庫全書》本又據以載入。另據《述古堂藏書目》卷五小說家和《也是園藏書目》卷二史部雜史類記載，知有所謂校宋十卷本，其實與六卷本同，僅分卷異耳。此外，《類說》卷四〇和《紺珠集》卷三分別節引六十七和六十八則，亦頗多今傳六卷本所未載者，可爲補遺。

　　《朝野僉載》以叢書收入而流傳者，係多從《寶顏堂秘笈》本而來，如《唐人說薈》本、《唐代叢書》本、《畿輔叢書》本和《說庫》本皆載一卷、一百一十二則，《續百川學海》本、《重編說郛》卷四八、《五朝小說》本和《五朝小說大觀》本皆載九十四則。另外，《說郛》本三十八則，其不見於六卷本者凡十八則，知所據出二十卷全帙〔註74〕，《古今説海》本係據此，但摘錄二十四則，又〈孫彥高膽怯愚昧至極〉文末脫「浮休子曰」云云四十七字，且將〈武則天朝〉文末之「李氏大盛」改作「王室」。《歷代小史》本和《叢書集成初編》本所載同《古今説海》本。再者，《重編說郛》卷三二、《五朝小說》本、《五朝小說大觀》本、《唐人說薈》本和《唐代叢書》本另有題作《耳目記》之書，皆載二十四則，實亦據《古今説海》本《朝野僉載》而來。此外，《舊小說》乙集錄有四十七則。1979年，趙守儼以《寶顏堂秘笈》本爲底本，與《太平廣記》、《說郛》本、《歷代小史》本對校，並參考新、舊《唐書》、《大唐新語》等書校正《寶顏堂秘笈》本的僞脫衍倒，且自《酉陽雜俎》、《太平御覽》、《通鑑考異》、《後村詩話》、《說郛》諸書徵引《朝野僉載》之文而

〔註71〕　（宋）陳振孫著：《直齋書錄解題》，卷11小說類，頁720。
〔註72〕　周勛初著：《唐代筆記小說敍錄》（南京：鳳凰出版社，2008年），頁8。
〔註73〕　《寶顏堂秘笈》本《朝野僉載》中，記事發生在天寶或天寶以後，乃張鷟所
　　　　　不及見之條文，又其致誤之因，請參趙守儼撰：〈張鷟和朝野僉載〉，《文史》
　　　　　第8輯（1980年），頁138～140。
〔註74〕　詳論請參昌彼得著：《說郛考》，頁58。

不見於《寶顏堂秘笈》本者共九十四則，匯爲「補輯」，由北京中華書局出版，收入《歷代史料筆記叢刊》。其後，劉眞倫、周勛初等仍有輯佚校勘〔註75〕，可補《歷代史料筆記叢刊》本之不足。

（三）內容

《四庫全書總目・朝野僉載》提要是書：「皆紀唐代故事，而於諧謔荒怪，纖悉臚載，未免失於纖碎。」〔註76〕然以今本觀之，本書載隋唐朝野軼聞，尤以則天朝事爲多，其於朝政腐敗，多有披露，間及鬼神怪異，瑣語碎言。通過考察《朝野僉載》與新、舊《唐書》和《資治通鑑》之關係，發現《朝野僉載》提供許多有關唐代歷史的第一手資料，具有很高的史料價值〔註77〕。《郡齋讀書志》卷三下小說類著錄《朝野僉載》補遺三卷，云分三十五門〔註78〕，則原書當析分門目，與今所見逐條聯綴不同。《古今說海》本載二十四則，各則要旨依次如下：嚴昇嗜水犢肉和收金弭，江南人號之爲金牛御史。閻知微爲巴結默啜而吮其靴，默啜反叛而知微亦遭誅九族。良弼食盡匈奴所予不潔物遭放歸，朝廷引以爲恥。孫彥高膽怯愚昧至極，默啜攻城時，乃謂奴曰莫與鑰匙。武懿宗畏賊棄甲，遭諷爲夾豕逃。龍褒將軍因青狗衝破其忌，而更陳牒改父母忌。索元禮製鐵籠頭和鳳曬翅等刑具，後坐贓賄流死嶺南。李全交以羅織罪名爲業。諸葛昂與高瓚競相設宴，以至烹蒸其子和妾。夏彪之貪婪無道，養雞種筍供日後販售。滕王淫諸官妻，鄭氏持履擊破其頭以拒之。裴有敞合有三婦之命。鄭郎邀路上青衣同寢，後遭羅刹食盡身軀。柴紹弟越百尺樓閣了無障礙，唐憲宗以不可處京邑而外派。狄仁傑檄告廢除諸廟，唯存會稽禹廟。武則天朝，謠曰：「張公吃酒李公醉」。薛震好食人肉，因食其妻不得遭告發。張懷肅與任正名好服人精。張璟藏卜裴珪妻將因姦被廢，後果應驗。宜城公主懲駙馬外寵，致與駙馬皆遭降級。火㷟指處即有火起。涪州一獸專門逐虎噬殺。漢用銅虎符，唐用銀兔符和銅魚符，

〔註75〕　詳論請參劉眞倫撰：〈朝野僉載點校本管窺〉（上）、（下），《書品》1989 年第1、2 期，頁 25～27、41～45；劉眞倫撰：〈隋唐嘉話、朝野僉載拾補〉，《書品》1989 年第 4 期，頁 33～34 和周勛初著：《唐代筆記小說敘錄》，頁 8。

〔註76〕　（清）永瑢等奉敕著：《四庫全書總目》，卷 140 子部 50・小說家類，頁 2735。

〔註77〕　詳論請參王元元著：《朝野僉載的史料價值研究》（上海：復旦大學中國古代史研究所碩士論文，2009 年）。

〔註78〕　（宋）晁公武著：《郡齋讀書志》（臺北：臺灣商務印書館，1983 年影清文淵閣《四庫全書》本），卷 3 下小說類，頁 230。

僞周用玄武符和銅魚符。藉日中無影論邴吉驗影不虛。

二一、《古杭雜記》一卷

（一）作者

元李有撰。《說郛》本《古杭雜記》注云：「字聽賢（舊抄本作德吳），盧陵（今江西吉安）人。」有，生平經歷未詳。《絳雲樓書目》注曰：「書中多記南宋末年事，必一宋末元初人也。」〔註79〕

（二）傳本

《古杭雜記》，一名《古杭雜錄》、《古杭集記》。《欽定續通志》卷一六○〈藝文略〉諸子類小說家類、《欽定續文獻通考》卷一七九〈經籍考〉子部小說家類、《清吟閣書目》卷一、《藏園群書經眼錄》卷八子部雜家類題《古杭雜記詩集》，《也是園藏書目》卷三史部都城宮苑類題《古杭雜錄》，《愛日精廬藏書志》卷二七子部小說家類和《邵亭知見傳本書目》卷一一子部小說家類題《古杭雜記詩詞集》，《補遼金元藝文志》子部小說家類、《補元史藝文志》子類小說家類、《八千卷樓書目》卷一四子部小說家類題《古杭雜記》，均著錄四卷。《國史經籍志》卷四下子類小說家類、《澹生堂藏書目》卷七子部小說家類、《徐氏家藏書目》卷三子部小說類、《徐氏紅雨樓書目》卷三子部小說類、《述古堂藏書目》卷五小說家著錄一卷。《玄賞齋書目》卷六小說類、《近古堂書目》卷上小說類和《絳雲樓書目》小說類不著錄卷數。

《四庫全書總目·古杭雜記詩集》提要是書：「所記凡四十九條，多理宗、度宗時嘲笑之詞，不足以資考核。案陶宗儀《說郛》內亦載有是書，題作『元李東有撰』。然與此本參較，僅首二條相同，餘皆互異，未喻其故。觀書首標題，殆《古杭雜記》爲總名，而《詩集》爲子目，乃其全書之一集，非完帙也。」〔註80〕昌彼得則「疑李有此書係原本，坊賈取其嘲謔之詞，從而廣之爲詩集四卷也。」〔註81〕翁同文以四庫提要謂此書皆載宋人小詩之有關事實

〔註79〕（清）錢謙益著：《絳雲樓書目》（北京：北京圖書館出版社，2003年《稿抄本明清藏書目三種》），頁462。

〔註80〕（清）永瑢等奉敕著：《四庫全書總目》，卷144子部54·小說家類存目，頁2850～2851。

〔註81〕昌彼得著：《說郛考》，頁107。

者，如《本事詩》之例，然今本十九則自十三則淨慈寺以下即有事無詩，或
疑為今本兼採《古杭雜記》與《古杭雜記詩集》之故。但既稱四卷，則今本
與四十九條本皆非原帙〔註82〕。寧稼雨亦認為「陶宗儀所注既為四卷，則今
傳一本當出四卷本。」〔註83〕

今傳《說郛》本摘錄十九則，《古今說海》本乃據此，但〈兩國夫人到陳
履常家待產〉脫「其生母晚年之貴如此」九字。《歷代小史》本、《重編說
郛》本、《學海類編》本和《武林掌故叢編》本所載同《古今說海》本，然《歷
代小史》本脫〈「和靖東坡白樂天」題壁詩〉、〈「憶秦娥」遭誤為歐陽修詞〉、
〈「鷓鴣天」贈劉鼎臣赴省試〉、〈易袚妻寄「一剪梅」〉、〈張任國嘲蕭軫娶再
婚之婦〉、〈臨安婦摸阿濕毗尊者像腹求子〉、〈不鑽彌遠，卻鑽彌堅〉、〈祭
誤國奸臣用污穢物〉、〈喪家佛事弄花鼓棒〉、〈兩國夫人到陳履常家待產〉、
〈陳大方和胡大昌皆不吠之犬〉、〈秦檜、韓侂冑等皆誤國宰相〉等十二則，
存七則。

（三）內容

《四庫全書總目・古杭雜記詩集》提要是書：「皆載宋人小詩之有關事實
者，各為詳其本末，如本事詩之例。」〔註84〕《古今說海》本載十九則，各
則要旨依次如下：「收拾乾坤一擔擔」詩論賈似道入相。郭璞〈錢唐天目山〉
詩讖宋高宗之興。太學有「晁錯既誅終叛漢」詩諷宋殺韓侂冑求和。「白塔橋
邊賣地經」題壁詩言白塔橋印賣朝京里程圖。「和靖東坡白樂天」題壁詩言袁
樵於三賢堂賣酒。鄭文妻〈憶秦娥〉被誤認為是歐陽脩詞。劉鼎臣妻〈鷓鴣
天〉贈其夫赴省試。易袚妻寄〈一剪梅〉傳達思君之情。張任國〈柳梢青〉
嘲蕭軫登第後娶再婚婦。詩詞論賈似道行推回畝田之令。文及翁〈賀新郎〉
答同年戲問西蜀景比西湖如何。「嬴秦久矣酷斯民」詩言項羽廟被火延及。臨
安婦摸淨慈寺阿濕毗尊者像腹以求子。伶人俳優諷以不鑽彌遠，卻鑽彌堅。
祭誤國奸臣者用牛羊而非污穢物。喪家佛事弄花鼓棒乃誨淫之端。賈涉使計
讓兩國夫人到陳履常家待產。丁大全、陳大方和胡大昌皆不吠之犬。秦檜、
韓侂冑、史彌遠、嚴嵩之、丁大全和賈似道皆誤國宰相。

〔註82〕翁同文撰：〈四庫提要補辨〉，載臺北藝文印書館印《古今說海・古杭雜記》
　　　之文末附錄。
〔註83〕寧稼雨著：《中國文言小說總目提要》，頁211。
〔註84〕（清）永瑢等奉敕著：《四庫全書總目》，卷144子部54・小說家類，頁2803。

二二、《蒙齋筆談》一卷

（一）作者

《古今說海》本題宋鄭景璧撰。歷代公私藏書目錄題宋鄭景望著，《四庫全書總目‧蒙齋筆談》提要是書：「乃全錄葉夢得《巖下放言》之文」〔註85〕，為其「自崇慶節度使致仕退居卞山時作也。」〔註86〕按：葉夢得《巖下放言》，原書三卷〔註87〕，今傳《蒙齋筆談》題宋鄭景望撰者，應是後人節錄《巖下放言》且托名鄭景望之偽作。或葉夢得原本有《巖下放言》、《蒙齋筆談》二書，《巖下放言》原即為一卷，故與《直齋書錄解題》等著錄一致，又後人將此與《蒙齋筆談》二卷本合併，統一名目作《巖下放言》，而《蒙齋筆談》尚繼續流傳，唯將作者誤題為鄭景望〔註88〕。然不論《蒙齋筆談》原本即獨立成書，或節採自《巖下放言》，其終究為葉夢得之作無疑。

宋葉夢得（1077～1148），字少蘊，號石林居士、石林山人、石林老人，蘇州吳縣（今江蘇吳縣）人。紹聖四年（1097）進士及第，調丹徒尉。徽宗朝，自婺州教授召為儀禮武選編修官，累遷中書舍人、翰林學士，以龍圖閣直學士知汝州。宋南渡後，知杭州，復為翰林學士兼侍讀，改授戶部尚書、尚書左丞。紹興初，任江南東路安撫制置大使兼知建康府，後知福州兼建康安撫使。十六年（1146），以崇慶軍節度使致仕，二年後卒於湖州，贈檢校少保。著有《建康集》、《石林詞》、《石林燕語》、《石林詩話》、《避暑錄話》、《巖下放言》。《宋史》卷四四五有傳。

（二）傳本

本書《百川書志》卷八子志小說家類、《千頃堂書目》卷一二小說家類、《國史經籍志》卷四下子類小說家類、《澹生堂藏書目》卷七子部小說家類、

〔註85〕　（清）永瑢等奉敕著：《四庫全書總目》，卷 127 子部 37‧雜家類存目，頁 2532。

〔註86〕　（清）永瑢等奉敕著：《四庫全書總目》，卷 121 子部 31‧雜家類，頁 2414。

〔註87〕　《巖下放言》自宋明以來只有傳抄本而未見刻本，如袁氏本、魚氏虞岩藏本、鈕氏士學樓抄本、弘農楊氏抄本、漢陽葉氏家藏本、文淵閣《四庫全書》本等，今日所見刊本主要有葉氏觀古堂校刊本、宛委山堂刊本、掃葉山房石印本、長沙中國古書刊印社匯印本和商務印書館本，至其卷數則有三卷和一卷之別。今比較三卷本和一卷本後發現，各三卷本之內容大抵相同，而一卷本間則差異懸殊，知三卷本係原書原貌，一卷本乃自原書節採。詳論請參潘殊閒著：《葉夢得研究》（成都：巴蜀書社，2007 年），頁 270～276。

〔註88〕　《巖下放言》與《蒙齋筆談》之版本關係，及有關作者之各種推測，請參潘殊閒著：《葉夢得研究》，頁 276～285。

《宋史藝文志補》子部小說家類、《欽定續通志》卷一六〇〈藝文略〉諸子類雜家類、《四庫全書總目》卷一二七子部雜家類存目、《藏園群書經眼錄》卷八子部雜家類著錄二卷。《八千卷樓書目》卷一二子部雜家類著錄一卷。《遂初堂書目》小說類、《近古堂書目》卷上小說類、《絳雲樓書目》小說類、《笠澤堂書目》子部小說家類不著錄卷數。

　　按：《百川書志》成於嘉靖十九年（1540），其之所著錄二卷，顯非根據萬曆間商濬刻《稗海》本而來。但以《古今說海》本摘錄九則，一卷，且皆《稗海》本有之，而或可推測《稗海》本係據原本覆刻，《古今說海》本亦乃刪削二卷原本系統，又因形近之訛，題宋鄭景璧撰。綜此，今傳《蒙齋筆談》以叢書收入而流傳者，主要有兩個系統：一是《稗海》二卷本系統，凡二十六則，《叢書集成初編》本即據此本排印；二是《古今說海》一卷本系統，《重編說郛》本和《學海類編》本悉出此。又，《舊小說》丁集錄有四則。

（三）內容

　　《四庫全書總目・巖下放言》提要：「（葉）夢得老而歸田，耽心二氏，書中所述，多提倡釋、老之旨，沈作喆、王宗傳、楊簡等之以禪說《易》，實萌芽於此，殊不可以立訓。然夢得學問博洽，又多知故事，其所記錄，亦頗有可採。宋人舊帙，姑存以備一家焉。」〔註89〕《蒙齋筆談》與《巖下放言》關係已如前述，《古今說海》本載九則，各則要旨依次如下：楊樸、魏野皆隱士，楊性怪癖而魏性通俗。宋昇准用人骨灰建築，冥府罰其遭滅門之禍。杜杞解體歐希範繪製〈五臟圖〉，後遭希範鬼靈拳打致死。木居士遭毀重塑，陳子昂訛作十姨。藉蚯蚓變百合、麥成蛾，述萬物乃一念所生。顗華嚴舉火燒鄭富弼藏道書櫃，開悟其學道之心。世傳呂洞賓事甚於其師鍾離權。銅鳩杖和牛首酒器來歷。陶淵明〈桃花源記〉傳說。

二三、《文昌雜錄》一卷

（一）作者

　　《古今說海》本不題撰者。《宋史・藝文志》、《直齋書錄解題》、《文獻通考・經籍考》、《四庫全書總目》均題宋龐元英撰。龐元英生平資料已見《談藪》。

〔註89〕　（清）永瑢等奉敕著：《四庫全書總目》，卷121子部31・雜家類，頁2415。

（二）傳本

本書《國史經籍志》卷四下子類小說家類誤題十卷。《直齋書錄解題》卷七傳記類、《文獻通考》卷一九九〈經籍考〉史部傳記類、《絳雲樓書目》小說類、《培林堂書目》子部雜家類、《傳是樓書目》子部小說家類、《浙江採輯遺書總錄》丁集史部掌故類、《愛日精廬藏書志》卷二四子部雜家類、《抱經樓藏書志》卷四三子部雜家類著錄六卷。《宋史》卷二〇三〈藝文志〉故事類、《四庫全書總目》卷一二〇子部雜家類、《欽定續通志》卷一六〇〈藝文略〉諸子類雜家類、《欽定續文獻通考》卷一七七〈經籍考〉子部雜家類、《邵亭知見傳本書目》卷一〇子部雜家類著錄七卷，蓋併補遺六條一卷而計之。《藏園群書經眼錄》卷八子部雜家類著錄六卷併補遺一卷。《澹生堂藏書目》卷四史部典故類著錄三卷。《祕閣書目》史雜類、《徐氏家藏書目》卷三子部小說類、《鄭堂讀書記》卷五六子部雜家類、《八千卷樓書目》卷一二子部雜家類著錄一卷。《遂初堂書目》小說類、《文淵閣書目》卷六史雜類、《寶文堂分類書目》卷二子雜類、《玄賞齋書目》卷六小說類、《徐氏紅雨樓書目》卷三子部小說類、《近古堂書目》卷上小說類、《稽瑞樓書目》不著錄卷數。

昌彼得謂「原本元明以來，鮮經刊雕，清乾隆中盧見曾雅雨堂始據抄本繕刻以傳，書凡六卷，附補遺一卷。然斷爛顛舛，尚未釐正。其後張若雲復據文瀾閣訂正本刻入《學津討源》。」〔註90〕今傳《文昌雜錄》六卷補遺一卷者有《雅雨堂叢書》本、《四庫全書》本、《學津討原》本、《叢書集成初編》本和《全宋筆記》本。《說郛》本摘錄二十一則，各則均有標目〔註91〕，《古今說海》本乃據此，但刪削篇目，脫〈梁四公子〉一則，又〈避父諱〉脫「季布傳」云云十六字。《學海類編》本和《說庫》本所載同《古今說海》本。另，《續百川學海》本和《重編說郛》本錄二十九則，其十九則與《古今說海》本相同，脫〈彈甘蕉文〉一則，且將〈藥樹〉置於全書之末；其餘十則乃《說郛》節本《續墨客揮犀》之文而誤屬於此，又誤題宋陳襄撰。另，《舊小說》丁集錄有二則。

〔註90〕昌彼得著：《說郛考》，頁 225。

〔註91〕按：《說郛》本二十一則之篇目，依序爲：〈養珠法〉、〈治骨鯁〉、〈治藥〉、〈玉龍膏〉、〈鳳子〉、〈藥樹〉、〈嫁杏〉、〈洞庭柑橘〉、〈司馬地室〉、〈高麗貢日本國軍〉、〈降賊腳色〉、〈煮浣油衣〉、〈袴褶〉、〈引嗖〉、〈公主賜謚〉、〈唐朝殿種花柳〉、〈市井〉、〈捺缽〉、〈彈甘蕉文〉、〈避父諱〉、〈梁四公子〉。

（三）內容

《四庫全書總目・文昌雜錄》提要：「元豐壬戌，元英官主客郎中，在省四年。時官制初行，所記一時聞見，朝章典故爲多。《通典》載尚書省爲文昌天府，故以名書。……王士禎稱此書爲說部之佳者。《宋史》入故事類。蓋以所記朝典爲多。然中間頗涉雜事雜論，今改隸雜家類焉。」〔註92〕《古今說海》本載二十則，各則要旨依次如下：假珠置入蚌口，兩年可成眞珠。除魚鯁之法。乾燥山藥和磨細乳香法。面油稱玉龍膏之因。蛺蝶大者名鳳子，詞人罕用。注元稹：「松門待制應全遠，藥樹監搜可得知」詩二句。李冠卿堂前杏經媒姥嫁接而得結子。洞庭四面因水氣上騰辟霜而柑橘最佳。司馬光居地室避暑。高麗朝貢日本製車而知其工拙。福建賊廖恩受降朝廷後無犯過。破損油衣、帳幕染以雜色，刺繡爲旗幟。戎衣制度起源。梁、宋御史中丞到任情形。公主賜謚始自唐德宗。唐、宋朝時殿前所種植物不同。釋「市井」、「市廛」二詞。釋遼人「捺鉢」詞。沈約〈修竹彈甘焦〉未見於其文集。司馬遷避父諱而改趙談作趙同。

二四、《就日錄》一卷

（一）作者

《古今說海》本不題撰者。《說郛》本《就日錄》題宋趙□□撰，汪云號灌園耐得翁，不著其名。《重編說郛》本題元耐得翁撰，《廣百川學海》本和《學海類編》本題元虞集撰。余嘉錫考《都城記勝》引《文淵閣書目》子雜類載宋耐得翁《就日錄》一冊，又引俞琰《席上腐談》卷下記紹興間淮堰道人事，云出「趙灌園《就日錄》」，並《說郛》卷一四《就日錄》題爲「宋趙□□」，注云：「號灌園耐得翁。」〔註93〕此外，《絳雲樓書目》載此書不著卷數，且云：「《說海》中曾刻，但不著撰人姓名。其書中多引《雲麓漫抄》、《西溪叢語》諸書，蓋南宋人也。」〔註94〕並《直齋書錄解題》卷一一和《文獻通考》卷二一七載灌園（《直齋書錄解題》誤作「圍」）耐得翁著錄《山齋愚見｜書》一卷，《居易錄》卷一五載灌園耐得翁著錄《清暇錄》六卷，知作者

〔註92〕（清）永瑢等奉敕著：《四庫全書總目》，卷120子部30・雜家類，頁2401～2402。

〔註93〕請參余嘉錫著：《四庫提要辨證》，卷8，頁382～383。

〔註94〕（清）錢謙益著：《絳雲樓書目》，小說類，頁93。

題元虞集者爲非。當姓趙，號灌園耐得翁，南宋人，名字仕履無考見，昌彼得疑其「爲宋宗室，但以著述自娛，不欲以顯名」〔註95〕。除此書之外，另著有《都城記勝》、《山齋愚見十書》、《清暇錄》。

（二）傳本

本書《徐氏家藏書目》卷三子部小說類、《補元史藝文志》卷三雜家類、《鄭堂讀書記・補逸》卷二六子部雜家類、《竹崦庵傳鈔書目》子部雜家類、《八千卷樓書目》卷一二子部雜家類著錄一卷。《文淵閣書目》卷八子雜類、《玄賞齋書目》卷六小說類、《絳雲樓書目》小說類、《持靜齋書目・續增》卷五子部小說家類不著卷數。因原本不傳，不詳卷帙若干，《說郛》摘錄七則，未著云卷數，《古今說海》本乃據此，但脫第一則，又〈焚紙錢〉文末脫「今未究竟」云云六十五字。《廣百川學海》本、《重編說郛》本、《學海類編》本和《叢書集成初編》本所載同《古今說海》本。

（三）內容

本書雜錄內容不一，間及學術、地理、風俗等主題，或旁徵博引，末附一己見解，或借彼喻此，具寄託寓意。《古今說海》本載六則，各則要旨依次如下：藉佛教、周官、列子、李泰伯等人說法，歸結學力對夢之影響。藉孔子、陶淵明等之論，說明對命運看法。據《山海經》、葛洪〈潮記〉、《洞冥正一經》、竇叔蒙〈海濤志〉、東海漁翁〈海潮論〉、潘洞〈浙江論〉、姚令《威聚語》載〈會稽石碑〉和趙景安《漫抄》載徐明叔等《高麗錄》論錢塘潮事，歸結竇叔蒙、〈會稽石碑〉和徐明叔之說較正確。據《新唐書・王璵傳》、邵雍春秋祭祀事、廖用中奏乞徽宗禁焚紙錢事、李珂《松窗百記》和《夷堅志》等述焚紙錢習俗。據《夷堅志》載，述當今惡人何德能持符號召城隍和東岳大帝。過去以蝗蟲、蠹蟲和大蟲喻不肖子，今世所見更甚前述三蟲。

二五、《碧湖雜記》一卷

（一）作者

《古今說海》本不題撰者。《說郛》本題宋臨川蔡窠之撰。窠之，生平事蹟未詳。另，《重編說郛》本題宋謝枋得撰，《古今說部叢書》本和《說庫》本亦沿其說，但不知所據爲何。

〔註95〕昌彼得著：《說郛考》，頁172。

（二）傳本

本書《澹生堂藏書目》卷七子部小說家類、《徐氏家藏書目》卷三子部小說類、《欽定續通志》卷一六〇〈藝文略〉諸子類雜家類、《欽定續文獻通考》卷一七七〈經籍考〉子部雜家類、《八千卷樓書目》卷一二子部雜家類著錄一卷。原本無傳，《說郛》本注云一卷，當即原書卷帙。今本《說郛》摘錄八則，且均有標目〔註96〕，《古今說海》本係據此，但刪削篇目。《續百川學海》本、《重編說郛》本、《學海類編》本、《古今說部叢書》本、《說庫》本和《叢書集成初編》本悉出此。另，《舊小說》丁集錄有二則。

（三）內容

本書原本無傳，《古今說海》本載八則，除一、二則外，餘皆剿襲舊文，各則要旨依次如下：辨蘇軾〈老饕賦〉當作「老饕」。僧思悅及曾季貍辨《五臣文選註》陶潛但書甲子之譌。《齊民要術》載桑落酒製法恐未必然。宋徽宗寵蔡京之患將甚於唐天寶年間災禍。潯陽三隱為陶淵明、劉遺民和周續之。黃山谷書「吏買馬，軍具車，請為諸君鼓龍胡」喻元壽間羌人造反情形。藉花木蘭女扮男裝，言五代崇韜亦黃使君女所扮。《蘭陵王入陣曲》由來。

二六、《錢氏私誌》一卷

（一）作者

宋錢世昭撰。《四庫全書總目·錢氏私志》提要是書：「舊本或題錢彥遠撰，或題錢愐撰，或題錢世昭撰。錢曾《讀書敏求記》定為錢愐。」〔註97〕然此書末有錢世昭〈序〉曰：「叔父太尉，昭陵之甥。……凡耳目所接，事出一時，語流千載者，廣記而備言之。世昭敬請而集，名曰《錢氏私誌》。」據此，知是書固非彥遠所為，亦非盡愐所纂。昌彼得按「書中所記，已逮隆興，是不僅聞之愐說，蓋亦有世昭自記聞見者也。」〔註98〕張家維題「宋錢愐述，錢世昭撰」〔註99〕，或較為允當。

錢愐，生平事蹟未詳，但知高宗十三年（1143）八月，加官太尉；十五

〔註96〕按：《說郛》本八則之篇目，依序為：〈老饕賦〉、〈靖節題甲子〉、〈桑落酒〉、〈宮禁不嚴〉、〈潯陽三隱〉、〈童謠〉、〈女子作男兒〉、〈蘭陵王〉。
〔註97〕（清）永瑢等奉敕著：《四庫全書總目》，卷140子部50·小說家類，頁2754。
〔註98〕昌彼得著：《說郛考》，頁271。
〔註99〕張家維著：《宋金元志人小說敘錄》，頁125。

年十一月，開府儀同三司。

錢世昭，恫之甥，臨安（浙江杭州）人，生平事蹟未詳，僅知高宗時曾官秀州嘉興尉。

（二）傳本

《錢氏私誌》，一名《錢氏私志》。《澹生堂藏書目》卷四史部雜史類、《徐氏家藏書目》卷三子部小說類、《讀書敏求記》卷二史類、《讀書敏求記校證》卷二上史類、《也是園藏書目》卷五子部小說類、《欽定續通志》卷一六〇〈藝文略〉諸子類雜家類、《欽定續文獻通考》卷一七九〈經籍考〉子部小說家類、《四庫全書總目》卷一四〇子部小說家類、《鄭堂讀書記》卷六四子部小說家類、《竹崦庵傳鈔書目》史部雜史類、《邵亭知見傳本書目》卷一一子部小說家類、《皕宋樓藏書志》卷六二子部小說家類、《抱經樓藏書志》卷四六子部小說家類、《善本書室藏書志》卷二一子部著錄一卷。《玄賞齋書目》卷六小說類、《徐氏紅雨樓書目》卷三子部小說類、《近古堂書目》卷上小說類、《絳雲樓書目》小說類、《浙江採輯遺書總錄》丁集史部雜史類不著錄卷數。

《說郛》本《錢氏私誌》題下注云二卷，錄有錢世昭〈序〉及文二十二則，各則皆有標目〔註100〕，又錢世昭〈序〉云：「得數萬言，敘而集之。」然今傳諸本俱不及五千言，知傳本皆非完本；至其原帙，當即二卷。《古今說海》本乃據《說郛》本出，但更動頗多，除刪略篇目外，且將錢世昭〈序〉置於文末，又脫〈搶節〉、〈仁宗戴玉佛〉、〈畫堂〉、〈酒名〉、〈曹南院〉五則，把〈東明〉自「徐神翁自海陵到京師」以下另立一則，凡十八則。此外，將〈米元章〉置於〈吳山井〉之後，形成次序錯置現象。再者，〈尚主〉文首脫「某嘗聞父兄說」六字，將〈歐陽公詞〉之「今歐知貢舉，題目出通其變，使民不倦，乃云通其變，使民不倦賢良。伯昌云：『試官偏愛外生兒子。』于是科場大鬨，皆報東門之役也」改作「今歐知貢舉時，落第舉人作醉蓬萊詞以譏之，詞極醜詆，今不錄」，又〈岐公際遇〉文首脫「婦翁說」三字，文中「如

〔註100〕按：《說郛》本二十二則之篇目，依序為：〈尚主〉、〈求嗣〉、〈搶節〉、〈國初貴主乘馬〉、〈仁宗戴玉佛〉、〈畫堂〉、〈歐陽公詞〉、〈酒名〉、〈岐公際遇〉、〈米元章〉、〈曹南院〉、〈東明〉、〈吳山井〉、〈佛印與東坡書〉、〈相法〉、〈酒令字謎〉、〈稱小人〉、〈陳理功賞〉、〈吃虀煮飯〉、〈善應答〉、〈謝表〉、〈劉后遺祝〉。

美目者，必及盼睞」改作「如美貌者，必及其容色」，文末脫「明年中秋，公已參政」云云二五五字，又〈米元章〉文末脫「黃魯直」云云二十三字，又〈佛印與東坡書〉文末脫「也，又傳是王喬書」七字，且把錢世昭〈序〉：「世昭敬請其說，得數萬言，敘而集之」節略作「世昭敬請而集」。《重編說郛》本、《五朝小說》本、《五朝小說大觀》本、《學海類編》本、《說庫》本和《叢書集成初編》本所載同《古今說海》本。但《重編說郛》本、《五朝小說》本和《五朝小說大觀》本脫《古今說海》本頁十三，誤將頁十二最末一句「第二次白溝河」接至頁十四第一句「石牛行虎」；《學海類編》本〈米元章〉文末衍文「篆書刻石」四字。此外，《歷代小史》亦載之，相較於《古今說海》本，其但脫〈稱小人〉和錢世昭〈序〉，而〈岐公際遇〉未脫「明年中秋，公已參政」以下文字，並錄有〈曹南院〉一則。另，《四庫全書》本乃據《說郛》本，但未標篇目，且脫錢世昭〈序〉，並將〈善應答〉和〈謝表〉合爲一則。《舊小說》丁集錄有七則。2006 年，鄭州大象出版社以《學海類編》本爲底本，校以《說郛》本和《四庫全書》本，收入《全宋筆記》。

（三）內容

　　本書雜記所聞見者，多宋代君臣軼事，《古今說海》本載十八則，並有錢世昭〈序〉，各則要旨依次如下：宋神宗請王珪代尋名賢後代匹配其姑。賢穆公主至玉仙聖母處求嗣，有道士願得與做兒子。賢穆公主有荆雍大長公主牌印，元祐後始不鑄印。歐陽脩與妓赴宴遲到，即席填詞補償。宮女取珠花回贈王珪詩，簪不盡者則縫珪聯袖口。毛女書「東明」二字與蔡京，京後死東明寺。徐神翁謂蔡京乃魔君轉世。董德之率眾做大方石板蓋住井口，避免他人落井淹死。宋徽宗喜米芾書法而賜書學博士。佛印致書要蘇軾尋得性命所在。唐一行僧言相人之法。王安石做酒令、打字謎。燕北風俗不問士庶皆自稱小人。陳理公言賞賜漸少，賀子忱謂其邊功漸近京城。宋祁生活糜爛，兄郊派人問之是否記得上元吃虀煮飯時。宋閣使者論神宗、王安石和一己之相。張天覺以門可羅雀和屋上烏亦好表個人心境。明節劉后書遺言於領巾，其臨終時有異香音樂聞於宮殿。

二七、《遂昌山樵雜錄》一卷

（一）作者

　　元鄭元祐撰。元祐（1292～1364），字明德，自號尚左生、遂昌山樵，學

者稱遂昌先生。先祖本處州遂昌（今浙江遂昌縣）人，父希遠徙錢塘（今杭州市）。元祐幼時因乳母看顧不周，右臂脫骱，致右手無法握筆；但以左手楷書甚工，當時號稱一絕，故自稱「尙左生」。元祐天資過人，高出時人甚多，於書無所不讀，所作詩賦往往奇語驚人。元泰定帝年間，移居平江（今蘇州），自此僑居吳中近四十年，其時吳中碑碣序文多出其手，被視爲吳中學人代表。至正十七年（1357），除平江路儒學教授，後移疾去。臺省以潛德薦舉，元祐以臂疾辭。二十四年，擢浙江儒學提舉，任職九個月而卒於官〔註101〕。著有《僑吳集》、《僑吳集補遺》、《遂昌雜錄》。《新元史》卷二三八有傳。

（二）傳本

《遂昌雜錄》，一名《遂昌山樵雜錄》、《遂昌山人雜錄》。《欽定續文獻通考》卷一七九〈經籍考〉子部小說家類誤作四卷。《國史經籍志》卷四下子類小說家、《澹生堂藏書目》卷七子部小說家類、《也是園藏書目》卷五子部小說家類、《述古堂藏書目》卷五小說家類俱載二卷。《萬卷精華樓藏書記》卷九九子部小說家類、《千頃堂書目》卷一二小說家類、《澹生堂藏書目》卷七子部小說家類、《徐氏家藏書目》卷三子部小說類、《徐氏紅雨樓書目》卷三子部小說類、《補遼金元藝文志》子部小說家類、《欽定續通志》卷一六〇〈藝文略〉諸子類小說家類、《補元史藝文志》子類雜家類、《四庫全書總目》卷一四一子部小說家類、《鄭堂讀書記》卷六五子部小說家類、《持靜齋書目》卷三子部小說家類、《孫氏祠堂書目》內編卷四說部、《八千卷樓書目》卷一四子部小說家類、《莚圃善本書目》卷六下批校本子部著錄一卷。《玄賞齋書目》卷六小說類、《近古堂書目》卷上小說類、《絳雲樓書目》小說類、《海源閣書目》子部校本、《傳是樓書目》子部小說家類、《笠澤堂書目》子部小說家類、《楹書隅錄續編》卷三子部、《蕘圃藏書題識》卷六子類不著錄卷數。

《遂昌雜錄》二卷本未傳，《稗海》本和《四庫全書》本通作一卷四十五則，《讀畫齋叢書》本則分別將〈河南行省參知政事〉和〈宛丘公官至財賦副總管〉，自「民間（《讀畫齋叢書》本作「門」）竟歇泊」和「訪其鄰舊」以下分出，成四十七則。《說郛》本摘錄十五則，各則皆有標目〔註102〕，其中〈孝

〔註101〕有關鄭元祐之生平經歷，請參鄧云著：《鄭元祐研究》（杭州：浙江大學中國古代文學碩士論文，2008年）。
〔註102〕按：《說郛》本十五則之篇目，依序爲：〈禮遇儒士〉、〈鄧山房〉、〈探諜〉、〈溫

感〉一則諸本俱無，可爲補遺。《古今說海》本或據原本摘錄十八則，且內容不出《稗海》本。《續百川學海》本、《歷代小史》本、《重編說郛》本、《學海類編》本和《說庫》本所載同《古今說海》本，但《歷代小史》本脫〈林景曦行乞積銀〉、〈李信卿能相人望氣〉、〈卜杭州未來皆如所言〉三則，將〈宋神位成井口板蓋〉之「宋巨璠」改作「朱國璠」。另，《舊小說》戊集錄有九則。

（三）內容

　　《四庫全書總目・遂昌雜錄》提要：「其集以『僑吳』名，而是錄仍題曰『遂昌』，不忘本也。……書中所列人名，上猶及見宋諸遺老，下及見泰哈布哈、倪瓚、杜本，併見杜本之卒。多記宋末軼聞及元代高士名臣軼事。而遭逢世亂，亦間有憂世之言。」〔註103〕《古今說海》本載十八則，各則要旨依次如下：廉希憲禮賢下士，對叛國者則不理會。張太尉父撫元仁宗所賜玉帶而卒，是知顯宦貴祿皆有命。承天寺前賣卜者，後爲伯顏丞相先鋒。高褚從不欲見時貴人，尤平章顧拜於地以待褚延坐。溫日觀善畫葡萄，鮮于伯機父愛之而親爲準備湯浴。李太尉以宋神位成井口板蓋而感泣不已。宋有激賞庫擒盜賊、慈幼局撫幼子。賈相下斬殿帥令，士卒方出手平息火勢。林德陽行乞積銀，再賂番僧以得高宗、孝宗骸骨。倪瓚不忘舊恩，厚葬其師王文友。鄭所南自宋亡後誓不與元人交。鄧剡自宋亡後以義行著。李信卿能相人望氣，故知南方多富貴人。汪元量工詩，且多教宮人。馮夢弼遇馬黃精，卻仍逃過一劫。富初菴和元世祖卜杭州未來皆如所言。林逋墓雖經整頓，數年後又聞荒落。趙祐救廬州通判胡某而延爲子師，胡某預言趙家必有斯文顯者。

二八、《高齋漫錄》一卷

（一）作者

　　宋曾慥纂。慥（？～1155），字端伯，號至遊子，泉州晉江（今福建南安

日觀〉、〈宋家法之嚴〉、〈激賞慈幼〉、〈三胡先生〉、〈王眉叟〉、〈鄧所南〉、〈宋季高節〉、〈馬判〉、〈孝感〉、〈御史爲人捶〉、〈湖山之勝〉、〈謙抑〉。又〈探諜〉一則，《古今說海》本分作〈承天寺前賣卜者〉、〈高褚從不欲見時貴人〉二則。

〔註103〕　（清）永瑢等奉敕著：《四庫全書總目》，卷141子部51・小說家類，頁2781。

縣）人。北宋靖康初，任倉部員外郎。紹興九年（1139），秦檜當權，起爲戶部員外郎。十一年，擢大府卿，除秘閣修撰，提舉洪州玉隆觀，寓居銀峰。十四年，知虔州；十八年，移知荊南；二十二年，知廬洲，終右文殿修撰。著有《至遊子》、《類說》、《高齋漫錄》、《樂府雅詞》、《宋百家詩選》、《通鑑補遺》、《道樞》。

（二）傳本

本書《百川書志》卷八子志小說家類、《澹生堂藏書目》卷七子部小說家類、《徐氏家藏書目》卷三子部小說類、《欽定續通志》卷一六〇〈藝文略〉諸子類小說家類、《欽定續文獻通考》卷一七九〈經籍考〉子部小說家類、《四庫全書總目》卷一四一子部小說家類、《鄭堂讀書記》卷六四子部小說家類、《邵亭知見傳本書目》卷一一子部小說家類、《孫氏祠堂書目》內編卷四說部、《抱經樓藏書志》卷四七子部小說家類、《八千卷樓書目》卷一四子部小說家類著錄一卷。《徐氏紅雨樓書目》卷三子部小說類不著錄卷數。

《四庫全書總目》謂陳振孫《直齋書錄解題》載此書二卷，然今本《直齋書錄解題》未載此書，不知四庫館臣所據爲何。《說郛》本《高齋漫錄》注云二卷，當即原書卷帙，惟世尟傳本。今本《說郛》摘錄十六則，《古今說海》本乃據此出，但少〈鷩斯踢〉一則。《歷代小史》本、《學海類編》本、《說庫》本所載同《古今說海》，凡錄十五則，通作一卷。此外，四庫館臣從《永樂大典》各韻中捃撫裒輯，並據《學海類編》本參校補入，得六十則，按時代詮次，編爲一卷，《墨海金壺》本、《守山閣叢書》本皆出《四庫全書》本。《叢書集成初編》本又據《守山閣叢書》本排印，惟此一卷本亦無〈鷩斯踢〉，可據《說郛》本補其未備。另，《舊小說》丁集錄有二則。

（三）內容

《四庫全書總目‧高齋漫錄》提要是書：「上自朝廷典章，下及士大夫事蹟，以至文評、詩話、詼諧、嘲笑之屬，隨所見聞，咸登記錄。」〔註104〕《古今說海》本載十五則，各則要旨依次如下：宋太祖原欲乘勝取幽燕，後以趙普建議而班師回朝。宣仁太后施恩外家，大小咸有賞賜。術者言王安禮將爲相，後果如所言。章惇以罷相、落職忿忿不平。錢勰與蘇軾互宴餖飯與毳飯。司馬光與蘇軾論茶墨俱香。王安石因王和父而藏身於編戶家。蘇軾以笑、鳩

〔註104〕　（清）永瑢等奉敕著：《四庫全書總目》，卷 141 子部 51‧小說家類，頁 2767。

二字解，嘲王安石《字說》。祕色磁器乃越州人控燒。歐陽詢〈化度寺碑〉、虞世南〈孔子廟堂記〉和柳公權〈陰符經敘〉三碑最精。王觀文久帥而多殺。蘇軾讀《漢書》三遍。李賓王利用鄙易躬行君子人也。成郎中其貌不揚，再娶妻如菩薩。章惇不畏險，書大字於石壁。

二九、《桐陰舊話》一卷

（一）作者

宋韓元吉（1118～1187）撰。元吉，字无咎，號南澗翁，原籍眞定靈壽（今河北靈壽縣），後徙穎昌（今河南許昌市）。紹興間，曾任南劍州主簿、建安令；三十一年（1161），以右通直郎入爲司農寺主簿兼臨安行宮留守司幹辦公事。隆興元年（1163），進爲司農寺丞，同年底，除知饒州；二年，除度支郎中兼淮西宣諭司參議官。乾道元年（1165），改除考功郎；二年，進左司員外郎，後又改知江州，除大理寺卿；七年，任左司郎中提領権務都茶場兼権中書舍人；八年，除権吏部侍郎。淳熙間，出知婺州，吏部尙書，爲官淸廉，政績斐然。致仕後居江西上饒，封穎川郡公，歸老於上。著有《金國生辰語錄》、《桐陰舊話》、《愚戇錄》、《南澗甲乙》。

（二）傳本

本書《直齋書錄解題》卷七傳記類、《文獻通考》卷一九九〈經籍考〉史部傳記類、《國史經籍志》卷三史類傳記類著錄十卷。《澹生堂藏書目》卷七子部小說家類、《徐氏家藏書目》卷三子部小說類、《欽定續通志》卷一五九〈藝文略〉史類傳記類、《鄭堂讀書記》卷二三史部傳記類著錄一卷。《徐氏紅雨樓書目》卷三子部小說類不著錄卷數。

《說郛》本《桐陰舊話》注云十卷，當爲該書原帙，惟其本久佚。今本《說郛》摘錄十三則，《古今說海》本、《續百川學海》本、《歷代小史》本、《重編說郛》本、《學海類編》本、《叢書集成初編》本和《全宋筆記》本悉出此，且均作一卷，但《歷代小史》本脫〈范仲淹舉忠憲公爲相〉一則。另，《養素軒叢錄》〔註105〕亦有一卷節本，未見。

（三）內容

《四庫全書總目・桐陰舊話》提要是書：「所記韓億、韓綜、韓絳、韓繹、

〔註105〕按：《養素軒叢錄》原書未見，本論文引，俱據《中國叢書綜錄》之著錄。

韓維、韓縝雜事，共存十三條，皆其家世舊聞。以京師第門有桐木，故云《桐陰舊話》。蓋北宋兩韓氏竝盛，世以桐木韓家別於魏國韓琦云。」〔註106〕《古今説海》本載十三則，各則要旨依次如下：韓億將生，其父夢人手書「興」字，而知家門將興。韓億、韓綜棺下有泉水過，後人改以石樑架棺。韓億少貧時於莊前大石習字，遇烈日及小雨則撐傘自蔽。韓億與李康靖有同壇情誼，兩家子孫婚姻不絕。汝州守趙公欲將女妻韓億，其女後因病心痛卒，億仍具素服往哭。范仲淹舉韓億爲相，億要宋仁宗自行考察原委。韓億致書韓綜仕宦之道，書尾但書「吾押付汝」。王夫人夢一僧持蓮花五瓣餌之，其後生五子皆貴顯。韓絳鄉試、省試和殿試皆名列第三，後亦死於元祐三年三月。職方韓繹查得富家子爲娶娼而作蠱害妻。宮師韓維嘗夢巨碑上有金字書己姓名，其後徽宗書群臣姓名亦以金填之。韓縝求字於歐陽脩，脩贈「玉女」二字。韓縝使遼必索豬肉及胃臟之屬，且多讓陪者醉酒不能相揖。

三〇、《霏雪錄》一卷

（一）作者

《古今説海》本不題撰者。《國史經籍志》、《明史・藝文志》題劉績撰。

明劉績，字孟熙，先世洛陽人，徙於山陰（山西山陰縣）。生平仕宦未詳，但知活動於元末明初。著有《霏雪錄》。

（二）傳本

本書《百川書志》卷八子志小說家類著錄十卷。《莪圃藏書題識》卷五子類著錄三卷。《國史經籍志》卷四下子類小說家類、《澹生堂藏書目》卷七子部小說家類、《徐氏家藏書目》卷三子部小說類、《明史》卷九八〈藝文志〉子類小說家類、《浙江採輯遺書總錄》己集子部說家類、《四庫全書總目》卷一二二子部雜家類、《邵亭知見傳本書目》卷一〇子部雜家類、《唫香僊館書目》卷三子部雜家類、《八千卷樓書目》卷一二子部雜家類皆載二卷。《寶文堂分類書目》卷二子雜類、《徐氏紅雨樓書目》卷三子部小說類、《藏園群書經眼錄》卷八子部雜家類、《八千卷樓書目》卷一四子部小說家類著錄一卷。《玄賞齋書目》卷六小說類、《絳雲樓書目》雜記類、《欽定續文獻通考》卷一七七〈經籍考〉子部雜家類、《海源閣書目》子部校本、《拜經樓藏書題

〔註106〕 （清）永瑢等奉敕著：《四庫全書總目》，卷61史部17・傳記類存目，頁1302。

跋記》卷四、《楹書隅錄》卷三子部、《萬卷堂書目》卷三子類小說家不著錄卷數。

　　《百川書志》著錄此書爲「皇明濰陽鎦績孟熙著，原失次，今約定十卷。」〔註107〕知十卷本已爲節錄本，今存諸本更非原貌。《霏雪錄》現存最早爲明成化二十年（1484）胡謐序刊本，又臺北傅斯年圖書館藏明弘治元年（1488）巢陵張文昭補刊本不分卷，此本間有書頁殘破、字跡模糊情形，可辨者至少六百一十七則。《古今說海》本摘錄七十二則，一卷，《續說郛》本和《學海類編》本皆出此本，《叢書集成初編》本又據《學海類編》本排印。另，《四庫全書》本分上下二卷，卷上一百五十九則，卷下一百三十二則，且將《古今說海》本〈舍利有三種色〉及〈童男女髮根可試舍利眞假〉併作一則，又脫〈章草乃解散隸體所書〉以下三十二則。另，《舊小說》戊集錄有五則。

（三）內容

　　《四庫全書總目・霏雪錄》提要：「明鎦績撰。……其父渙，通《毛詩》，元時嘗爲三茅書院山長。績承其家學，故此書辨核詩文疑義，頗有根據。又及與元末諸遺老遊，故雜述舊聞，亦多有淵源。然每紀夢幻詼諧之事，頗雜小說家言。」〔註108〕《古今說海》本載七十二則，各則要旨依次如下：釋「起復」詞義。釋「化」字義。釋「琵」字音。釋「舍利」詞義。舍利有三種色，椎擊不碎。童男女髮根可試舍利眞假。宋朝授官列銜，稱行、稱守之法。「骨董」乃方言，初無定字。釋「王屋」詞義。釋長安「楊溝」之名。唐時婦女畫眉尙闊。小人言司馬光利餐錢而令《通鑑》久未成，光聞之而急結末了。明道見老鼠銜丹書從佛臍中欲出，遂持書煉丹。宋天子謁孔子廟，只行肅揖之禮。楊維楨母夢神人授金錢而吞之，後遂懷維楨。虞集母夢仙人騎鶴抱小兒來，後遂懷虞集。宋、元、明朝正殿規模不一。元朝廣寒殿內黑玉酒甕可貯酒三十餘石。粉牋書字不經久。樊時中張弓抽矢，紅巾賊應弦而斃者甚眾。虞集夢孔子要其善爲事，堅定其支持殿下即位。王冕能辨危素之文。趙松雪畫奇石供丐者夫婦身後之需。蔣氏爲聘子師而接受楊維楨所提二事。宋濂以舌爲筆，曾魯以筆爲舌。宋朝皇帝親書押字而不用印。張性虛曾見修煉致亡

〔註107〕　（明）高儒著：《百川書志》（北京：中華書局，2006 年《宋元明清書目題跋叢刊》影山右叢書初編本），卷 8，頁 750。

〔註108〕　（清）永瑢等奉敕著：《四庫全書總目》，卷 122 子部 32・雜家類，頁 2440。

者。高八畜龜數百，其子皆龜胸傴僂。某婦曾依止夜叉泥像，其所產子狀皆似夜叉。植決明者，其子姪皆跛。術士欺瞞富家子，言其能將水化銀。釋「木鱉不可服」。敷藥若有砒霜，則見血即害人。行房聞雷聲得止，否則所生子形殘體缺。釋「山水本末不同」。唐詩如帝王之味，宋詩如村野之曲。唐人詩純，宋人詩駁。唐人詠物詩於景意事情外，別有一種思致。唐人絕句有重複字，其不恤者如杜牧〈華清宮〉。唐詩有不拘韻者如王建〈涼州歌〉。章草乃漢朝史游作〈急就章〉解散隸體所書。顧因瞪目凝視所欲畫物，至意境會合。畫人物及琴囊之用色。燒火試藥金。釋吾衍述「書室中修行法」。葛可久行醫煎藥嚴謹，又擅以生辰推禍福。張乘槎按字畫成卦，言之甚準。張乘槎以「來遠」二字，知將有哀喪事。張乘槎聽滌器聲，知將有宴客事。胡僧見三僧人相，知其皆有水厄。鹹水夜動則有光。慶元汪家有首肖狗且能騰之物。虎皮、白皮、料影三種鯊能變虎。越州馮褆褙家巨鯽前足即鼠變。陸國賓見蝦蟆口吐白虹。某皮匠乃王紇九世身，至陰間與冥王質白起坑長平卒事。山東某民婦臂有物如蛟龍，一日雷電交作，其臂果有一龍飛去。某裁縫見蛇於風雨中化龍而去。張僧繇圖龍於禹廟梅樑，一夜風雨，梅樑飛入鏡湖與龍鬥。洪武年間，天樂瀛湖塘掘得肉芝。釋「菠蘿蜜樹」。釋「戴帽魚」。釋「甘草」。釋「北方黃鼠」。釋「玉面狸」。蟳與石巨皆海味佳品。釋「海扇」。釋「木棉花」。惡少誤殺行旅，故佈疑陣留下謎題，卻以「的的的」聲遭捕。釋「蝗生子」事。蘇軾妾朝雲隨其南遷。能解雀語者。

三一、《東園友聞》一卷

（一）作者

《古今說海》本不題撰者。《國史經籍志》載此書，亦不著撰人。《四庫全書總目》卷一四三子部小說家類存目謂此書乃「剽剟孫道易《東園客談》，改題此名也。」〔註109〕

元孫道易，字景周，自號映雪老人，華亭（今江蘇松江）人。生卒仕宦未詳。著有《東園客談》。

（二）傳本

本書《國史經籍志》卷四下子類小說家類著錄二卷。《澹生堂藏書目》卷

〔註109〕（清）永瑢等奉敕著：《四庫全書總目》，卷143 子部53‧小說家類存目，頁2815。

七子部小說家類、《徐氏家藏書目》卷三子部小說類、《補遼金元藝文志》子部小說家類、《欽定續通志》卷一六○〈藝文略〉諸子類小說家類、《補元史藝文志》子類雜家類、《四庫全書總目》卷一四三子部小說家類存目、《鄭堂讀書記》卷六五子部小說家類、《八千卷樓書目》卷一四子部小說家類著錄一卷。《玄賞齋書目》卷六小說類、《絳雲樓書目》雜記類、《海源閣書目》子部校本和《菦圃藏書題識》卷六子類不著錄卷數。

　　景泰丙子〔註110〕（1456）金齎重錄《東園客談》，云是書「舊凡五十帙，惜乎散逸不全，今幸存止此。」〔註111〕按：《東園客談》原書未傳，今存三十一則。《古今說海》本《東園友聞》摘錄二十二則，一卷；較之《東園客談》，各則前後順序不一。《歷代小史》本、《重編說郛》本、《學海類編》本和《叢書集成初編》本悉出《古今說海》本，但《歷代小史》本脫〈徹里諫元世祖謂桑哥納賄〉、〈元仁宗令群蛙往遷他處〉、〈宮妃宮女自殺保節〉、〈周景不滅人理〉、〈徐寶妻不欲爲賊虜侵犯〉、〈元人掘宋室陵墓〉六則，《重編說郛》本凡錄〈周公瑾有信義湯一服〉、〈虎林先生教鮮于子〉、〈胡牧仲以經學名世〉、〈徹里諫元世祖謂桑哥納賄〉、〈丘眞人以富人屋美而先毀壞〉、〈王繼學官至中書參議〉、〈陳子方不計前嫌〉、〈杜清碧釋元朝文字〉、〈上海民導卒不得窖中物而遇害〉、〈富翁諷其客親族未廣〉等十則，且另標篇目〔註112〕。

（三）內容

　　金齎謂孫道易《東園客談》所輯皆「近代臣子之忠孝，師友之恩義，婦人女子之風節，名公碩彥之言行，可法可徵者。」〔註113〕《四庫全書總目・東園客談》提要是書：「皆錄名人嘉言懿行及近代聞見諸事，以據當時友朋所書輯之，故曰『客談』。於每條下各標其名，凡錢維善、全思誠、陶宗儀、趙宣晉、夏文、彥夏、頤朱、武郭亨、邵煥、孫中晉、孫元鑄、黃琦、費圓用、楊孫、李升、曾樸、竝道易共十七人，多元之遺民也。」〔註114〕《東園

〔註110〕按：原干支作「戊子」，但景泰間無此，故逕改作「丙子」。
〔註111〕（明）孫道易輯：《東園客談》（上海：上海古籍出版社，1997 年《續修四庫全書》影中國科學院圖書館藏明抄說集本），頁 567。
〔註112〕按：《重編說郛》本十則之篇目，依序爲：〈信義湯〉、〈客談〉、〈休糧方〉、〈臺諫〉、〈丘眞人〉、〈習俗之厚〉、〈同籍〉、〈五聲韻〉、〈譎詐〉、〈族未廣〉。
〔註113〕（明）孫道易輯：《東園客談》，頁 567。
〔註114〕（清）永瑢等奉敕著：《四庫全書總目》，卷 143 子部 53・小說家類存目，頁 2815。

友聞》剽剟《東園客談》已如上述，《古今說海》本載二十二則，各則要旨依次如下：周瑜《弁陽客談》有信義湯一服。虎林先生教鮮于之子，乃教鮮于。胡牧仲以經學名世，胡汲仲則特立獨行。徹里諫元世祖謂桑哥納賄。元仁宗令群蛙往遷他處。丘眞人以富人屋美而先毀壞。王繼學官至中書參議，但仍謙虛如故。陳子方不計前嫌，與閔仲達和好如初。顧德玉領妻孩爲師守喪。劉信甫撫曹氏孤，並爲洗清冤屈。宋遭元滅，宮妃、宮女自殺保節。周景寧不爲御史，也不願滅人理。杜清碧釋元朝文字以「司」字爲首之因。李侃夫婦與縣民同禦外侮、擊退賊兵。徐寶妻不欲爲賊虜侵犯，題〈滿庭芳〉表心志後赴池水死。李唐卿不能守家業而遭祖先托夢罵撻，暴死莫救。廣微子以瓦片朱書篆投入池中，池蛙自此寂然無聲。卓鶝產三卵，其一爲鷹背狗。王起巖重禮義廉恥之教。上海民導卒不得窖中物而遇害。富翁諷其客親族未廣，故無垢衣弊屨如屠沽之親者。元人掘宋室陵墓，唐珏使人收骸骨以葬之。

三二、《拊掌錄》一卷

（一）作者

《古今說海》本引靴然子延祐元年（1314）自序，《說郛》本題元□□□號靴然子撰，至其姓氏及生平仕履，則無所知。又，《重編說郛》本和《五朝小說》本題「宋元懷」、《徐氏家藏書目》本題「宋邢居實撰」、《鄭堂讀書記》題「元人宋元懷撰」均無所本。

（二）傳本

本書《澹生堂藏書目》卷七子部小說家類、《徐氏家藏書目》卷三子部小說類、《欽定續通志》卷一六〇〈藝文略〉諸子類小說家類、《四庫全書總目》卷一四四子部小說家類存目、《鄭堂讀書記》卷六七子部小說家類、《竹崦庵傳鈔書目》子部雜家類、《八千卷樓書目》卷一四子部小說家類著錄一卷。

《拊掌錄》原書未傳，《說郛》本注云三卷，當即原書卷帙。其以叢書收入而流傳者，主要分三個系統：一是《古今說海》本系統，錄靴然子〈序〉、孫道明〈跋〉及文三十五則，《重編說郛》本、《五朝小說》本、《五朝小說大觀》本、《學海類編》本和《叢書集成初編》本悉出此。但《重編說郛》本和《五朝小說》本脫〈李覯不喜佛和孟子〉、〈「阿房宮賦」道天下人不敢言之事〉、〈川官面大如西字〉、〈吳中士人好託顯位成習〉、〈昌州海棠獨香〉五則。

《五朝小說大觀》本脫〈朱昂不將「老」字與楊大年〉、〈李覯不喜佛和孟子〉、〈銅器與書無法當飯吃〉、〈黃魯直言贈四兩乾艾〉、〈歐陽修云上罪之事已做〉、〈「阿房宮賦」道天下人不敢言之事〉、〈川官面大如西字〉、〈吳中士人好託顯位成習〉、〈昌州海棠獨香〉九則。《學海類編》本脫靦然子〈序〉，又〈銅器與書俱無法當飯吃〉文末衍文「物各聚於所好信然」八字，〈體貌大〉文末衍文「聞者莫不絕倒」六字，〈吳中士人好託顯位成習〉文末衍文「然附託顯位者，何止此一士人也」十三字，當是編者按語。二是《說郛》本系統，錄靦然子〈序〉並文二十四則，各則均有標目〔註115〕，〈講論語〉、〈假作僧道〉、〈署吏爲聖人〉、〈燒裙〉、〈風流骸骨〉、〈春帖子〉、〈出汗方〉、〈禽言〉、〈雪詩〉、〈置帽僧頭〉、〈匍匐圖〉、〈換羊書〉、〈厥撒太尉〉、〈茶〉、〈獨步〉、〈賊詩〉十六則未見於《古今說海》本系統，又〈木野狐草大蟲〉敘述較爲詳細。三是《歷代笑話集》本系統，取《雪濤諧史》本並《古今說海》本和《說郛》本不重覆之條目，凡錄靦然子〈序〉及文五十一則。另，《養素軒叢錄》本錄有一卷節本，未見；《舊小說》戊集錄有十三則，且另外標目。

（三）內容

　　《四庫全書總目・拊掌錄》提要是書：「所記皆一時可笑之事。」〔註116〕據靦然子〈序〉，知其乃觀諸家雜說，暇日裒集而成。《古今說海》本摘錄三十五則，書前有靦然子〈序〉，書末附至正丙戌（1346）孫道明跋，各則要旨依次如下：相者言王祚近一百二十歲之年將腸胃不適，祚謂子孫是年莫與冷湯水吃。司馬光奏請斬殺王廣淵，滕元發戲弄其說皇帝已批准。棋枰如木野狐之媚人，茶籠如草大蟲之傷人。費孝先用畫卜人謂之卦影，米芾好怪而被目爲活卦影。劉攽因沈括沐浴而哭謂「盆成括」。石中立和楊億「好把長鞭便一揮」詩。歐陽脩不重佛，故以僧哥爲賤名。朱昂不將「老」字與楊億。李覯不喜佛和孟子，有爲喝其藏酒者而批評二人。銅器與書無法當飯吃。黃庭堅見他人詩作，言贈四兩乾艾即可。體貌大臣，貴老爲其近於親。李廷彥爲

〔註115〕按：《說郛》本二十四則之篇目，依序爲：〈卜者許壽〉、〈講論語〉、〈假作僧道〉、〈署吏爲聖人〉、〈燒裙〉、〈依卿所奏〉、〈風流骸骨〉、〈春帖子〉、〈木野狐草大虫〉、〈活卦影〉、〈出汗方〉、〈盆成括〉、〈禽言〉、〈雪詩〉、〈鄙詩〉、〈置帽僧頭〉、〈匍匐圖〉、〈作犯徒以上罪詩〉、〈換羊書〉、〈厥撒太尉〉、〈茶〉、〈獨步〉、〈嗜燒鍊〉、〈賊詩〉。

〔註116〕（清）永瑢等奉敕著：《四庫全書總目》，卷144子部54・小說家類存目，頁2850。

求對仗而捏造兄弟皆亡事。歐陽脩：「酒粘衫袖重，花壓帽檐偏」表上罪之事已做。黃裳酷嗜燒煉，晚年喻諸子曰死後以大缸存之。許義方妻言自丈夫外出即閉門自守，所作詩卻有招鄰僧閒話事。孫莘、孫巨源爲大、小鬍孫學士。大丞相再從姪某嘗遊，混元皇帝三十七代孫李璋繼至。蘇軾言章惇腹中都是謀反事。士子力勸撤去宴中樂及妓，少年謂其敗一席之歡。杜牧〈阿房宮賦〉道天下人不敢言而敢怒事。半看佛面，少來看孔夫子面。《字説》有二三分不合人意處，張耒有七八分不解事。宦官謂宋孝宗曰川官面大如西字。王錫老買沒字碑。張耒嘲蘇軾「白墮」所用不當，軾譏之要留心曹僕偷酒器。宋哲宗因宗子作〈即事詩〉而不須灼艾。安鴻漸以「以帕拭乾」和「水出高原」巧答其妻之疑。石延年微行娼館遭逮。吳中士人好託顯位成習。某妓美而舉止生硬，土人謂之生張八。張丞相不識己書之草書。彭幾以昌州海棠獨香而爲佳郡。石延年墮馬而慶幸爲石學士、非瓦學士。王榮老獻黃庭堅草書扇而得平息江浪。

第八章 《古今說海》「說纂部」
── 逸事家、散錄家、雜纂家之研究

    《古今說海》「說纂部」逸事家六卷、散錄家六卷、雜纂家十一卷，總二十三卷。逸事家和散錄家每部書一卷，雜纂家除《雜纂》分上、中、下三卷外，其餘各書亦通作一卷。據《雜纂》各卷著錄，係分別題由唐李義山、宋王君玉和蘇子瞻編纂，或以書名相同，或以續纂淵源，致使宋元以來多並置刊刻。但以《雜纂》三卷之編者互不相同，知各卷皆獨立著作，而當視爲三部書。因此，《古今說海》「說纂部」實包括二十三部書。今將各家各書情形略予考述如後。

逸事家

    《史通・雜述》云：「逸事者，皆前史所遺，後人所記，求諸異說，爲益實多。及妄者爲之，則苟載傳聞而無銓擇。由是眞僞不別，是非相亂。如郭子橫之《洞冥》，王子年之《拾遺》，全構虛辭，用驚愚俗。此其爲弊之甚者矣。」浦起龍注「逸事」云：「此謂掇拾之書，可補史遺。」〔註1〕《古今說海》「說纂部」逸事家錄《漢武故事》、《艮嶽記》、《青溪寇軌》、《煬帝海山記》、《煬帝迷樓記》和《煬帝開河記》六部書，每書一卷。今介紹如下：

〔註1〕 （唐）劉知幾著，（清）浦起龍釋，（清）趙焯舉例舉要：〈雜述〉，《史通通釋》（臺北：世界書局，1962年），卷10，頁131〜132。

一、《漢武故事》一卷

（一）作者

　　《古今說海》本不題撰者。《隋書・經籍志》、《舊唐書・經籍志》、《新唐書・藝文志》均不題撰人。《崇文總目》、《宋史・藝文志》題班固（32～92）撰。《郡齋讀書志》引唐張柬之〈書洞冥記後〉之說作王儉（452～489）撰，《四庫全書總目》和《四庫提要辨證》皆贊成此說。孫詒讓《札迻》卷一一據〈西京雜記序〉，疑是書出葛洪（284～363）之手。蓋本書作者，歷來至少有班固、葛洪和王儉三種說法，惜皆有疑竇〔註2〕；縱使題無名氏撰，但對其所處時代，仍眾說紛紜〔註3〕，未有定論。

（二）傳本

　　《漢武故事》，一名《漢武帝故事》。《崇文總目》卷三雜史類、《中興館閣書目》史部故事類、《宋史》卷二三〇〈藝文志〉故事類著錄五卷。《隋書》卷三三〈經籍志〉史部舊事類、《舊唐書》卷四六〈經籍志〉乙部史錄起居注類、《新唐書》卷五八〈藝文志〉乙部史錄故事類、《郡齋讀書志》卷二下傳記類、《通志》卷六五〈藝文略〉子類故事類、《文獻通考》卷一九八〈經籍考〉史部傳記類、《澹生堂藏書目》卷四史部典故類、《絳雲樓書目》史傳記類、《也是園藏書目》卷二史部故事類、《讀書敏求記》卷二傳記類、《讀書敏求記校證》卷二中傳記類著錄二卷。《徐氏家藏書目》卷三子部小說類、《徐氏紅雨樓書目》卷三子部小說類、《鄭堂讀書記》卷六六子部小說家類、《邵亭知見傳本書目》卷一一子部小說家類、《持靜齋書目》卷三子部小說家類、《孫氏祠堂書目》內編卷四說部、《稽瑞樓書目》、《述古堂藏書目》卷三雜史類、《八千卷樓書目》卷一四子部小說家類著錄一卷。《遂初堂書目》雜傳類、

〔註2〕歷來探討《漢武故事》作者之論頗多，惜至目前尚未有共識，如指班固、王儉和葛洪之誤者，可參見劉化晶撰：〈漢武故事的作者與成書時代考〉，《瀋陽師範大學學報（社會科學版）》第30卷第2期（2006年第2期），頁65～66。

〔註3〕如黃廷鑒以《漢武故事》作者乃漢成帝、哀帝間人，李占鋒、黃大宏認為是漢成帝時的方士所作，劉文忠則主張是建安前後之人。文見（清）黃廷鑒著：〈重輯漢武故事跋〉，《第六絃溪文鈔》（臺北：新文豐出版公司，1985年《叢書集成新編》據知不足齋叢書本排印），卷3，頁196；李占鋒、黃大宏撰：〈漢武故事的作者考述〉，《襄樊職業技術學院學報》第8卷第4期（2009年7月），頁122～125和劉文忠撰：〈漢武故事寫作時代新考〉，《中華文史論叢》總30輯（1984年第2輯），頁291～298。

《寶文堂分類書目》卷二子雜類、《玄賞齋書目》卷二傳記類和《清吟閣書目》卷一不著錄卷數。

昌彼得謂原書二篇，隋唐均作二卷，自宋初析分爲五卷〔註4〕，惜原書未傳。今傳《說郛》本《漢武故事》（《說郛》本題《漢孝武故事》）即自五卷本節錄，《古今說海》本又據此出，一卷，但將《說郛》本「相士姚少翁善相人」改作「相工姚翁善相人」，「善徵其意而後應之」改作「善徵其意而應之」。《豔異編》卷六宮掖部、《歷代小史》本、《古今逸史》本、《四庫全書》本、《說庫》本和《叢書集成初編》本所載同《古今說海》。另，《稗乘》本雖亦載，但刪削情形嚴重，且改書名作《漢武事略》。後人重輯者有《經典集林》本、《玉函山房輯佚補編》本和《古小說鉤沈》本，其中以《古小說鉤沈》本較佳，但未採錄一卷本殘文。又，《粵雅堂叢書》和《十萬卷樓叢書》中之《續談助》所收《漢武故事》，則採條列方式著錄十五則。

（三）內容

敘漢武帝從乙酉年（156 B.C.）七月七日生於猗蘭殿，至死後葬於茂陵之一生故事。內容「多與《史記》、《漢書》武帝本紀相出入；遺聞軼事，則爲一般載籍所無。」〔註5〕觀是書之重要情節有：王皇后夢日入懷而生武帝。武帝爲膠東王時言當金屋藏嬌。皇后與女巫寢居如夫婦而遭廢。武帝夢子夫中庭生梓樹而幸之。李少翁施法讓武帝得見亡者李夫人。公孫弘勸武帝不成而以死明志。武帝起柏梁臺安置神君。霍去病拒與神君交接而後亡。短人對武帝言東方朔乃竊西王母蟠桃之賊。武帝向東方朔求術不成而贈二十宮人。長陵徐氏傳東方朔術致朝中淫亂。方士欒大以不能除公主妖氣遭腰斬。武帝修明光宮置燕趙美女。武帝於河間空館得拳夫人。武帝年六十仍有少容。武帝託霍光立拳夫人之子爲太子。武帝初死而幸之如平生。

二、《艮嶽記》一卷

（一）作者

宋張淏撰。淏，字清源，號雲谷，本河南開封人，後僑居婺州（今浙江金華市），生卒年不詳。寧宗慶元二年（1196）預鄉試選，尋以蔭補官，後詮

〔註4〕昌彼得著：《說郛考》（臺北：文史哲出版社，1979年），頁290。
〔註5〕王國良著：《魏晉南北朝志怪小說研究》（臺北：文史哲出版社，1984年），頁335。

試吏部，累官主管尚書吏部架閣文字，積階奉議郎，守太社令致仕〔註6〕。著有《雲谷雜記》、《會稽續志》、《艮嶽記》。

（二）傳本

本書《寶文堂分類書目》卷二子雜類、《國史經籍志》卷四下子類小說家類、《徐氏家藏書目》卷三子部小說類、《欽定續通志》卷一五九〈藝文略〉史類地理類、《鄭堂讀書記·補逸》卷一一史部地理類、《八千卷樓書目》卷六史部地理類著錄一卷。

《艮嶽記》原為《雲谷雜記》其中一篇，篇目作〈壽山艮嶽〉。今傳以單篇別行者，皆以叢書收入而流傳，且悉出《古今說海》本；《歷代小史》本、《重編說郛》本、《五朝小說》本、《五朝小說大觀》本和《中國內亂外禍歷史叢書》本皆據此出。另，《無一是齋叢鈔》本亦載一卷，未見。

（三）內容

《四庫全書總目·艮嶽記》提要是書：「取徽宗御製《艮嶽記》及蜀僧祖秀所作《華陽宮記》，各摭其略。首敘朱勔擾民之事。又稱越十年，金人南侵，臺樹宮室悉皆拆毀，官不能禁。其大意亦與祖秀同耳。」〔註7〕按：本書內容主要分為壽山艮嶽始末、宋徽宗《艮嶽記》和祖秀《華陽宮記》三部分。其中，壽山艮嶽始末與祖秀《華陽宮記》皆敘宋徽宗為使皇嗣繁衍，信從堪輿者建議，增高京城東北方地勢。後又大興土木，行築山工程，號為壽山艮嶽。時有朱勔為獻貢怪石異花，乃召百姓上山下海搜求，擾民尤多。待六年後造成，珍禽異獸，飛樓傑觀，皆聚於此，呼曰萬壽山。建後十年，金人進犯，時以大雪盈尺，亭榭宮室悉被拆作柴薪，而官亦不能禁。另，宋徽宗《艮嶽記》所載著重其亭臺樓閣、奇珍異草之刻劃，可為瞭解艮嶽之參考。

三、《青溪寇軌》一卷

（一）作者

宋方勺著〔註8〕。勺（1066～？），字仁聲，晚號泊宅村翁，婺州金華（今

〔註6〕 請參（明）鄭柏著：〈宋張翃傳〉，《金華賢達傳》（臺南：莊嚴文化事業出版社，1996 年《四庫全書存目叢書》影湖北省圖書館藏清康熙 47 年（1708）鄭璧刻本），卷 6，頁 50。

〔註7〕 （清）永瑢等奉敕著：《四庫全書總目》（臺北：藝文印書館，1989 年），卷72 史部 28·地理類存目，頁 1501。

〔註8〕 關於《青溪寇軌》之作者問題，過去以其內容出方勺《泊宅編》，故皆題為宋

浙江金華市）人。徽宗時，曾任朱行中幕僚，隨往各地任職。爲人超然遐舉，神情散朗。晚年移居浙江吳興泊宅村，寄情山水，篤信佛老，以詩文自娛。著有《泊宅編》、《青溪寇軌》、《雲茅漫錄》。

（二）傳本

本書《寶文堂分類書目》卷二子雜類、《國史經籍志》卷四下子類小說家類、《澹生堂藏書目》卷四史部雜史類、《徐氏紅雨樓書目》卷三子部小說類、《鄭堂讀書記》卷一九史部雜史類、《竹崦庵傳鈔書目》史部雜史類、《八千卷樓書目》卷四史部雜史類著錄一卷。

今傳《青溪寇軌》皆以叢書收入而流傳，且悉出《古今說海》本，《續百川學海》本、《重編說郛》本、《學海類編》本、《金華叢書》本、《叢書集成初編》本和《全宋筆記》本皆據此，又，《金華叢書》本卷首附錄同治九年（1870）胡鳳丹重刻〈青溪寇軌序〉。

（三）內容

《四庫全書總目·青溪寇軌》提要是書：「記宣和二年青溪妖寇方臘作亂，童貫、譚稹等討平之事。」〔註9〕按：《青溪寇軌》內容間及唐永徽四年（653）陳碩眞造反事，說明睦州居民起兵乃有前例可循。又以東漢五斗米教爲例，強調青溪知縣陳光不治賊被戮是方臘坐大之因。文末附論二則，其一追述魔教之始，不署姓名。其一署曰容齋，追敘致亂之故甚詳，併載韓世忠時爲王淵神將，入賊穴擒方臘事。

四、《煬帝海山記》一卷

（一）作者

《古今說海》本不題撰者。《說郛》本《海山記》題唐闕名撰。《四庫全

方勺著。凌郁之考《青溪寇軌》僅四段文字，兩段出自《泊宅編》，一段出自莊綽《雞肋篇》，一段是「容齋逸史曰」，認爲《泊宅編》第一、二與第四段雖出二書，但賴第三段「容齋逸史曰」而得合爲一體，故此四段文字非平行關係，當統攝於「容齋逸史口」。由於凌郁之主張「容齋逸史」非爲書名，而該理解爲人名（號），且即爲《容齋隨筆》作者洪邁。最後歸結《青溪寇軌》乃洪邁在乾道、淳熙年間主持修纂《四朝國史》之際，爲備修史而輯集的一件史料文本。詳論請參凌郁之撰：〈青溪寇軌作者平質〉，《古籍整理研究學刊》第 5 期（2008 年 9 月），頁 20～23。由於「容齋逸史」之爲人名或書名，學界仍未有定論，故關於作者問題，仍沿舊說。

〔註 9〕 （清）永瑢等奉敕著：《四庫全書總目》，卷 52 史部 8·雜史類存目，頁 1121。

書總目》以此書與《迷樓記》、《開河記》皆似出一人之手,乃宋人僞託。魯迅以《海山記》、《開河記》、《迷樓記》三書與《大業拾遺記》相類,而敘述稍詳,顧時雜俚語,文采遜矣。又《海山記》已見於《青瑣高議》,自是北宋人作,餘當亦同〔註10〕。李劍國則認爲《海山記》、《開河記》、《迷樓記》「分記隋煬三事,鮮有重複,風格一致,當出同一人。《說郛》云《海山記》唐闕名撰,陶宗儀多見唐宋古本,必有據。……今按隋煬之事晚唐盛傳,文士頗喜道之,羅隱嘗有〈迷樓賦〉(見下),高彥休《唐闕史》佚文〈煬帝縱魚〉事同《海山記》所載者,李匡義《資暇集》卷下云麻祜開汴河(見下),洵爲唐人作。」〔註11〕郭紹林以《海山記》於兩《唐書》等唐代典籍未見著錄、不避唐帝王諱、歌頌宦官不合唐代世情、煬帝所作〈望江南〉詞是北宋才有的雙調作品,主張《海山記》絕非唐代作品〔註12〕。曾軼靜從《海山記》之行文風格與唐傳奇有較大差異,體現出宋代傳奇的一些新特點,支持《海山記》爲北宋作品之說〔註13〕。章培恒先考辨《大業拾遺記》乃北宋作品,再從文中不避唐諱之事實,和隋煬帝遇見陳後主事前後失於照應,實乃該事已先見於《大業拾遺記》,及宋人亦可能有喜道隋煬帝事者,認爲《海山記》係北宋人所作〔註14〕。2009 年,李劍國再舉實例說明唐人在寫作時並非遇諱非避不可,又《海山記》中確實有避唐人諱「治」字的詞語,申述其作者必爲唐人之結論〔註15〕。由於學界對《海山記》之該斷代於唐抑宋,迄今仍多分歧、未有定論,《古今說海》之不題撰者,或即是對此不確定答案的解決方式。

(二)傳本

《煬帝海山記》,一名《海山記》、《隋煬帝海山記》。《國史經籍志》卷四

〔註10〕 魯迅著:《中國小說史略》(香港:三聯書局,1996 年),頁 109。

〔註11〕 李劍國著:《唐五代志怪傳奇敘錄》(天津:南開大學出版社,1993 年),頁 895～896。

〔註12〕 詳論請參郭紹林撰:〈舊題唐代無名氏小說海山記著作朝代及相關問題辨正〉,《洛陽師專學報》第 17 卷第 1 期(1998 年 2 月),頁 57～62。

〔註13〕 曾軼靜著:《隋唐至明末隋煬帝題材小說研究》(廣州:暨南大學中國古代文學碩士論文,2008 年),頁 6～11。

〔註14〕 詳論請參章培恒撰:〈大業拾遺記、梅妃傳等五篇傳奇的寫作時代〉,《深圳大學學報(人文社會科學版)》2008 年第 1 期,頁 106～108。

〔註15〕 詳論請參李劍國撰:〈大業拾遺記等五篇傳奇寫作時代的再討論〉,《文學遺產》2009 年第 1 期,頁 21～23。

下子類小說家類、《澹生堂藏書目》卷四史部記傳類、《述古堂書目》卷三雜史類、《徐氏家藏書目》卷三子部小說類、《徐氏紅雨樓書目》卷三子部小說類、《也是園藏書目》卷五子部小說家類、《鄭堂讀書記》卷六三子部小說家類、《四庫全書總目》卷一四三子部小說家類存目、《持靜齋書目》卷三子部小說家類、《孫氏祠堂書目》卷四說部、《八千卷樓書目》卷一四子部小說家類著錄一卷。

　　本書先載於《青瑣高議・後集》卷五，分上下兩篇，上篇題下注：「記煬帝宮中花木」，下篇注：「記煬帝後苑鳥獸」，前並有序云：「余家世好蓄古書器，惟煬帝事詳備，皆他書不載之文。乃編以成記，傳諸好事者，使聞其所未聞故也。」〔註16〕《說郛》本《海山記》亦載此序，文字稍異，正文不分上下篇，且與《青瑣高議・後集》內容頗有差異。《古今說海》本所據出此，惟刪去原序，又稍改部分字句，如將「隋煬帝生于仁壽二年，有紅光，竟天宮中，甚驚，是時牛馬皆鳴。帝母先夢龍出身中，飛高十餘里，龍墜地，尾輒斷，以其事奏於文帝，帝沉吟默然不答。帝三歲戲於文帝前，文帝抱之臨軒，愛玩視之甚久」改作「隋煬帝生時有紅光，燭天里中，牛馬皆鳴。先是獨孤后夢龍出身中，飛高十餘里，龍墜地，尾輒斷，以告文帝，帝沉吟默塞不答。帝三歲戲於文帝前，文帝抱之，玩視甚久」。《豔異編》卷九宮掖部、《歷代小史》本、《古今逸史》本、《重編說郛》本、《五朝小說》本、《五朝小說大觀》本、《唐人說薈》本、《唐代叢書》本、《無一是齋叢鈔》本、《舊小說》乙集和《叢書集成初編》本所載同《古今說海》本，但《唐人說薈》本、《唐代叢書》本、《無一是齋叢鈔》本和《舊小說》妄題唐韓偓撰。另，《唐宋傳奇集》本亦分上下篇，行文敘述近《說郛》本，但於「詔天下境內所有鳥獸草木，驛至京師」句下，增加銅臺、陳留、青州、南留、蔡州、酸棗、揚州、江南、湖南、閩中、廣南、易州等地進獻果木內容。

（三）內容

　　本書載隋煬帝楊廣出生至隋朝滅亡之逸事瑣聞。先敘楊廣生時有異象，後得楊素幫助，矯立詔命繼位為帝。楊素自恃有功，見煬帝多呼之為郎君，抑制煬帝多欲作為。楊素死後，煬帝大興西苑，擇宮中佳麗實之，並鑿五湖於其間，供賞玩遊樂。末以侏儒王義奏文，歷數煬帝奢華豪靡、剛愎自用，

〔註16〕　（宋）劉斧編：《青瑣高議・後集》（臺南：莊嚴文化事業出版社，1995 年《四庫全書存目叢書》影南京圖書館藏清紅藥山房鈔本），卷5，頁 77。

致民不聊生等罪過，並以煬帝遇害死作結。此外，文中間及陳後主相遇煬帝於泛舟間，告以一年後在吳公臺下見；明霞院中玉李茂於楊梅，故宮中惡梅好李；及院妃慶兒睡中驚魘，見煬帝坐烈焰於第十院中諸事。

五、《煬帝迷樓記》一卷

（一）作者

《古今說海》本不題撰者。《說郛》本《迷樓記》亦不著撰人。《四庫全書總目》以此書與《海山記》、《開河記》皆似出一人之手，乃宋人僞託。魯迅以《海山記》、《開河記》、《迷樓記》三書與《大業拾遺記》相類，而敘述稍詳，顧時雜俚語，文采遜矣。又《海山記》已見於《青瑣高議》，自是北宋人作，餘當亦同〔註17〕。李劍國則以《海山記》、《開河記》、《迷樓記》「分記隋煬三事，鮮有重複，風格一致，當出同一人。《說郛》云《海山記》唐闕名撰，陶宗儀多見唐宋古本，必有據。……今按隋煬之事晚唐盛傳，文士頗喜道之，羅隱嘗有〈迷樓賦〉（見下），高彥休《唐闕史》佚文〈煬帝縱魚〉事同《海山記》所載者，李匡義《資暇集》卷下云麻祜開汴河（見下），洵爲唐人作。」〔註18〕曾軼靜從《迷樓記》之行文風格與唐傳奇有較大差異，體現出宋代傳奇的一些新特點，支持《迷樓記》爲北宋作品之說〔註19〕。賀淑芳綜合近代諸家說法，根據宋代叢書輯錄內容，認爲《迷樓記》所敘述部分內容，最遲在北宋宣和時就已經流傳，但眞正撰述成書並取《迷樓記》這一書名，則要到南宋理宗淳祐六年（1246）以後、元代陶宗儀編成《說郛》以前，而結論《迷樓記》乃南宋、元代的作品〔註20〕。章培恒先考辨《大業拾遺記》乃北宋作品，再舉篇中不避唐人諱、有非唐人語氣之詞句和避宋太祖諱之情形，認爲《迷樓記》出於宋人之手〔註21〕。2009 年，李劍國再舉實例說明唐人在寫作時並非遇諱非避不可，且唐代作品中，以「鑒」爲「鏡」的例證不在少數，不能認爲是宋人避諱，又唐人亦有「浙」的地區概念，申述《迷樓

〔註17〕 魯迅著：《中國小說史略》，頁 109。

〔註18〕 李劍國著：《唐五代志怪傳奇敘錄》，頁 895～896。

〔註19〕 曾軼靜著：《隋唐至明末隋煬帝題材小說研究》，頁 6～11。

〔註20〕 詳論請參賀淑芳著：《由唐迄宋的迷樓研究——迂迴與幻象》（臺北：政治大學中國文學研究所碩士論文，2008 年），頁 61～71。

〔註21〕 詳論請參章培恒撰：〈大業拾遺記、梅妃傳等五篇傳奇的寫作時代〉，頁 107～108。

記》乃唐人作品之結論〔註 22〕。由於學界對《迷樓記》之該斷代於唐抑宋，迄今仍多分歧、未有定論，《古今說海》之不題撰者，或即是對此不確定答案的解決方式。

（二）傳本

《煬帝迷樓記》，一名《迷樓記》、《隋煬帝迷樓記》。《百川書志》卷五史志傳記類、《國史經籍志》卷四下小說家類、《澹生堂藏書目》卷四史部記傳類、《徐氏家藏書目》卷三子部小說類、《徐氏紅雨樓書目》卷三子部小說類、《也是園藏書目》卷五子部小說家類、《四庫全書總目》卷一四三子部小說家類存目、《鄭堂讀書記》卷六三子部小說家類、《持靜齋書目》卷三子部小說家類、《孫氏祠堂書目》卷四說部、《述古堂書目》卷三雜史類、《八千卷樓書目》卷一四子部小說家類著錄一卷。《寶文堂分類書目》卷二子雜類、《玄賞齋書目》卷二雜史類和《絳雲樓書目》雜史類不著錄卷數。

此書原本未傳，今傳悉自《說郛》節本出，《古今說海》本乃據此，但改部分文句，如將「詔而問之，項昇曰：『臣乞先奏圖本』……幽窗曲室」改作「詔而問之，昇曰：『臣乞先進圖本』……幽房曲室」。《豔異編》卷九宮掖部、《歷代小史》本、《古今逸史》本、《重編說郛》本、《五朝小說》本、《五朝小說大觀》本、《唐人說薈》本、《唐代叢書》本、《無一是齋叢鈔》本、《香豔叢書》本、《舊小說》乙集和《叢書集成初編》本所載同《古今說海》本，但《唐人說薈》本、《唐代叢書》本、《無一是齋叢鈔》本和《舊小說》妄題唐韓偓撰，《香豔叢書》本改末句「非偶然也」為「非無有也」。另，《唐宋傳奇集》本所引據《說郛》本。

（三）內容

《四庫全書總目·迷樓記》提要是書：「載煬帝幸江都，唐帝入京見迷樓云云。竟以迷樓為在長安，乖謬殊甚。」〔註 23〕按：本書載隋臣項昇築迷樓供煬帝臨幸用而獲官爵，並有何稠、上官時獻御童女車、轉關車、烏銅屏而獲千金事。再有侏儒王義雖勸煬帝當日近善人，勿沉湎聲色遊宴，卻因煬帝荒淫無度，致國破家亡，迷樓亦於唐太宗陷長女時遭焚燬。

〔註22〕 詳論請參李劍國撰：〈大業拾遺記等五篇傳奇寫作時代的再討論〉，頁 21～24、26。
〔註23〕 （清）永瑢等奉敕著：《四庫全書總目》，卷 143 子部 53·小說家類存目，頁 2811。

六、《煬帝開河記》一卷

（一）作者

《古今說海》本不題撰者。《說郛》本《開河記》亦不著撰人。《四庫全書總目》以此書與《海山記》、《迷樓記》皆似出一人之手，乃宋人僞託。魯迅以《海山記》、《開河記》、《迷樓記》三書與《大業拾遺記》相類，而敘述稍詳，顧時雜俚語，文采遜矣。又《海山記》已見於《青瑣高議》，自是北宋人作，餘當亦同〔註24〕。李劍國則以《海山記》、《開河記》、《迷樓記》「分記隋煬三事，鮮有重複，風格一致，當出同一人。《說郛》云《海山記》唐闕名撰，陶宗儀多見唐宋古本，必有據。……今按隋煬之事晚唐盛傳，文士頗喜道之，羅隱嘗有〈迷樓賦〉（見下），高彥休《唐闕史》佚文〈煬帝縱魚〉事同《海山記》所載者，李匡義《資暇集》卷下云麻祜開汴河（見下），洵爲唐人作。」〔註25〕曾軼靜根據《開河記》之行文風格與唐傳奇有較大差異，體現出宋代傳奇的一些新特點，支持《開河記》爲北宋作品之說〔註26〕。章培恒先考辨《大業拾遺記》乃北宋作品，再舉篇中不避唐人諱，和記敘袁寶兒方式是將其視爲讀者熟悉之人物，又最早介紹袁寶兒者爲《大業拾遺記》，及「睢陽有王氣出，後五百年當有天子興」之說實指趙匡胤，且唯有宋代以後之人能據已發生之歷史事實造此預言，認爲《開河記》之作晚於《大業拾遺記》。復以南宋《遂初堂書目》已著錄此書，則《開河記》之出現不能遲於宋代〔註27〕。2009 年，李劍國再舉實例說明唐人在寫作時並非遇諱非避不可，又「睢陽有王氣出，後五百年當有天子興」之說不僅爲地域上的巧合，且五百之數與實際情形相差甚多，不當理解爲宋人之典故。輔以篇中所述「濠寨使」，唐末五代宋初皆有此官，但至晚在僖宗中和三年即有之，而結論《開河記》當出於唐僖、昭、哀宗之間〔註28〕。由於學界對《開河記》之該斷代於唐抑宋，迄今仍多分歧、未有定論，《古今說海》之不題撰者，或即是對此不確定答案的解決方式。

〔註24〕 魯迅著：《中國小說史略》，頁 109。

〔註25〕 李劍國著：《唐五代志怪傳奇敘錄》，頁 895～896。

〔註26〕 曾軼靜著：《隋唐至明末隋煬帝題材小說研究》，頁 6～11。

〔註27〕 詳論請參章培恒撰：〈大業拾遺記、梅妃傳等五篇傳奇的寫作時代〉，頁 108。

〔註28〕 詳論請參李劍國撰：〈大業拾遺記等五篇傳奇寫作時代的再討論〉，頁 21～26、28。

（二）傳本

《煬帝開河記》，一名《開河記》、《隋煬帝開河記》。《宋史》卷二○四〈藝文志〉史類地理類、《澹生堂藏書目》卷四史部記傳類、《徐氏家藏書目》卷三子部小說類、《徐氏紅雨樓書目》卷三子部小說類、《也是園藏書目》卷五子部小說家類、《四庫全書總目》卷一四三子部小說家類存目、《鄭堂讀書記》卷六三子部小說家類、《持靜齋書目》卷三子部小說家類、《孫氏祠堂書目》卷四說部、《述古堂書目》卷三雜史類、《八千卷樓書目》卷一四子部小說家類著錄一卷。《遂初堂書目》雜史類、《玄賞齋書目》卷二雜史類和《絳雲樓書目》雜史類不著錄卷數。

此書原本未傳，今傳悉自《說郛》節本出，《古今說海》本亦據此，但將「卞渠上源傳舍」下雙行小注「傳舍驛名，因卞渠此處起首，故號卞渠上源也」十八字刪削，且改部分文句，如將「歌楊柳枝詩……朕爲陳王時，守鎮廣陵，且夕遊賞。當此之時，以雲烟爲美景，視榮貴若深冤，豈其久有臨軒萬機在躬」改作「歌楊柳枝詞……朕昔征陳主時，遊此，豈期久有臨軒萬機在躬」。《歷代小史》本、《古今逸史》本、《重編說郛》本、《五朝小說》本、《五朝小說大觀》本、《唐人說薈》本、《唐代叢書》本、《無一是齋叢鈔》本、《舊小說》乙集和《叢書集成初編》本所載同《古今說海》本，但《唐人說薈》本、《唐代叢書》本、《無一是齋叢鈔》本、《舊小說》妄題唐韓偓撰。另，《唐宋傳奇集》本所引據《說郛》本。

（三）內容

《四庫全書總目·開河記》提要是書：「述麻叔謀開汴河事。」〔註29〕按：本書載隋煬帝欲遊幸江都而令麻叔謀鑿汴河，卻遇諸多怪事：如大金仙墓中有麻叔謀將其改葬高原銘文，張良還贈煬帝進獻白璧，和狄去邪入隱士墓而知煬帝前身爲老鼠事。再有叔謀爲達目的而役民夫致死達數百萬，及其生性貪婪，私受百姓三千兩黃金等記載。待運河完工，煬帝乘龍舟順江而下，卻因部分地區水淺河窄，船行不得，故下令倒埋兩岸民夫爲抱沙鬼。最後爆發叔謀私藏白璧、食饌小兒和私受民金等事，終遭腰斬於河側。

〔註29〕　（清）永瑢等奉敕著：《四庫全書總目》，卷143子部53·小說家類存目，頁2811。

散錄家

　　《古今說海》「說纂部」散錄家凡六卷，每卷一部書，或以「雜錄」、「漫抄」、「漫筆」、「閒抄」、「閒錄」命名，言其皆隨筆漫錄作品，係摘取前賢諸作集成，間或在文末注云出處，頗類於小說選集。若按照各書性質以觀，有雜錄小說者，如《江行雜錄》、《避暑漫抄》、《養痾漫筆》、《虛谷閒抄》、《蓼花洲閒錄》；有雜史作品，如《行營雜錄》。今介紹如下：

一、《江行雜錄》一卷

（一）作者

　　宋廖瑩中錄。瑩中（？～1275），字群玉，號藥洲，邵武（今福建邵武市）人。登科後，為賈似道幕下客，官太府丞、知州，皆不赴，醉心於刻書、藏書之業。又與似道選十三朝國史、會要、諸子雜說等，例為百卷，名《悅生堂隨抄》。所刻之書，皆被目為善本。後似道因事得罪，瑩中相從不願離開，最後服毒自盡。錄有《江行雜錄》、集注《東雅堂韓昌黎集》。

（二）傳本

　　本書《徐氏紅雨樓書目》卷三子部小說類譌作十卷。《澹生堂藏書目》卷七子部小說家類、《徐氏家藏書目》卷三子部小說類著錄一卷。

　　《江行雜錄》原書未傳，《古今說海》本摘錄二十一則，今傳諸本悉出於此。除《說庫》本和《叢書集成初編》本外，《續百川學海》本、《歷代小史》本、《重編說郛》本皆刪削出處文字。又，《歷代小史》本脫〈和政公主獲憲宗賢重〉一則，且將〈竹園山平地湧血〉和〈吳江橋有中興野人和東坡詞〉併作一則。另，《說庫》本誤題唐瑩中撰，蓋形近致譌。

（三）內容

　　《說庫・江行雜錄》提要是書：「所援引各書多今時所罕見，或為本書所未選及者，存之以廣見聞。」〔註30〕各則文末間或注以出處，知是書主要選輯《因話錄》、《瑞桂堂暇錄》、《小說舊聞記》、《娛書堂詩話》、《鑑戒錄》、《賓退錄》、《涑水紀聞》、《暘谷漫錄》、《懶真子錄》、《野史》、《吹劍錄》、《奎章錄》和《馬氏新錄》等唐宋小說、雜史作品而成。《古今說海》本載二十一則，

〔註30〕 （清）王文濡輯：〈說庫提要〉，《說庫》（杭州：浙江古籍出版社，1986年），頁9。

各則要旨依次如下：唐玄宗與肅宗得見常人未見之龍於殿之東樑。和政公主以阿布思妻不當為優人而獲憲宗賢重。令狐文巧計讓富人出所蓄米穩定物價。賈躭用術數尋回被盜之牛。牛奇章要杜牧以縱逸為戒。藉〈阿房宮賦〉言文章以不蹈襲為難。元相國所得鯉魚腹中有古鏡二枚。李龜壽感念王鐸教化而以餘生服事。好事者因白居易詩而為畫倦繡圖。朱溫改名全忠而得篡位。《續成初集記》載王恭簡〈花蕊宮詞〉二十八首。趙匡胤姊要匡胤臨大事時能自決。趙匡胤母聞陳橋兵變而神態自若。京都中下之戶重生女，以備士大夫採拾娛侍。司馬光不因被村父難倒為意。竹園山平地湧血。吳江橋有中興野人和蘇軾〈念奴嬌〉詞。韓愈不禁令史出入。王婉容不事二主。宋高宗制太常樂章。趙詩以香燭楮錢戲熟寐者而致其神魂驚散。

二、《行營雜錄》一卷

（一）作者

宋趙葵錄。葵（1186～1266），字南仲，號信庵，一號庸齋，衡山（今湖南衡山市）人。葵少年即隨父趙方軍中，寧宗嘉定十四年（1221），以戰功知棗陽軍。歷任中大夫、左驍騎將軍、華文殿直學士、淮東安撫制置使、湖南安撫使、資政殿學士、福建安撫使、武安軍節度使等。淳祐七年（1247），任樞密使兼參知政事，督視江淮、京西、湖北軍馬。九年，升為右丞相兼樞密使。寶祐五年（1257），封衛國公。以儒臣治軍，對南宋偏安貢獻卓越。工詩文，善墨梅。《宋史》卷四一七有傳。

（二）傳本

本書《千頃堂書目》卷一二小說家類、《國史經籍志》卷四下子類小說家類、《澹生堂藏書目》卷七子部小說家類、《徐氏家藏書目》卷三子部小說類、《宋史藝文志補》子部小說家類著錄一卷。《徐氏紅雨樓書目》卷三子部小說類不著錄卷數。

《行營雜錄》原書未傳，《古今說海》本摘錄三十七則，今傳諸本悉出於此。除《說庫》本和《叢書集成初編》本外，《續百川學海》本、《歷代小史》本、《重編說郛》本皆刪削出處文字。又，《歷代小史》本脫〈仁宗未允呂覺乞改章服〉、〈「五代史記」篇首必曰：嗚呼〉、〈匠人擊司馬光「清忠粹德」碑〉三則，〈某婦不欲與吃菜事魔人淫〉文末脫「也。信哉，邪之不可干正也如此」十二字。

（三）內容

趙葵長期生活軍中，本書當係其行營軍旅，摘引兩宋軼事瑣聞而成，其中不乏新奇可喜之作。各則文末，間或注以出處，知是書主要選輯《湘山野錄》、《金玉詩話》、《投轄錄》、《茅亭客話》、《江表志》、《貽謀錄》、《道山清話》、《歸田錄》、《冷齋夜話》、《坦齋筆衡》、《行都紀事》、《稗史》、《梁溪漫志》、《吹劍續錄》和《葦航紀談》等宋代小說、雜史而成。《古今說海》本載三十七則，各則要旨依次如下：陳橋兵變時，太祖家眷躲定力院閣樓，有司搜捕之而無所發現。道士所吟詩應驗太祖受禪日及其年壽。後主歸宋後作長短句情思悽惋，未久而果下世。真宗引群臣遊宮殿後山，偶遇蓬萊仙人。李京妻爲釋吳鼎臣家之疑，燒卻過去往來文書。王嗣宗滅狐王廟，手批种放頰。唐季明剖木見「太平」二字，後果有太平興國之號。崇仙觀柏柱木紋如天尊狀。艾延祚夜聞按籍點名聲，即見殭屍聞呼應之。胡則守江州時有紙片墜城中，後遭洗城而如紙上詩言。摘錄司馬光〈錦堂春〉詞。劉攽言水晶茶盂乃多年老冰。仁宗未允呂覺乞改章服。王安石以《五代史記》篇首必曰「嗚呼」，而疑五代事豈皆可嘆呼。仁宗駕崩前一個月，每夜聞太廟有哭聲。某夜開寶寺塔通明徹旦，後二日而宣仁后登仙。開寶、寶元間錢幣只鑄字文、不鑄年號。釋「駙馬」、「郡馬」二詞。太祖命人於後苑飼公豬，使獲妖人時得以血澆之。匠人擊司馬光「清忠粹德」碑，碑未盡碎而其先死碑下。仁宗、英宗、神宗惜蘇軾才，凡有詆毀則爲辯護。徽宗以易數製易運碑。太祖整軍從仁和門入，高宗有意定都杭州仁和縣。道教盛時皆指佛爲金狄，徽宗贈蔡京詩讖金狄之禍。梟首者妻所生子之首如拳大。精嚴寺僧假冒佛與婦人交合，後遭囓鼻爲證而事發。豐有俊見故人女賣身青樓，遂爲借貸贖身。某富以宋氏所作詩悽然而歸還所住屋宇。某婦不欲與吃菜事魔人淫而取刀相持至天曉。馬裕齋斷處州村民實蛙於冬瓜案。孝宗不遷百姓祖先之墳。某士得上蒼眷顧，只求消遙山水之間以終其身。歐陽晟妻妾俱與梢人私通，歐陽脩以自解而出知滁州。傷處立癒之法。王過巧答孝宗之問而升官。金人劉陶對宋接待官言岳飛乃如范繪，秦檜聞後貶其人之職。楊存中率士卒直搗鹿花寺救被囚女子。

三、《避暑漫抄》一卷

（一）作者

宋陸游抄。游（1125～1210），字務觀，號放翁，越州山陰（今浙江紹興）

人。陸游十二歲即能詩文，且學劍和鑽研兵書。紹興中應禮部試，爲秦檜所黜。高宗即位，賜進士出身。歷任寧德縣主簿、鎮江隆興通判和夔州通判等。乾道八年（1172），入四川宣撫使王炎幕府，投身軍旅生活，官至寶章閣待制。除詩文外，亦工書翰，精行草、楷書，傳世者有《苦寒帖》和《懷成都詩帖》等。著有《劍南詩稿》、《渭南文集》、《南唐書》、《老學庵筆記》、《會稽志》、《山陰詩話》、《放翁詞》、《避暑漫抄》、《家世舊聞》、《入蜀記》、《古奇器錄》、《天彭牡丹譜》、《宋紹興府修學記》、《論學二王書》等。《宋史》卷三九五有傳。

（二）傳本

本書《澹生堂藏書目》卷四史部雜史類、《徐氏紅雨樓書目》卷三子部小說類著錄一卷。

《避暑漫抄》原書未傳，《古今說海》本節錄二十八則，今傳諸本悉出於此。除《叢書集成初編》本保留出處文字，《歷代小史》本和《說庫》本保留部分出處文字外，《續百川學海》本、《重編說郛》本、《五朝小說》本和《五朝小說大觀》本皆刪削之。又，《歷代小史》本和《說庫》本脫〈周后大泣罵後主〉一則，且將〈釋瘴母、鬼市〉和〈用龍涎沉腦屑和蠟爲燭〉併爲一則。另，《說庫》本〈宋太祖命人鐫刻誓碑〉脫「奏請如勅。上詣室前，再」九字。

（三）內容

《說庫·避暑漫抄》提要是書：「雜誌唐宋間瑣事異聞，多他書所未載，間下一二斷語，亦足警世諷俗。」〔註31〕各則文末，間或注以出處，知是書主要選輯《明皇雜錄》、《群居解頤》、《獨見錄》、《中興紀事》、《衰異記》、《唐史》、《大唐遺事》、《嚌嚡集》、《清異錄》、《鐵圍山叢談》、《祕史》、《春渚紀聞》、《異聞錄》、《廣異記》、《仇池筆記》、《中興筆記》、《番禺雜記》、《聞見錄》等唐宋小說、雜史而成。《古今說海》本載二十八則，各則要旨依次如下：安祿山因大象未聽其命令而囚禁、火燒和以刀刺之。蕭瑀自視爲唐太宗宴中最尊貴者而先取杯把酒。史思明寄櫻桃予其子，但不甘其子在所附詩中居於周至之下。張仲素「舜耕餘草木，禹鑿舊山川」詩諷男女之亂。李福妻性妒忌，不欲女奴服事丈夫。李可及論釋伽如來、太上老君和孔子皆爲婦人。漢以孝廉取士，唐則重進士。張巡之守睢陽，城中人切煮絺布而食。誌公大師

〔註31〕　（清）王文濡輯：〈說庫提要〉，《說庫》，頁9。

讖言安祿山滅亡。朱敬諫武后不可廣納男寵。唐文皇詩與其功烈相副。宣宗即位之兆，在所續黃蘗禪師觀瀑布詩中。周后隨命婦入宮出，必大泣罵後主。晁補之因李芳儀遭遇作〈芳儀曲〉。李後主微行娼家，遇一僧張席而成不速之客。李後主所購硯山，國亡後爲米芾、蘇好事等購得。曹皇后不欲百官別日立忌，後果與宋太祖同日去世。宋神宗脫卸金甲，示將大有作爲。宋太祖命人鐫刻誓碑，令天子於祭祀和即位時恭讀。徽宗以犯不赦罪之臣宜明正典刑而廢毒藥庫。林彦振見亡妻形貌，追索後識得爲狐精作祟。讓金屬變黃金之草，蛇食之能消腹腫，人食之則成血水。張守一爲死囚平反冤屈，而得死囚亡父報恩。神人降鄭澤家吟「忽然湖上片雲飛」詩。某嬰呼吸墓塚蟾蜍之氣則得不食而健。秦檜十客。釋「瘴母」、「鬼市」。宣政宮中用龍涎沉腦屑和蠟爲燭。

四、《養痾漫筆》一卷

（一）作者

宋趙溍錄。溍，字元晉，號冰壺，衡山（今湖南衡山市）人，生卒年不詳。咸淳中，嘗知建寧府，遷沿江制置使知建康府。著有《養痾漫筆》。

（二）傳本

本書《澹生堂藏書目》卷七子部小說家類、《徐氏家藏書目》卷三子部小說類、《徐氏紅雨樓書目》卷三子部小說類、《欽定續通志》卷一六○〈藝文略〉諸子類小說家類、《欽定續文獻通考》卷一七九〈經籍考〉子部小說家類、《鄭堂讀書記》卷六四子部小說家類、《八千卷樓書目》卷一四子部小說家類著錄一卷。

《養痾漫筆》原書未傳，《古今說海》本摘錄二十六則，今傳諸本悉出於此。除《學海類編》本和《叢書集成初編》本，《續百川學海》本、《重編說郛》本皆刪削出處文字。又，《學海類編》本將〈竹之異品〉文末之「但未親見耳，云實有之」改作「但未親見耳，不識有否」。

（三）內容

《四庫全書總目·養痾漫筆》提要是書：「雜記宋時瑣事，末附醫方數條，多捃摭他書而成。」〔註32〕按：本書所錄偶有及於五代事，間或注以出處，

〔註32〕（清）永瑢等奉敕著：《四庫全書總目》，卷143子部53·小說類存目，頁2813。

知是書主要選輯《坦齋筆衡》、《瑞桂堂暇錄》、《葦航紀談》、《譚淵》、《鶴林玉露》等書而成。《古今說海》本載二十六則，各則要旨依次如下：摘錄靖康之難時，關中驛舍壁間詩二絕。張栻晚年得奇疾，死後通體徹如水晶。翟欽甫賦清菴詩，初故拙其句，後則語驚四座。漆匠張某隨嫗至某室寢，鐘動又帶其離開。曹彬因李後主不敢過獨木版而知其畏死。宋太祖問後主「滿懷之風」何足尚。王仁裕遠祖母逢月餘則忽不見，後以某孫啓其床頭柳箱而不復回。竹之異品。辛棄疾酒後失言，陳亮懼遭滅口而逃。有輝僧答宋孝宗飛來峰和觀音像問題。宋真宗、仁宗、徽宗、高宗朝都有吉符。伶人以二勝環且放腦後，高宗聞之改色。王黼宅入溝中米爲鄰僧淘洗曬乾，積成一囷。大歷寺藏經皆唐宮人所書。蘇軾洩題與李方叔，卻爲章持、章援所得。汪玉山以卷首書三古字爲驗之法，遭女鬼轉述與其恩人知曉而得登科。今日術靈驗，過去術不驗。飲狒狒血則得以看見鬼。治耳聾、益視力和療刀斧傷之法。徐婦病產而亡，陸某以紅花治而復甦。延慶寺僧得偏腸毒，一道人藥之而癒。治骨鯁和穀芒之法。某醫治癒孝宗痢疾而獲金杵臼。治病眼生赤瘴之方。治咳嗽之方。治水腫之方。

五、《虛谷閒抄》一卷

（一）作者

宋方回錄。回（1227～1305），字萬里，一字淵甫，別號虛谷、紫陽山人，徽州歙縣（今安徽歙縣）人。方回天賦聰敏，穎悟過人，賦詩爲文，才華出眾。理宗景定三年（1262）登進士第，原爲甲科第一，遭賈似道排抑，置乙科首，調隨州教授，除嚴州知州。恭帝德祐二年（1276），改授建德路總管兼府尹。未久罷官，徜徉杭州、歙縣，選唐、宋近體詩，加以評論，取名《瀛奎律髓》。另著有《虛谷集》、《桐江集》、《桐江續集》。

（二）傳本

本書《千頃堂書目》卷一二小說家類、《澹生堂藏書目》卷七子部小說家類·《徐氏家藏書目》卷三子部小說類、《徐氏紅雨樓書目》卷三子部小說類、《補遼金元藝文志》子部雜家類、《補元史藝文志》子類雜家類著錄一卷。

《虛谷閒抄》原書未傳，《古今說海》本摘錄十九則，今傳諸本悉出於此，除《說庫》本和《叢書集成初編》本外，《重編說郛》本、《五朝小說》本、《五朝小說大觀》本、《古今說部叢書》本皆刪削出處文字。又，《古今說部叢

書》本脫〈杖擊燕巢中之白鳳雛和赤龍子〉和〈徐彥若不識龜寶而投諸海〉二則。

（三）內容

《說庫・虛谷閒抄》提要是書：「援引所及，多爲本書所未入選之書。嘗水一勺，可知全味，存之以資考證。」〔註33〕按：本書所錄乃唐宋以來瑣事，各則文末，間或注以出處，知是書主要選輯《三夢記》、《逸史》、《賓退錄》、《辨疑志》、《金華子雜編》、《雜錄》、《曲洧舊聞》、《投轄錄》、《稽神錄》、《幙府燕閒錄》、《邇齋閒覽》、《歸田錄》等唐宋小說、雜史作品而成。《古今說海》本載十九則，各則要旨依次如下：張氏夢中得并帥王公青睞，覺後未久即亡。爲追同昌公主冥福而賜燃仙音燭，燭盡則玲瓏響絕。道人賣自然羹中有蓬萊月，食羹則得免明年疫。石老子與鄰人分絹不平，其縛父屍沉河事遂爲揭舉。李照子啓聖姑棺，但未有風雨之變。杖擊燕巢之白鳳雛和赤龍子，未久而其家隳敗。徐彥若不識龜寶而投諸海。張浪狗之馬踢傷唐僖宗左肋，眾醫皆診爲膀胱之氣。宋太祖寧不得江南亦不妄行殺戮。蔡京喜食鶉，一夕夢鶉數千百訴於前。章惇少時被囚入某院與群婢合。陳襃見鬼虎撲婢而救之。鄒閬遭金蠶蟲害，後吞之而壽終。馮氏兄弟以季婦挑撥而孝友衰。范寺丞妻誤以其夫招妓而自盡，湖南倅妻忿夫與妓語而手刃其子。梅堯臣晚年預修《唐書》，書成未奏而卒。余靖獲發笛聲之柏爲枕，解視之則不復有聲。陳子直妻腹脹而聲如擊鼓。釋「海市」與「鬼市」。

六、《蓼花洲閒錄》一卷

（一）作者

宋高文虎錄。文虎（1134～1212），字炳如，四明（今浙江四明縣）人，禮部侍郎閌之從子。紹興三十年（1160）登進士第，調平江府吳興縣主簿。乾道四年（1168），爲國子正，歷任國子祭酒、太學博士、台州通判。慶元三年（1197），除中書舍人，後以中書舍人兼國子祭酒，兼直學士院實錄院同修撰。四年，以中書舍人兼侍講。五年，除兵部侍郎兼中書舍人。文虎才學洋溢，多識典故，喜藏文物，嘗預四朝國史、實錄、御牒之修撰。著有《天官書集註》、《史記註》、《續菜經》、《百菊集譜》、《蘭亭考》、《蘭亭續考》、《蓼花洲

〔註33〕 （清）王文濡輯：〈說庫提要〉，《說庫》，頁9。

閒錄》。《宋史》卷三九四有傳。

（二）傳本

本書《澹生堂藏書目》卷七子部小說家類、《徐氏家藏書目》卷三子部小說類著錄一卷。

《蓼花洲閒錄》原書未傳，《古今說海》本摘錄三十九則，今傳諸本悉出於此。除《叢書集成初編》本外，《重編說郛》本、《五朝小說》本、《五朝小說大觀》本亦皆據此，但刪削出處文字。又，《重編說郛》本、《五朝小說》本、《五朝小說大觀》本脫〈荊芥穗末和酒可治中風〉、〈治走馬疳之方〉、〈馬蹄灰治馬疳之方〉、〈治瘡疹黑陷之方〉、〈治惡瘡之方〉、〈治破傷風之方〉、〈治惡瘡之方〉、〈治小兒耳後瘡之方〉、〈釋「逕庭」、「膠擾」諸詞〉、〈孟翊袖出卦象成讖〉十則，〈定州織刻絲不用大機〉文末脫「靖康之後」云云八十四字。

（三）內容

《蓼花洲閒錄》主要記載唐宋以來瑣事軼聞，間或注以出處，知是書主要選輯《清波雜志》、《南唐近事》、《玉堂逢辰錄》、《雋永錄》、《搜神祕覽》、《退齋筆錄》、《唾玉集》、《漁隱叢話》、《金玉詩話》、《南遊紀舊》、《談選》、《石林燕語》、《杜陽雜編》、《湘山野錄》、《春渚紀聞》、《滄浪野錄》、《魯公談錄》、《巳上神秘方》、《隨手雜錄》、《吹劍續錄》等唐宋小說、詩話、雜史筆記而成。《古今說海》本載三十九則，各則要旨依次如下：某僧夢見金龍食其植萵苣而知有異人將至。畫牛畫囓草於欄外，夜則歸臥欄中。杜業妻拘忌丈夫甚嚴，謂此得助烈祖取天下。陳覺妻待宋齊丘所贈婢如翁姑，讓其不自安而求還。宮人韓氏與親事官孟貴私通，後以事洩而縱火逃奔。二舉子於張惡子廟聞諸神言、殿試考題和狀元之作，待臨考場卻皆忘卻。段化因疾失明，子簡夢神人告以人髓和藥自能得癒。王旻以費孝先卜而得趨吉避凶。宋神宗以蔡確、章惇諫言而未行殺戮、黥面之刑。蔡懋家傳蘇軾救蔡確奏章，徽宗以宮中無此而否定之。蘇軾與客以兩卦名證一故事。高麗僧與宋使藉人名諧音行酒令。集句非自王安石始。王安石將嫁女錦帳捨開寶寺。章惇諫勿以妾為妻。曹禋妻葬夫於鳳凰山下，又親撰墓誌。蔡京一日無客則病，蔡卞一日接客則病。定州織刻絲不用大機。范仲淹孫女食桃花而病狂遂癒。金人以露居異俗而焚孔子舊居。孟庾妻惡聞徐姓及打銀打鐵聲。淮節婦因己美色致二

夫亡，遂赴淮而死。寇準「到海只十里」和王曾「雪中未問和羹事」詩皆爲讖語。摘錄范仲淹「漢包六合網英豪」詩。宋太祖問韓普「之乎者也，助得甚事」。謝石測字相人甚準，見「朝」字而知爲皇帝書，見「也」字而知婦懷蛇妖。蘇轍勸蘇軾擇交、言語都得謹愼。荊芥穗末和酒可治中風。治走馬疳之方。馬蹄灰治馬疳之方。治瘡疹黑陷之方。治惡瘡之方。治破傷風之方。治惡瘡之方。治小兒耳後瘡之方。溫州人將杜拾遺配伍子胥。北方以冉伯牛爲牛王。釋「逡庭」、「膠擾」、「綸綍」、「陿度」、「墨床眠娗」諸詞。孟翊袖出卦象成讖。

雜纂家

《古今說海》「說纂部」雜纂家共十一卷，除《雜纂》三卷外，餘均作一卷。然《雜纂》三卷係包括李商隱《雜纂》、王君玉《雜纂續》和蘇軾《續雜纂》三書，故雜纂家實亦每書一卷，凡十一部書。其若按四庫分類以觀，則有傳記類者，如《青樓集》、《靖難功臣錄》和《備遺錄》；有小說類者，如雜錄小說《教坊記》和《北里誌》，諧謔小說《雜纂》、《雜纂續》和《續雜纂》；有藝術類者，如《樂府雜錄》；有雜史類者，如《復辟錄》；有雜學類者，如《損齋備忘錄》，可謂類目繁雜。今介紹各書如下：

一、《樂府雜錄》一卷

（一）作者

唐段安節撰。安節，齊州臨淄（今山東淄博縣）人，字號及生卒年不詳。宰相文昌之孫，太常少卿成式之子，溫庭筠之婿。自幼喜音樂，能唱歌，善樂律。乾寧中，官朝議大夫，守國子司業。著有《樂府雜錄》。《新唐書》卷八九〈段志玄〉附傳。

（二）傳本

本書《宋史》卷二〇二〈藝文志〉經類樂類誤作二卷。《新唐書》卷五七〈藝文志〉甲部經錄樂類、《崇文總目》卷一樂類、《遂初堂書目》樂類、《中興館閣書目》經部樂類、《郡齋讀書志》卷一上樂類、《文獻通考》卷一八六〈經籍考〉經部樂類、《國史經籍志》卷二經類樂類、《徐氏家藏書目》卷一經部樂類、《徐氏紅雨樓書目》卷一經部樂類、《也是園藏書目》卷五子部小

說家類、《四庫全書總目》卷一一三子部藝術類、《鄭堂讀書記》卷四九子部藝術類、《邵亭知見傳本書目》卷九子部藝術類、《皕宋樓藏書志》卷五二子部藝術類、《稽瑞樓書目》、《八千卷樓書目》卷一一子部藝術類著錄一卷。《寶文堂分類書目》卷二子雜類、《脈望館書目》荒字號詞類、《近古堂書目》卷上樂類不著錄卷數。

今本《樂府雜錄》中，〈別樂識五音輪二十八調圖〉只存其說而無附圖，又《類說》卷一六節引《樂府雜錄》三十三則中，〈米嘉榮〉、〈直項曲項琵琶〉等乃今本未載，《紺珠集》卷五節引《樂府雜錄》十一則中，〈何滿子〉亦今本所無，知傳本皆非全帙。今傳一卷本，主要分三個系統：一是《守山閣叢書》本系統，此本卷首有目錄、卷末有錢熙祚〈跋〉，正文有校者雙行小注，凡四十一則。《叢書集成初編》本即據此排印，又《中國文學參考資料小叢書》亦據此，但另補段安節〈序〉和〈四庫全書提要〉。二是《古今說海》本系統，此本保留段安節〈序〉和目錄，正文凡三十八則。經與《守山閣叢書》本相較，知《古今說海》本刪削〈擊甌〉、〈還京樂〉、〈得寶子〉三則文字，而依次併入〈方響〉、〈夜半樂〉、〈康老子〉，書末脫「樂具庫」、「古樂工都」云云兩段文字。《古今逸史》本、《重編說郛》本、《五朝小說》本、《五朝小說大觀》本、《四庫全書》本、《唐人說薈》本、《唐代叢書》本、《續百川學海》本、《學海類編》本、《墨海金壺》本、《湖北先正遺書》本和《增補曲苑》本悉出此本，或刪削段安節〈序〉和目錄。但《重編說郛》本將〈胡部〉改題〈曲部〉，《五朝小說》本〈胡部〉之「胡」字跡漫漶，《五朝小說大觀》本則改題作〈部〉。《湖北先正遺書》本〈康老子〉文末有按語：「《太平御覽》似脫〈得寶子〉三字題」，且增加〈四庫全書提要〉。三是《說郛》本《談壘》系統，此本節載《樂府雜錄》十七則，餘篇但存其目，然〈夷部樂〉、〈夷樂部〉、〈扶南〉、〈高昌〉諸目未見其他傳本，〈擊甌〉、〈還京樂〉、〈得寶子〉刪削後亦併入〈方響〉、〈夜半樂〉、康老子，且脫〈五弦〉、〈方響〉、〈阮咸〉，又將〈舞工〉改題作〈舞〉。若以《說郛》本《談壘》系統和《古今說海》本俱錄條文相較，其差異頗多，如《說郛》木〈傾杯樂〉之「宣宗善（《古今說海》本作「喜」）吹蘆管，自製此曲」下較《古今說海》本多「有數聲不均」五字，〈傀儡子〉之「突厥（《古今說海》本作「冒頓」）必納妓女，遂退軍」下多「高組乃脫禍出」六字；又，〈俳優〉一則節略嚴重。另，《舊小說》乙集錄有一則。再者，《續談助》、《說郛》、《類說》所收《琵

琵錄》，乃取《樂府雜錄‧琵琶》加以增補，或疑是後人所爲〔註 34〕。1959
年，中國戲曲研究院以《守山閣叢書》爲底本，輔以宋本《太平御覽》、《說
郛》本《談壘》系統和《說郛》本《琵琶錄》詳加校勘，收入《中國古典戲
曲論著集成》，由北京中國戲劇出版社出版。1973 年，洪惟助據《中國古典戲
曲論著集成》本進行箋訂，分上下兩部收入《中華學苑》第十二、十三期。
雖然《樂府雜錄》經錢熙祚校訂整理後，已成爲今日通行版本，卻仍「支離
破碎，終非段氏原著之原貌」〔註 35〕，有待學界繼續耕耘，使供日後校訂之
參考〔註 36〕。

（三）內容

段安節〈樂府雜錄序〉：「爰自國朝初修郊禮，刊定樂懸。約三代之歌鍾，
均九威之律度。莫不韶音盡美，雅奏克諧。上可以籲天降神，下可以移風變
俗也。以至桑間舊樂，濮上新聲，金絲慎選於精能，本領皆傳於故老。重翻

〔註 34〕 錢熙祚〈樂府雜錄跋〉認爲《琵琶錄》乃後人竄取《樂府雜錄》條文而飾以
別名，凌廷堪《燕樂考原》和陳澧《聲律通考》則認爲《琵琶錄》乃《樂府
雜錄》別稱，今以錢熙祚之說爲據。此處所引資料據洪惟助撰：〈樂府雜錄箋
訂上〉，《中華學苑》第 12 期（1973 年 9 月），頁 79。又上述諸論點請參（清）
錢熙祚〈樂府雜錄跋〉，見（唐）段安節著：《樂府雜錄》（北京：中華書局，
1985 年《叢書集成初編》據守山閣叢書本排印），頁 46～47；（清）凌廷堪
著：〈總論〉，《燕樂考原》（北京：中華書局，1985 年《叢書集成初編》據粵
雅堂叢書本排印），卷 1，頁 3 和（清）陳澧著：〈唐宋遼俗樂二十八調考〉，
《聲律通考》（上海：上海古籍出版社，1995 年《續修四庫全書》影中國藝術
研究院音樂研究所資料館藏清咸豐 10 年（1860）殷保康廣州刻本），卷 6，頁
313。
〔註 35〕 任半塘著：《唐戲弄》（上海：上海古籍出版社，1984 年），頁 196。
〔註 36〕 《樂府雜錄》因流傳版本複雜，存在許多懸而未解之問題，有賴今人繼續努
力研究，使儘量回復其原貌。如亓娟莉即參用《樂書》等史料進行考辨，認
爲〈驅儺〉中「御樓」一段當在〈鼓吹部〉，「樂具庫」一句爲〈熊羆部〉正
文首句；而「俗樂」一段在章次上當從《古今逸史》、《五朝小說大觀》和《墨
海金壺》等本，在〈熊羆部〉之後別立〈俗樂部〉，並以「俗樂」一段文字屬
之。李玫基於樂律及樂理之內在邏輯，從音樂學角度，比勘各版本異文，歸
結《說郛》本《樂府雜錄》雖是節本，但其有關〈別樂識五音輪二十八調圖〉
之記載，內容詳細，完整連貫，義理清晰，就版本價值和資料意義言，有值
得重視之處。詳論請參亓娟莉撰：〈樂府雜錄兩處錯簡新考〉，《西北大學學報
（哲學社會版）》第 39 卷第 4 期（2009 年 7 月），頁 27～30；亓娟莉撰：〈樂
府雜錄熊羆部考辨〉，《文獻季刊》2010 年第 1 期，頁 168～171 和李玫撰：〈樂
府雜錄別樂儀識五音輪二十八調圖的校勘〉，《中央音樂學院學報》2009 年第
2 期，頁 64～73。

曲調，全袪淫綺之音，復採優伶，尤盡滑稽之妙。洎從離亂，禮寺隳頹。簨虡既移，警鼓莫辯。梨園弟子，半已奔亡，樂府歌章，咸皆喪墜。安節以幼少即好音律，故得曨曉宮商，亦以聞見數多，稍稍能記憶。嘗見《教坊記》亦未周詳，以耳目所接，編成《樂府雜錄》一卷。」《郡齋讀書志》亦謂是書所記皆「唐開國以來雅、鄭之樂并其事始。」〔註37〕《古今說海》本凡錄樂部九種：〈雅樂部〉、〈雲韶樂〉、〈清樂部〉、〈鼓吹部〉、〈驅儺〉、〈熊羆部〉、〈鼓架部〉、〈龜茲部〉、〈胡部〉；歌舞俳優三種：〈歌〉、〈舞工〉、〈俳優〉；樂器十三種：〈琵琶〉、〈箏〉、〈箜篌〉、〈笙〉、〈笛〉、〈觱篥〉、〈五絃〉、〈方響〉、〈琴〉、〈阮咸〉、〈羯鼓〉、〈鼓〉、〈拍板〉；樂曲十二種：〈安公子〉、〈黃驄疊〉、〈離別難〉、〈夜半樂〉、〈雨霖鈴〉、〈康老子〉、〈文敘子〉、〈望江南〉、〈楊柳枝〉、〈傾杯樂〉、〈道調子〉、〈傀儡子〉；及〈別樂識五音輪二十八調圖〉。

二、《教坊記》一卷

（一）作者

唐崔令欽撰（？～約 782）。令欽，博陵安平（今河北安平縣）人，字號不詳。開元時官左金吾倉曹參軍，天寶年間歷任著作佐郎、禮部員外郎。安史亂起，漂寓江表，肅宗乾元、上元間為丹徒令，遷倉部郎中。代宗廣德前後為萬州刺史，大歷初入朝為主客郎中，終國子司業〔註38〕。熟諳歌舞、俗樂，常與教坊中人過從。著有《教坊記》、《庾信哀江南賦註》、《唐曆目錄》。

（二）傳本

本書《新唐書》卷五七〈藝文志〉甲部經錄樂類、《崇文總目》卷五小說類、《郡齋讀書志》卷一上樂類、《宋史》卷二○二〈藝文志〉經類樂部、《通志》卷六四〈藝文略〉經類樂類、《文獻通考》卷一八六〈經籍考〉經部樂類、《百川書志》卷八子志小說家類、《國史經籍志》卷二經類樂類、《澹生堂藏書目》卷四史部記傳類、《徐氏家藏書目》卷一經部樂類、《徐氏紅雨樓書目》卷一經部樂類、《也是園藏書目》卷二史部校書類、《四庫全書總目》卷一四○子部小說家類、《鄭堂讀書記》卷六三子部小說家類、《鐵琴銅劍樓藏書》

〔註37〕　（宋）晁公武著：《郡齋讀書志》（臺北：臺灣商務印書館，1983 年影清文淵閣《四庫全書》本），卷 1 上樂類，頁 171。

〔註38〕　崔令欽之生平經歷，請參李一飛撰：〈教坊記作者崔令欽考補〉，《文獻》1997年第 2 期，頁 286～288。

卷一七子部小說家類、《邵亭知見傳本書目》卷一一子部小說家類、《持靜齋書目》卷三子部小說家類、《孫氏祠堂書目》內編卷四說部、《稽瑞樓書目》、《藝風藏書記》卷八小說類、《善本書室藏書志》卷二一子部、《述古堂藏書目》卷三較書類和《八千卷樓書目》卷一四子部小說家類著錄一卷。《遂初堂書目》小說類、《寶文堂分類書目》卷二子雜類、《玄賞齋書目》卷一樂類和《佳趣堂書目》不著錄卷數。

根據宋人陳暘《樂書》、吳曾《能改齋漫錄》、郭茂倩《樂府詩集》、曾慥《類說》等書引《教坊記》，遠出今諸叢書本之上，知《教坊記》之宋代傳本猶是原著足本〔註39〕。如《類說》卷七節引十七則，雖非足本，然〈失落〉、〈打鼓〉、〈打毬墮馬〉、〈筋斗〉、〈聲伎兒〉、〈四女善歌〉、〈賣假金賊〉、〈娘子眼破〉、〈左轉〉九則乃今傳本之佚文，又〈擲彈家〉、〈蘇五奴〉較傳本為詳。殆至清初，原著足本或猶存，清人沈雄《古今詞話》、翟灝《通俗編》、《淵鑑類函》等書所引，多有出於今傳本之外，此雖可能出於宋人筆記，非直接採自原書，然其中較宋人類書為精之處〔註40〕，彌足有文獻價值。今傳《說郛》本凡錄教坊事十二則，曲名來由五則，曲調三百二十五名，後記一篇。《古今說海》本即據此，但將〈凡樓下兩院進雜婦女〉和〈諸家散樂，呼天子為崖公〉併為一則，且更動曲調次第，如將《說郛》本曲調名「燈下見、太邊郵、太白星、剪春羅、會佳賓、當庭月、思帝鄉、醉思鄉」之次第改為「燈下見、醉思鄉、太邊郵、太白星、剪春羅、會佳賓、當庭月、思帝鄉」，又曲調下小字如「小石」、「大石」、「貞觀時製」、「正平」等皆予刪略；另將部分曲調如「玉樹後庭花」省作「後庭花」、「朝天樂」省作「朝天」。《古今逸史》本、《續百川學海》本、《重編說郛》本、《五朝小說》本、《五朝小說大觀》本、《綠窗女史》卷一三青樓部、《綠窗小史》本、《唐人說薈》本、《唐代叢書》本、《香豔叢書》本、《四庫全書》本和《叢書集成初編》本所載多同《古今說海》本。但《五朝小說大觀》本將〈凡欲出戲〉、〈凡樓下兩院進雜婦女〉、〈筋斗裴承恩妹大娘善歌〉合為一則，《香豔叢書》本將曲調名改回「朝天樂」。另，《中國文學參考資料小叢書》對流傳諸本進行校勘，除卷首據《全唐文》引錄〈教坊記序〉，卷末附錄晁公武《讀書後志》、《四庫全書提

〔註39〕 （唐）崔令欽著，任半塘箋訂：〈教坊記箋訂弁言〉，《教坊記箋訂》（北京：中華書局，1962年），頁18。

〔註40〕 （唐）崔令欽著，任半塘箋訂：〈教坊記箋訂弁言〉和〈教坊記箋訂版本〉，《教坊記箋訂》，頁18、4。

要》、《四庫簡明目錄》、周中孚《鄭堂讀書記》和丁丙《善本書室藏書志》載《教坊記》之敘述，且謂諸本誤將「大曲名」視爲曲調名稱，而乃相對於「曲名」之標題。又，《中國叢書綜錄》著錄《格致叢書》本亦有一卷節本，未見；《舊小說》乙集錄有一則。1959 年，中國戲曲研究院以《說郛》爲底本，據《類說》、《古今說海》本、《古今逸史》本和《重編說郛》本加以校勘，同時補錄《類說》節錄之七則佚文和《全唐文》卷三九六所載〈教坊記序〉，收入《中國古典戲曲論著集成》，由北京中國戲劇出版社出版。1962 年，任半塘以《說郛》本爲主，校以《樂書》、《類說》諸書，且吸收《古今說海》本、《古今逸史》本等叢書之長，進行增補箋訂，北京中華書局出版。1978 年，臺北世界書局新校出版，收入《增訂中國學術名著》。1992 年，日人齋藤茂譯注，東京平凡社出版。

（三）內容

唐代設置樂坊，掌管歌舞、伎藝、百戲等各種娛樂活動之教習和演出事務，《教坊記》即爲著錄此一官署有關情況之專著〔註 41〕。〈教坊記序〉云此書作於安史之亂避地潤州時，乃追思昔日長安教坊故事而作〔註 42〕。本書不僅反映唐代樂曲實況，所列曲調名稱，足爲詞家考證。《古今說海》本載教坊事十一則，曲調三百二十五名，並〈蘭陵王〉、〈踏謠娘〉、〈烏夜啼〉、〈安公子〉和〈春鶯囀〉等曲名來由，末附後記一篇。尤可觀者，乃教坊事也，各則內容要旨依次如下：東西京教坊不同。內人與其家人之應對情形。釋「內人」、「宮人」、「搊彈家」之別。搊彈家習彌月仍不得上場。聖壽樂之服飾。皇帝點曲謂之進點。內妓與兩院歌人更代演出。裴大娘私通趙解愁而謀殺其夫侯氏，幸鄭銜山暗中相助，侯氏始得逃生。坊中諸女以氣類約爲香火兄弟。蘇五奴賣妻。范漢女大娘子有姿媚而微慍羝。

三、《北里誌》一卷

（一）作者

唐孫棨撰〔註 43〕。棨，字文威，號無爲子，安邑（今山西運城縣）人，

〔註41〕周勛初著：《唐代筆記小說敘錄》（南京：鳳凰出版社，2008 年），頁 18。

〔註42〕文見（清）董誥等編：〈教坊記序〉，《全唐文》（上海：上海古籍出版社，1990
　　　　年），卷 396，頁 1788～1789。

〔註43〕王定保《唐摭言》卷 10 言趙光遠著《北里誌》，辛文房《唐才子傳》卷 9〈趙

生卒年不詳，約唐昭宗龍紀中前後在世。歷官侍御史和中書舍人〔註44〕。著有《北里誌》。

（二）傳本

《北里誌》，一名《北里志》、《孫內翰北里志》、《孫內翰北里誌》。《澹生堂藏書目》卷四史部記傳類著錄三卷。《郡齋讀書志》卷三下小說類、《直齋書錄解題》卷六八小說類、《文獻通考》卷二一五〈經籍考〉子部小說家類、《宋史》卷二〇六〈藝文志〉子類小說類、《祕閣書目》雜附類、《國史經籍志》卷四下子類小說類、《徐氏家藏書目》卷三子部小說類、《徐氏紅雨樓書目》卷三子部小說類、《也是園藏書目》卷二史部校書類、《鄭堂讀書記‧補逸》卷二八子部小說家類、《四庫闕書目》小說類、《鐵琴銅劍樓藏書目錄》卷一七子部小說家類、《邵亭知見傳本書目》卷一一子部小說家類、《持靜齋藏書紀要》卷下子部、《持靜齋書目》卷三子部小說家類、《稽瑞樓書目》、《藝風藏書記》卷八小說類、《善本書室藏書志》卷二一子部、《佳趣堂書目》、《祕書省續編到四庫闕書目》卷二子類小說類、《述古堂藏書目》卷三較書類、《八千卷樓書目》卷一四子部小說家類、《莊園善本書目》卷五上明抄本子部著錄一卷。《遂初堂書目》小說類、《文淵閣書目》卷八雜附、《百川書志》卷八子志小說家類、《寶文堂分類書目》卷二子雜類、《藏園群書經眼錄》卷四史部傳記類不著錄卷數。

今傳《北里誌》通作一卷，但條目分合不盡相同，《類說》和《紺珠集》所載，乃當摘錄原書而或有刪節。另，《說郛》卷六錄三則，係摘錄《類說》而略有刪削，且不分段。同書卷一二復錄七則，當摘自原書，文字頗與傳本不同，如〈海論三曲中事〉之「堂宇深邃」和「有一嫗號袁州婆」，傳本作「堂宇寬靜」和「有一嫗號汴州人也」，〈楚兒〉之「必若遭伊也是緣」，傳本作「畢

光遠〉沿襲之，然《北里誌‧楊妙兒》正敘其人之事，實非本書撰者，王、辛二氏之說誤。文見王國良著：《唐代小說敘錄》（臺北：嘉新水泥公司文化基金會，1979 年），頁 23 和周勛初著：《唐代筆記小說敘錄》，頁 104。

〔註44〕 孫光憲《北夢瑣言》稱孫榮官舍人，陳振孫《直齋書錄解題》稱其爲唐學士，王讜《唐語林》稱之爲翰林學士，陸楫《古今説海》又題爲孫內翰，後人則據此論斷孫榮曾官翰林學士和內翰。李黃臏從官職名稱隨時代遞嬗而變異之事實，言此乃官制職能演變結果，非刊刻者有意造僞，而後人不察，故有異論。詳論請參李黃臏撰：〈北里志新探〉，《東吳中文研究集刊》第 9 期（2002年 9 月），頁 122～125。

世甘他也是緣」，〈鄭舉舉〉之「鄭舉舉者，曲中常與絳眞娘互爲席糾」，傳本作「鄭舉舉者，居曲中，亦善令章，嘗與絳眞互爲席糾」，可與傳本校勘。

　　《古今説海》本凡錄正文十二則、孫內翰〈北里誌序〉、〈海論三曲中事〉，附錄〈狎遊妓館五事〉和〈北里不測堪戒二事〉。《續百川學海》本、《重編説郛》本、《五朝小説》本、《五朝小説大觀》本、《綠窗女史》卷一三青樓部、《綠窗小史》本、《唐人説薈》本、《唐代叢書》本和《香豔叢書》本皆據此，但改孫內翰〈北里誌序〉文末之「無爲子序」爲「孫棨序」，且除《綠窗女史》本外，其餘諸本卷末附有陳繼儒識。再者，各本處理目錄方式不一，《綠窗小史》本、《唐人説薈》本、《唐代叢書》本、《香豔叢書》本乃皆刪略目錄，而《續百川學海》本、《重編説郛》本、《五朝小説》本、《五朝小説大觀》本、《綠窗女史》本雖保留目錄，但刪削部分文字。又《香豔叢書》本將〈海論三曲中事〉改作〈泛論三曲中事〉，且刪削〈天水僊哥〉之雙行小字注。除前述諸本外，今傳《豔異編》卷二六妓女部凡錄正文十四則及裴思讓狀元、楊汝士尚書、鄭合敬先輩、王金吾式、令狐博士五事。另，《中國文學參考資料小叢書》針對流傳諸本進行校勘，除正文下有雙行小字注外，卷末附錄晁公武《郡齋讀書志》、陳振孫《直齋書錄解題》和馬端臨《文獻通考・經籍考》載《北里誌》之敘述。又，臺北國家圖書館藏明藍格抄本，《舊小説》乙集錄有十三則。1978 年，臺北世界書局新校出版，收入《增訂中國學術名著》。1992年，日人齋藤茂譯注，東京平凡社出版。2000 年，丁如明進行點校，收入《歷代筆記小説大觀》，上海古籍出版社出版。

（三）內容

　　孫棨〈北里誌序〉：「自歲初等第于甲乙春闈，開送天官氏設春闈宴，然後離居矣。近年延至仲夏。京中飮妓，籍屬教坊，凡朝士宴聚，須假諸曹署行牒，然後能致於他處。惟新進士設　顧吏，故便可行牒，追其所贈之資，則倍於常數。諸妓皆居平康里，舉子新及第進士，三司幕府但未通朝籍，未直館殿者，咸可就詣。如不悋所費，則下車水路備矣。其中諸妓，多能談吐，頗有知書言話者。……予頻隨計吏久寓京華，時亦偷游其中，固非興致。每思物極則反，疑不能久。常欲紀述其事，以爲他時談藪。顧非暇豫，亦竊俟其叨忝耳。不謂泥蟠未伸，俄逢喪亂，鑾輿巡省崤函，鯨鯢連竄山林，前志掃地盡矣。靜思陳事，追念無因，而久罹驚危，心力減耗，向來聞見，不復盡記，聊以編次爲太平遺事云。」《北里誌》乃廣明亂後，孫棨追述昔遊北里

之作。〈北里不測堪戒二事〉云是書「述才慧，所以痛其辱重廩也；述誤陷，所以警其輕體也；敘宜之，所以憐拯己之惠也；敘洛眞，所以誠上姓之容易也；舉令賓，所以念蚩蚩者有輕才之高見也；舉住住，所以嘉碌碌者有重讓之明心也；引執金吾與曲臺，所以裨將來爲危梁峻谷之虞也。」說明孫棨著作本書不獨在彰顯風流，蓋有感慨垂鑑意味。《古今說海》本除錄孫內翰〈北里誌序〉和〈海論三曲中事〉外，正文凡十二則，依序爲〈天水僊哥〉、〈楚兒〉、〈鄭舉舉〉、〈牙娘〉、〈顏令賓〉、〈楊妙兒（長妓萊兒、次妓永兒、次妓迎兒、次妓桂兒）〉、〈王團兒（長妓小潤、次妓福娘、次妓小福）〉、〈俞洛眞〉、〈王蘇蘇〉、〈王蓮蓮〉、〈劉泰娘〉、〈張住住〉，卷末附錄〈狎遊妓館五事（胡証尚書、裴思謙狀元、鄭光業補袞、楊汝士尚書、鄭合敬先輩）〉和〈北里不測堪戒二事（王金吾式、令狐博士高）〉。由於孫棨採第一人稱筆法展開敘述，故事性較強，情節完整，具有眞實性和可讀性；同時運用細節描寫手法，增加作品的藝術感染力；且塑造出七十餘個歷史人物形象，較完整地展現出唐末長安眞實的俗文化生活場景，對於研究唐代風俗民情和唐末詩壇與世風都有重要意義〔註45〕。尤其通過對歌妓來源、家庭構成、技藝訓練、居住環境、歌妓身分、交往對象、歌妓歸宿等問題之探討，更能完整、立體地展現出唐末長安平康歌妓的眞實生活狀況〔註46〕。

四、《青樓集》一卷

（一）作者

《古今說海》本題雪蓑釣隱輯，邾經〈序〉則稱爲商顏黃公之裔孫雪蓑所撰，《補元史藝文志》又誤題爲元喬吉撰。今人吳曉鈴據明抄本《錄鬼簿續編》之夏伯和傳略所載，證得雪蓑姓夏、不姓黃，後世之誤題姓黃，乃傳抄訛誤造成〔註47〕。由於雪蓑釣隱乃夏庭芝自號，故明清叢書和家藏目錄、讀書志亦或題雪蓑釣隱撰，或題雪蓑漁隱撰。

〔註45〕 詳論請參王曉鵑撰：〈試談北里志的小說特徵〉，《榆林學院學報》第 19 卷第 5 期（2009 年 10 月），頁 37～40。

〔註46〕 詳論請參王曉鵑撰：〈從北里志看唐末長安歌妓的生活〉，《蘭州學刊》總第 193 期（2009 年第 10 期），頁 194～197。

〔註47〕 詳論請參吳曉鈴撰：〈青樓集撰人姓名考辨〉，見《吳曉鈴集》（石家莊：河北教育出版社，2006 年），頁 44～50。原載《星島日報》1941 年俗文學副刊第 29 期。

　　元夏庭芝（約 1325～1389）〔註48〕，字伯和，一作百和，號雪蓑，別作雪蓑釣隱、雪蓑漁隱，華亭（今江蘇松江縣）人。庭芝出身文獻世家，學識淵博。承平時，嘗蒙富貴餘澤，風流蘊藉。然清逸澹泊，不以財利、仕進為念，凡寓公貧士、鄰里細民，輒周急贍乏。終日交結友朋，聞見博有，聲譽益張。文章妍麗，樂府、隱語極多。素有藏書之癖，凡親友見借者，暇日多鈔之。好冶遊，能詞曲，仕宦經歷不詳。著有《青樓集》。

（二）傳本

　　本書《澹生堂藏書目》卷四史部記傳類著錄二卷。《徐氏家藏書目》卷三子部小說類、《徐氏紅雨樓書目》卷三子部小說類、《也是園藏書目》卷二史部校書類、《補元史藝文志》子類小說家類、《鄭堂讀書記・補逸》卷二八子部小說家類、《竹崦庵傳鈔書目》子部小說家類、《鐵琴銅劍樓藏書》卷一七子部小說家類、《郋園讀書志》卷六子部、《藝風藏書記》卷八小說類、《述古堂藏書目》卷三較書類、《清吟閣書目》卷一、《藏園群書經眼錄》卷四史部傳記類、《八千卷樓書目》卷一四子部小說家類、《莚圃善本書目》卷六下批校本子部著錄一卷。《寶文堂分類書目》卷二子雜類和《菦園藏書題識》卷六子類不著錄卷數。

　　《青樓集》二卷本未見，今傳諸本通作一卷，其以叢書收入而流傳者，主要分兩個系統：一是無名氏輯明抄《說集》本，卷首目錄載全書共一百一十六人，實記一百二十人。除正文外，卷首有至正二十四年（1364）郟經〈序〉、至正二十六年張擇〈序〉，附錄至正十五年夏伯和〈青樓集誌〉，次載目錄，卷尾有未題年月之朱武〈跋〉，此乃現存《青樓集》版本中來源最古、保存資料最豐富者〔註49〕。二是《古今說海》本系統，卷首有至正二十四年朱經〈序〉，卷尾有至正二十六年夏邦彥〈跋〉，《續百川學海》本、《重編說郛》本、《綠窗女史》卷一三青樓部、《綠窗小史》本、《雙楳景闇叢書》本、

〔註48〕夏庭芝的生卒年，學界目前仍未有定論，馬素娟和趙晶據吳曉鈴、門巋、陸林等人說法，益以相關資料辯證，得到夏庭芝生於 1315～1325 年，卒於 1389 年前後之論。又李瑩以馬素娟、趙晶之說為基礎，參酌陸林〈夏氏生年及青樓集寫作時間考〉之論，主張把夏庭芝生年定在元泰定二年（1325）年左右。詳論請參馬素娟、趙晶撰：〈夏庭芝的生卒年及青樓集的成書時間考〉，《國家林業局管理幹部學院學報》2006 年第 4 期，頁 58～60 和李瑩著：《青樓集研究》（南京：南京師範大學戲劇戲曲學碩士論文，2007 年），頁 6～8。

〔註49〕李瑩著：《青樓集研究》，頁 8。

《郎園先生全書》本、《香豔叢書》本和《叢書集成初編》本皆據此。但除《叢書集成初編》本題元雪蓑釣隱撰，《郎園先生全書》本和《雙楳景闇叢書》本題雪蓑漁隱撰，餘皆誤題元黃雪蓑撰。又，《綠窗女史》本脫朱經〈序〉，《香豔叢書》本朱經〈序〉自「青樓歌舞之妓而成一代之豔史傳之也」以下文字與他本不同，且脫〈梁園秀〉、〈張怡雲〉二則。另，臺北國家圖書館藏清嘉慶己巳（1809）丁竹浯手鈔本。《中國文學參考資料小叢書》針對流傳諸本進行校勘，卷末附錄黃丕烈《蕘園藏書題識》、瞿鏞鐵《鐵琴銅劍樓藏書》和葉德輝《郎園讀書志》載《青樓集》之敍述。節本部分，《豔異編》卷二八妓女部凡錄十六則，《舊小說》戊集錄有十則。1959 年，中國戲曲研究院以《雙楳景闇叢書》為底本，據《說集》本、《古今說海》本、《重編說郛》本和《青泥蓮花記》採引之內容進行校勘，收入《中國古典戲曲論著集成》，由北京中國戲劇出版社出版。1990 年，孫崇濤、徐宏圖以《雙楳景闇叢書》本為底本，校以《說集》本、趙魏抄校本、述古堂抄本〔註 50〕、《古今說海》本和《重編說郛》本，又據《青泥蓮花記》中引《青樓集》之部分內容和元明史籍、文集、筆記中所載相關資料補證、箋譯和註解，由北京中國戲劇出版社印行。

（三）內容

《青樓集》以人為綱，記述元朝大都、金陵、維揚、武昌、山東、江浙、湖廣等地南戲、雜劇、諸宮調等一百多位藝人之藝術特長和生平軼事，間及戲曲、曲藝等相關資料。據朱經〈序〉記載，知庭芝欲藉此書留存優伶名聲，不使湮沒無聞。《古今說海》本除卷首有朱經〈序〉、卷尾有夏邦彥〈跋〉外，正文凡錄七十二則，且以優伶藝名為目，依序為：〈梁國秀〉、〈張怡雲〉、〈曹娥秀〉、〈解語花〉、〈珠簾秀〉、〈趙眞眞、楊玉娥〉、〈劉燕歌〉、〈順時秀〉、〈小

〔註50〕 趙魏抄校本現藏北京大學圖書館，此不僅同明抄《說庫》本一樣，另載有張擇〈序〉、夏伯和〈青樓集誌〉和朱武〈跋〉等不見於別本之重要材料外，一些與別本相異之文字，倒與《說庫》本相同，說明其抄據來源是比較古老的。又卷後附明張旬〈敘〉、清趙魏〈識語〉和風葉〈記語〉，亦有參考價值。述古堂抄本現藏北京圖書館善本特藏室，此抄本卷首僅載邾經〈序〉，卷末載有夏伯和〈青樓集誌〉，正文首頁題「雪蓑釣隱輯」，文字與《古今說海》本、《重編說郛》本接近。據此，知趙魏抄校本或出《說集》本，述古堂抄本或出《古今說海》本系統。由於趙魏抄校本和述古堂抄本皆未得見，相關資料請參（元）夏庭芝著，孫崇濤、徐宏圖箋注：〈前言〉，《青樓集箋注》（北京：中國戲劇出版社，1990 年），頁 17～18。

娥秀〉、〈杜妙隆〉、〈春喜景〉、〈聶檀香〉、〈南春宴〉、〈李心心、楊奈兒、袁當兒、于盼盼、于心心、吳女燕、雪梅〉、〈宋六嫂〉、〈周人愛〉、〈秦玉蓮、秦小蓮〉、〈司燕奴〉、〈天然秀〉、〈國玉第〉、〈張玉梅〉、〈王金帶〉、〈魏道道〉、〈玉蓮兒〉、〈樊事眞〉、〈賽簾秀〉、〈天錫秀〉、〈金獸頭〉、〈周喜歌〉、〈王巧兒〉、〈王奔兒〉、〈時小童〉、〈于四姐〉、〈平陽奴〉、〈趙偏惜〉、〈連枝秀〉、〈王玉梅〉、〈李芝秀〉、〈朱錦繡〉、〈樊香歌〉、〈小玉梅〉、〈楊買奴〉、〈張玉蓮〉、〈趙眞眞〉、〈季嬌兒〉、〈張奔兒〉、〈龍樓景、丹墀秀〉、〈賽天香〉、〈翠荷秀〉、〈趙梅哥〉、〈陳婆惜〉、〈汪憐憐〉、〈米里哈〉、〈顧山山〉、〈李芝儀〉、〈李眞童〉、〈眞鳳歌〉、〈大都秀〉、〈喜溫柔〉、〈金鶯兒〉、〈一分兒〉、〈般般醜〉、〈劉婆惜〉、〈小春宴〉、〈孫秀秀〉、〈事事宜〉、〈簾前秀〉、〈燕山景〉、〈燕山秀〉、〈荊堅堅〉、〈孫千金〉、〈李定奴〉。《青樓集》不僅展示元朝音樂繁榮圖像，讓人瞭解當時藝人的精湛技巧和各種音樂形式，藉由其與達官顯宦、文人才士、戲曲散曲作家的應酬和交往，同時反映元代音樂文化所呈現出雅俗共融之特徵〔註51〕。

五、《雜纂》三卷

（一）作者

〈古今說海總目〉題《雜纂》三卷，觀其內容編排，係分成卷上、卷中和卷下。由於各卷編者不同，但以撰人和作品之對應關係言，仍當視爲三部書。又《古今說海》本題署撰者情形依次爲：卷上唐李義山纂、卷中宋王君玉續纂、卷下宋蘇子瞻續纂。

唐李商隱（812～858），字義山，號玉谿生、樊南生，原籍懷州河內（今河南沁陽），祖輩遷至滎陽（今河南鄭州）。商隱早年曾從令狐楚遊，開成二年（837）舉進士第，應涇原節度使王茂元聘爲幕僚，自此捲入牛李黨爭。四年，授祕書省校書郎，歷任弘農縣尉、祕書省正字、東川節度使判官、鹽屋縣尉，長期在外派官員幕下任職。詩風晦澀唯美，喜用典故，受李賀、杜甫、韓愈影響頗深，尤擅七絕和五言排律。著有《樊南甲集》、《樊南乙集》、《李義山詩集》。《舊唐書》卷一九○、《新唐書》卷二○三有傳。

宋王君玉。《四庫全書總目·國老談苑》提要是書：「舊本題夷門隱叟王

〔註51〕詳論請參李靜撰：〈從青樓集看元代音樂的雅俗共融〉，《藝術探索》第 23 卷第 3 期（2009 年 6 月），頁 25～28。

君玉撰。」〔註52〕據《臨川集》卷九〇〈建昌王君墓表〉，知此君玉乃建昌南城（今江西南城縣）人，舉進士不第，年六十五而卒〔註53〕。又，《宋史》卷三一二〈王珪〉載：珪從兄琪，字君玉，成都華陽（今四川雙流縣）人，仁宗時任館閣校勘、集賢校理〔註54〕。則宋人名王君玉者有二，《雜纂續》一卷或爲其中一人所纂。按：《說郛》本《雜纂》所題撰人皆署字號，且君玉乃爲王琪字，則續李商隱《雜纂》者，或即王琪。琪，字君玉，生卒年不詳，宋仁宗嘉祐初前後在世。進士及第，曾任江都主簿。天聖三年（1025），上時務十事，仁宗嘉之，除館閣校勘、集賢校理，命試學士院，授大理評事。歷通判舒州、開封府推官、直集賢院、兩浙淮南轉運使，又改修起居注、鹽鐵判官、判戶院勾院、知制誥等，以禮部侍郎致仕。著有《國老閑談》、《雜纂續》、《謫仙長短句》。《宋史》卷三一二〈王珪〉附傳。

宋蘇軾（1037～1101），字子瞻，一字和仲，號東坡居士，眉州眉山（今四川眉山縣）人。嘉祐二年（1057），試禮部第二。治平二年（1065），入判登聞鼓院。英宗自藩邸聞其名，召試二論，復入三等，得直史館。哲宗朝，召爲禮部郎中，復遷起居舍人。歷任中書舍人、翰林學士兼侍讀、龍圖閣學士。蘇軾以個性耿直，直言敢諫，曾貶惠州、瓊州等地。徽宗立，更三大赦，提舉玉局觀，復朝奉郎。博學多聞，才華洋溢，詩詞、散文、書法、繪畫，無一不精。著有《東坡全集》。《宋史》卷三三八有傳。

（二）傳本

《雜纂》，一名《義山雜纂》、《李義山雜纂》。《直齋書錄解題》卷一一小說類、《通志》卷六〈藝文略〉子類小說家、《文獻通考》卷二一五〈經籍考〉子部小說家類、《宋史》卷二〇六〈藝文志〉子類小說類、《國史經籍志》卷四下子類小說家類、《徐氏家藏書目》卷三子部小說類、《祕書省續編到四庫闕書目》卷二子類小說類著錄一卷。《玄賞齋書目》卷六小說類不著錄卷數。

《直齋書錄解題》著錄《雜纂》一卷，且云「有別本稍多，皆後人附益」

〔註52〕（清）永瑢等奉敕著：《四庫全書總目》，卷141子部51‧小說家類，頁2762。

〔註53〕詳見（宋）王安石著：〈建昌王君墓表〉，《臨川先生文集》（臺北：臺灣商務印書館，1957年《四部叢刊》影上海涵芬樓藏明嘉靖39年（1560）撫州刊本），卷90，頁565～566。

〔註54〕參見（元）脫脫著：〈王珪傳〉，《宋史》（臺北：藝文印書館，1951年影清乾隆武英殿刊本），卷312，頁3991～3993。

〔註55〕，知當時已有續書出現。《澹生堂藏書目》卷七子部小說家類據《古今說海》本等，著錄「李義山《雜纂》二卷」，又別錄「《續雜纂》一卷，蘇軾」〔註56〕，則前述二卷中有一卷爲王君玉《雜纂續》。《述古堂藏書目》卷五小說家類載「李義山《雜纂》三卷」〔註57〕，當亦將三書並記致誤。《鄭堂讀書記·補逸》卷二八子部小說家類載「《雜纂》一卷、《雜纂續》一卷、《雜纂二續》一卷、《雜纂三續》一卷」，注云：「首三種，《說郛》本；末一種，《說郛續》本」〔註58〕。《八千卷樓書目》卷一三子部雜家類載「《義山雜纂》一卷，唐李商隱撰；《雜纂續》一卷，宋王君玉撰；《雜纂又續》一卷，宋蘇軾撰」〔註59〕。按：蘇軾《續雜纂》，一名《雜纂二續》，《說郛》本乃最先合併三書三卷者，《古今說海》本和《格致叢書》本沿此，惟《格致叢書》本題署《三家雜纂》；至若私家目錄如《也是園藏書目》卷五子部小說家類著錄三卷，乃並稱續書所致爾。

　　《雜纂》，原本未傳，今傳或已經後人補作〔註60〕。《說郛》本摘錄四十四則，《古今說海》本即據此，但刪削〈無所知〉、〈少知塵俗〉、〈十誡〉三則，且各則事項數較《說郛》本有增減，各事項和各則名稱亦有不同，可能爲方便明人瞭解所改易〔註61〕。今傳尚有《重編說郛》本、《五朝小說》本、《五

〔註55〕　（宋）陳振孫著：《直齋書錄解題》（臺北：臺灣商務印書館，1983 年影清文淵閣《四庫全書》本），卷 11 小說類，頁 722。

〔註56〕　（明）祁承㸁藏並編：《澹生堂藏書目》（北京：商務印書館，2005 年《中國著名藏書家書目匯刊》影清光緒 18 年（1892）會稽徐氏鑄學齋刻本），卷 7 子部小說家類，頁 277～278。

〔註57〕　（明）錢曾著：《述古堂藏書目》（臺南：莊嚴文化事業出版社，1995 年《四庫全書存目叢書》影北京圖書館藏清初錢氏述古堂鈔本），卷 5 小說家類，頁 686。

〔註58〕　（清）周中孚著：《鄭堂讀書記·補逸》（北京：中華書局，1993 年《清人書目題跋叢刊》縮印務印書館 1958 年版），卷 28 子部小說家類，頁 527。

〔註59〕　（清）丁丙著，丁仁撰：《八千卷樓書目》（上海：上海古籍出版社，1997 年《續修四庫全書》影民國 12 年（1923）鉛印本），卷 13 子部雜家類，頁 256。

〔註60〕　齊一得據所見《雜纂》版本，就其內容風格，認爲前半部出自李商隱之筆，後半部則缺少藝術性，帶有直接教誨性質，認爲是後人補作。詳論請參齊一得撰：〈雜纂簡議〉，《學術交流》1990 年第 5 期，頁 130。由於齊一得〈雜纂簡議〉原是爲《雜纂》俄文全譯本所作之前言，文中所述《雜纂》收錄四十二則（原文作箴言組）與今傳諸本之則數皆不相同，且齊氏亦未交代所據版本，或以俄文全譯本爲據亦未可知，故錄之以爲參考。

〔註61〕　李商隱《雜纂》於《古今說海》本和《說郛》本之差異，鄭阿財曾予列表比較分析，詳論請參鄭阿財撰：〈從敦煌文獻看李義山雜纂的性質〉，《木鐸》第

朝小說大觀》本、《格致叢書》本、《唐人說薈》本、《唐代叢書》本《懺花盦叢書》本和《叢書集成初編》本。又諸本之各則數、名稱和事項數、名稱等，較之《古今說海》本或稍異，如《重編說郛》本〈失本體〉脫略「不早晚禮拜念佛失僧尼體」一事。另有清周春手抄本，川島輯，北新書局刊行入《雜纂四種》，未見〔註62〕。1988 年，曲彥斌以《說郛》本爲底本，參校他本，收入《雜纂七種》，由上海古籍出版社出版。

　　《雜纂續》，原本未傳，《說郛》本摘錄三十九則，《古今說海》本即據此，但刪削〈凡惡〉、〈左科〉、〈好殺合〉、〈琅瑞〉、〈見和尚有五防〉、〈四不憤〉、〈三官怕〉七則，且各則事項數較《說郛》本有增減，各事項和各則名稱亦有不同，可能爲方便明人瞭解所改易，如〈奴婢相〉之事項次第和事項名稱與《說郛》本不同，又〈易圖謀〉脫略「上元夜出軍家口」、「取債人物業」二事，〈好笑〉多「村巫降神」一事。今傳尚有《重編說郛》本、《五朝小說》本、《五朝小說大觀》本、《格致叢書》本、《懺花盦叢書》本和《叢書集成初編》本，但《重編說郛》本、《五朝小說》本和《五朝小說大觀》本誤題王銍撰，則不知所據。又諸本之各則名稱、事項名稱和事項數等，較之《古今說海》本或稍異，如《重編說郛》本〈易圖謀〉第二、第三事項之次第即與《古今說海》本相互對調。另有清周春手抄本，川島輯，北新書局刊行入《雜纂四種》，未見。1988 年，曲彥斌以《說郛》本爲底本，參校他本，收入《雜纂七種》，由上海古籍出版社出版。

　　《續雜纂》，原本未傳，《說郛》本摘錄二十五則，《古今說海》本即據此，但少〈將不了就不了〉、〈愛不得〉二則，且各則事項數較《說郛》本或稍有增減，各事項和各則名稱亦有不同，可能爲方便明人瞭解所改易，如〈叵耐〉之事項次第和事項數即與《說郛》本不同。今傳尚有《重編說郛》本、《五朝小說》本、《五朝小說大觀》本、《格致叢書》本、《懺花盦叢書》本和《叢書集成初編》本，但諸本之事項名稱、事項數和各則名稱等，較之《古今說海》本或稍異，如《重編說郛》本和《五朝小說大觀》本〈旁不忿〉之事項次第即與《古今說海》本不同。另有清周春手抄本，川島輯，北新書局刊行入《雜

　　　　12 期（1988 年 3 月），頁 113～114。

〔註62〕有關《雜纂四種》本的刊行情形，除《雜纂》外，《雜纂續》和《續雜纂》亦皆同此，以下不另作註。詳論請參曲彥斌撰：〈雜纂七種版本、作者考略〉，見（唐）李義山等著，曲彥斌校注：《雜纂七種》（上海：上海古籍出版社，1988 年），頁 187。

纂四種》，未見。1988 年，曲彥斌以《說郛》本爲底本，參校他本，收入《雜纂七種》，由上海古籍出版社出版。

（三）內容

《直齋書錄解題》注《雜纂》云：「俚俗常談鄙事，可資戲笑，以類相從。今世所稱殺風景，蓋出於此。又有別本稍多，皆後人附益。」〔註 63〕王國良以稍多附益者，似指王君玉、蘇軾二書〔註 64〕。按：三書皆採隨筆雜錄方式纂集當時民間諧謔諷刺之警句，每則三至二十二事、每事二至十六字不等，皆爲當時口語俚詞，有助於瞭解其價值觀和社會情態。《古今說海》本卷上錄〈必不來〉、〈不相稱〉、〈羞不出〉、〈怕人知〉、〈不嫌〉、〈遲滯〉、〈不得已〉、〈相似〉、〈不如不解〉、〈惡不久〉、〈惱人〉、〈失本體〉、〈隔壁聞語〉、〈富貴相〉、〈謾人語〉、〈酸寒〉、〈不快意〉、〈惶愧〉、〈殺風景〉、〈不忍聞〉、〈虛度〉、〈不可過〉、〈難容〉、〈意想〉、〈惡模樣〉、〈不達時宜〉、〈悶損人〉、〈癡頑〉、〈愚昧〉、〈時人漸顛狂〉、〈非禮〉、〈枉屈〉、〈不祥〉、〈須貧〉、〈必富〉、〈有智能〉、〈教子〉、〈教女〉、〈失去就〉、〈強會〉、〈無見識〉等四十一則；卷中錄〈奴婢相〉、〈易圖謀〉、〈難奈何〉、〈不得人憐〉、〈無憑據〉、〈趁不得〉、〈冷淡〉、〈惡行戶〉、〈少思算〉、〈不相稱〉、〈自做得〉、〈好笑〉、〈阻興〉、〈不可託人〉、〈可惜〉、〈重難〉、〈沒用處〉、〈又愛又怕〉、〈不識羞〉、〈不濟事〉、〈暗歡喜〉、〈不自量〉、〈愛便宜〉、〈過不得〉、〈難理會〉、〈不識疾遲〉、〈不識好惡〉、〈輒不得〉、〈少道理〉、〈難忍耐〉、〈沒意頭〉等三十一則；卷下錄〈叵耐〉、〈自羞恥〉、〈強陪奉〉、〈佯不會〉、〈旁不忿〉、〈不快活〉、〈未足信〉、〈陡頓歡喜〉、〈這回得自在〉、〈不圖好〉、〈怕人知〉、〈說不得〉、〈謾不得〉、〈諱不得〉、〈改不得〉、〈得人惜〉、〈學不得〉、〈忘不得〉、〈留不得〉、〈勸不得〉、〈悔不得〉、〈怕不得〉、〈省不得〉等二十三則。

六、《損齋備忘錄》一卷

（一）作者

明梅純撰。純，字一之，夏邑（今河南夏邑縣）人，生卒年不詳。純爲洪武中駙馬都尉梅殷玄孫，成化十七年（1481）進士。曾知中都鳳陽府定遠縣，因忤上官，棄歸。後襲武階，除中都留守司副留守。復上疏請改孝陵衛，以奉

〔註 63〕（宋）陳振孫著：《直齋書錄解題》，卷 11 小說類，頁 722。
〔註 64〕王國良著：《唐代小說敘錄》，頁 13。

曾祖父母之祀，後於南京著書度過餘生。著有《損齋備忘錄》、《損齋日記》，輯有《藝海匯函》、《續百川學海》。《明史》卷一二一〈寧國公主〉附傳。

（二）傳本

本書《百川書志》卷八子志小說家類、《國史經籍志》卷四下子類小說家類、《千頃堂書目》卷五別史類、《明史》卷九七〈藝文志〉史類雜史類、《欽定續通志》卷一六〇〈藝文略〉諸子類雜家類、《欽定續文獻通考》卷一七七〈經籍考〉子部雜家類、《四庫全書總目》卷一二七子部雜家類存目、《浙江採輯遺書總錄》丁集史部雜史類、《孫氏祠堂書目》外編卷三史學類著錄二卷。《徐氏紅雨樓書目》卷三子部小說類和《八千卷樓書目》卷一二子部雜家類著錄一卷。《玄賞齋書目》卷六小說類和《笠澤堂書目》子部小說家類不著錄卷數。

《四庫全書總目・損齋備忘錄》提要是書：「上卷分紀事、纂言、知人、格物四類。下卷分說詩、論文、補闕、拾遺、辨疑、刊誤六類。其說詩論文，頗能中理，而亦每傷於迂闊。」〔註65〕今傳二卷本有《國朝典故》本，但闕漏頗多，一卷本雖不分類，顯非原帙，卻多有二卷本所未載者，可為校勘補闕。《古今說海》本摘錄二十八則，《歷代小史》本、《學海類編》本和《叢書集成初編》本皆據此，但《歷代小史》本脫〈劉貞竊敕印南歸而後還〉、〈周是修食君之祿〉、〈獨亡宋濂「洪武聖政記」〉、〈歐陽子「本論」〉、〈方諸知生死之道〉、〈朱啓明言事物相類應〉、〈「可憐無定河邊骨」命意精到〉、〈薩天錫「秋宮詞」〉、〈茅大方詩傳誦百年〉、〈鐵鉉二女詩〉、〈「尚書」精密之旨〉、〈「春秋」據事正名〉、〈斧形像雷〉十三則，《學海類編》本將〈火浣布蓋金石之屬〉、〈方諸知生死之道〉二則合一，又將〈明太祖見其大業將盛〉、〈明太祖征賦「馬渡溪頭苜蓿香」詩〉、〈楊文南受賜「大將征南膽氣豪」詩〉、〈明宣宗詩多六言〉四則合一。另，《今獻彙言》本雖亦作一卷，但刪略情形與《古今說海》本大不相同，內容則不出《國朝典故》本。

（三）內容

《中國文言小說總目提要》謂《損齋備忘錄》「記明初以來朝野遺文、詩文與經史考證，以及災禍靈異之事，為雜俎之體。」〔註66〕《古今說海》本

〔註65〕 （清）永瑢等奉敕著：《四庫全書總目》，卷127子部37・雜家類存目，頁2538。

〔註66〕 寧稼雨著：《中國文言小說總目提要》（濟南：齊魯書社，1996年），頁252。

載二十八則，各則要旨依次如下：從明太祖渡江十人（徐達、馮國用、邵榮、湯和、李善長、常遇春、鄧愈、耿君用、毛廣、廖永安）及其後歸者俞通海之生平事略，和洪武三年敕封功臣名單。武定侯郭英隨太祖征陳理，其母托夢盡忠報國則免結廬墓側。劉貞竊敕印南歸而後還，家人遂皆得遭釋。周是修食君之祿，後以自盡表心。〈洪武聖政記〉、〈三朝聖諭錄〉和〈天順日錄〉三錄，獨亡宋濂〈洪武聖政記〉。歐陽子〈本論〉謂：「佛老之害，宜修其本以勝之」之說未然。狄仁傑始終為唐，非守道者所可取法。剖心觀之，有佳山水如畫。金性趨南。可以為湯而泉。火浣布蓋金石之屬。方諸藉水火本體知生死之道。朱啓明藉目耳鼻舌形質言事物相類應。明太祖〈詠雪〉、〈新雨〉見其大業將盛。明太祖征賦「馬渡溪頭苜蓿香」詩。楊文南受賜「大將征南膽氣豪」詩。明宣宗詩多六言，如〈過史館〉、〈上林春色〉、〈詠撤扇〉等。「忽聞貧者乞聲哀」較「子歸啼徹四更時」設心更廣。「可憐無定河邊骨，猶是深閨夢裏人」命意精到。薩天錫〈秋宮詞〉造語渾然。李貞伯「相思莫遺石屏贈」詩以德業相勸。茅大方「淮南消息近如何」詩傳誦百年。鐵鉉二女有「教坊脂粉洗鉛華」和「骨肉傷殘產業荒」詩。考辯《周易》大象、小象。《尚書》精密之旨證明其非偽書。《春秋》據事正名，則褒貶自見。地有四遊。斧形像雷。

七、《復辟錄》一卷

（一）作者

明楊瑄撰。瑄（1425～1478），字廷獻，江西豐城（今江西豐城縣）人。景泰四年（1453）舉人，隔年舉進士。天順年間，曾任監察御史，以正直敢言，彈劾權貴而被誣害，坐獄戍邊。成化後始被赦還，尋遷浙江按察副使。著有《復辟錄》。《明史》卷一六二有傳。

（二）傳本

《復辟錄》，一名《復辟記事》。《欽定續通志》卷一五八〈藝文略〉史類雜史類、《欽定續文獻通考》卷一六三〈經籍考〉史部雜史類、《徐氏家藏書目》卷二史部本朝史類、《徐氏紅雨樓書目》卷二史部本朝世史彙類、《絳雲樓書目》本朝制書實錄類、《浙江採輯遺書總錄》丁集史部雜史類、《四庫全書總目》卷一二七子部雜家類存目、《鄭堂讀書記》卷一九史部雜史類、《八千卷樓書目》卷四史部雜史類著錄一卷。《玄賞齋書目》卷四國記類、

《笠澤堂書目》史部雜史類、《持靜齋書目·續增》卷五子部小說家類不著錄卷數。

今本《復辟錄》之文末引述祝允明《蘇材小纂》和王瓊《雙溪雜記》係後人所加，是知傳本皆非原帙〔註67〕。今傳一卷本悉出《古今說海》本，《廣百川學海》本、《歷代小史》本、《紀錄彙編》本、《續說郛》本、《學津討原》本、《秘冊叢說》本和《叢書集成初編》本皆據此。但《學津討原》本刪削部分條文出處，卷末附錄張海鵬〈跋〉。另，《豫章叢書》本以《古今說海》本為據，用《歷代小史》本覆校，卷首有〈四庫全書提要〉。又，明人宋端儀《立齋閑錄》卷之四抄錄《復辟錄》之大部分內容。

（三）內容

《復辟錄》主要敘述明朝英宗、景帝間奪門之變經過。楊瑄時為監察御史，得目見其事，益以國史未載，故特撰此書保存史料，公允評價奪門之變裡的人和事，使供史家採錄。按其內容，包括景泰八年，景帝以染疾故而免百官朝，蕭維禎、徐有貞、石亨、于謙、王文等上疏奏請早擇太子，以安人心。于謙、王文等卻遭密告將迎立外藩而被殺死棄市，徐有貞、石亨等則因護國有功晉爵。其後，景帝未見有迎立外藩跡象而心存疑惑，石亨、曹吉祥等趁機專權跋扈、迫害士子。徐有貞欲遏其勢、阻其謀，造成文武官員分作二途。《四庫全書總目·復辟錄》提要：「當徐有貞等奪門時，瑄官御史，事皆目覩。又嘗劾曹吉祥、石亨，坐謫論戍，於二人事蹟知之尤悉。故其辨于謙、王文之被誣，石亨、曹吉祥之恣肆，皆與史合。後附李賢《天順日錄》、祝允明《蘇材小纂》、陳循《辨冤疏》、葉盛《水東日記》、王瓊《雙溪雜記》數條，蓋皆同時親與其事者。故引以為據，明所述之不誣云。」〔註68〕此本除楊瑄之文外，末附《天順日錄》五則、《水東日記》二則，《蘇材小纂》、《辨

〔註67〕 黃細嘉考《復辟錄》乃楊瑄在浙江按察副使任上所作，時間約為 1469～1478 年間，而楊瑄卒於成化 14 年（1478），可以肯定《復辟錄》成書於成化年間。又弘治改元在 1488 年，當時祝允明才開始擔任撰集事蹟上史館為實錄之工作，此後才私纂記成《蘇材小纂》，顯然《蘇材小纂》成書於《復辟錄》之後。另，《雙溪雜記》成書何年雖未詳，但據《四庫全書總目·雙溪雜記》提要，知《雙溪雜記》不但記載有弘治以前事，且大量記錄弘治、正德和嘉靖等朝人事，說明是書完成於嘉靖中後期或嘉靖朝以後，而當時楊瑄已去世十多年，故知《雙溪雜記》成書於《復辟錄》之後。詳論請參黃細嘉撰：〈楊瑄及其復辟錄〉，《中國歷史博物館館刊》2000 年第 1 期，頁 59。

〔註68〕 （清）永瑢等奉敕著：《四庫全書總目》，卷 53 史部 9·雜史類存目，頁 1142。

冤疏》、《雙溪雜記》各一則，皆有助於瞭解復辟事件原委。

八、《靖難功臣錄》一卷

（一）作者

《古今說海》本不題撰者。《四庫全書總目‧靖難功臣錄》提要：「不著撰人名氏」，但云「此本爲明嘉靖中魯藩宗人當㴸編入明朝典故者。」〔註69〕按：後世叢書或據此題爲明朱當㴸撰。當㴸，魯宗室鉅野王朱泰澄之孫，生卒年不詳。參《（康熙）兗州府志》卷三〇〈封建志〉。

（二）傳本

本書《千頃堂書目》卷一〇傳記類、《徐氏家藏書目》卷二史部本朝史類、《欽定續文獻通考》卷一六五〈經籍考〉史部傳記類、《四庫全書總目》卷六一傳記類存目、《鄭堂讀書記‧補逸》卷一〇史部傳記類、《八千卷樓書目》卷五史部傳記類著錄一卷。《玄賞齋書目》卷四國記類、《國史經籍志》卷三史類傳記類、《絳雲樓書目》本朝制書實錄類、《浙江採輯遺書總錄》丁集史部雜史類不著錄卷數。

原書未見，今傳一卷本悉出《古今說海》本，《歷代小史》本、《紀錄彙編》本、《勝朝遺事初編》本、《秘冊叢說》本和《叢書集成初編》本皆據此，但《歷代小史》本脫姚廣孝、李友直事蹟和洪武三十五年九月初四日封爵官員名錄。

（三）內容

本書載齊泰於洪武十二年七月起兵作亂，成祖興靖難之師，迄隔年六月平定京師，是以著錄功臣名錄。《古今說海》本凡錄姚廣孝、李友直、譚淵、朱能、張玉、武勝、顧成、李彬、孫巖、陳珪、劉中孚、徐忠、薛祿、陳賢、陳瑄、吳中、金忠、徐增壽等十八人，附錄洪武三十五年九月初四日封爵官員名錄，計有丘福、朱能、張武、陳珪、鄭亨、孟善、王忠、王聰、徐忠、張信、李遠、郭亮、房寬、顧成、徐祥、徐理、李濬、張輔、唐雲、孫巖、房勝、趙彝、陳旭、劉才、張玉、譚淵、李景隆、茹瑺、王佐、陳瑄、張興、張成、王寧、譚忠等三十四人。

〔註69〕　（清）永瑢等奉敕著：《四庫全書總目》，卷61史部17‧傳記類存目，頁1321。

九、《備遺錄》一卷

（一）作者

明張芹編，敖英校，姜南續校增。芹，字文林，峽江（今江西峽江縣）人。弘治十五年（1502）進士，授福州推官。正德中，召為南京御史。歷任徽州知府、杭州知府、浙江海道副使、右參政、右布政使。著有《備遺錄》。《明史》卷二○八有傳。

明敖英，字子發，清江（今江西清江縣）人，生卒年不詳。明正德間進士，官至江西右部正使。工詩，風格獨闢蹊徑。著有《綠學亭雜言》、《東谷贅言》。

明姜南，生平事蹟參見本書上篇第三章第二節。

（二）傳本

《備遺錄》，一名《建文忠節錄》、《建文備遺錄》、《建文遺迹備遺錄》、《革除備遺錄》。《明史》卷九七〈藝文志〉史類雜史類著錄《建文備遺錄》二卷，同卷史類傳記類載《備遺錄》一卷。《絳雲樓書目》本朝制書實錄類亦著錄二卷。《玄賞齋書目》卷四國記類、《徐氏家藏書目》卷二史部本朝史類、《徐氏紅雨樓書目》卷二史部本朝世史彙類、《傳是樓書目》史部名賢類、《欽定續通志》卷一五八〈藝文略〉史類雜史類、《欽定續文獻通考》卷一六五〈經籍考〉史部傳記類、《鄭堂讀書記·補逸》卷一○史部傳記類、《八千卷樓書目》卷五史部傳記類著錄一卷。《浙江採輯遺書總錄》丁集史部雜史類、《拜經樓藏書題跋記》卷二、《持靜齋書目·續增》卷五子部小說家類、《佳趣堂書目》不著錄卷數。

《四庫全書總目·備遺錄》提要以張芹原序「稱錄中四十六人名氏，皆閩中宋君端儀嘗採輯為錄而未成者」，故疑張芹「初據宋氏原本而作，後又隨時續有增益，原非一本。傳錄者各據所見，遂兩存之耳。」〔註70〕《古今說海》本所據，係姜南續增記載七十人之版本。《廣百川學海》本、《歷代小史》本、《續說郛》本、《學海類編》本、《借月山房彙鈔》本、《勝朝遺事初編》本、《祕冊叢說》本、《豫章叢書》本、《說庫》本和《叢書集成初編》本悉出此。但《廣百川學海》本、《歷代小史》本、《續說郛》本、《學海類編》本、《祕冊叢說》本和《說庫》本皆脫張芹〈備遺錄引〉、敖英〈書備遺錄後〉及

〔註70〕 （清）永瑢等奉敕著：《四庫全書總目》，卷 61 史部 17·傳記類存目，頁 1310。

目錄。再者，《歷代小史》本各則不立篇目，直接把案主名氏嵌入內文，且將〈監察御史高公〉、〈翰林修撰王公〉併為一則；《學海類編》本刪落附錄文字；《勝朝遺事初編》本刪略目錄，各則不立篇目，且將案主名氏嵌入內文；《祕冊叢說》本〈翰林侍講方公〉、〈翰林修撰王公〉、〈散騎舍人廖公〉、〈蘇州府知府姚公〉、〈陝西按察僉事林公〉、〈都指揮朱公〉諸則脫文末雙行小字注和附錄文字；《豫章叢書》本刪略目錄，但卷末附錄〈四庫全書提要〉。另，《澤古齋重鈔》有一卷本，未見。

（三）內容

《古今說海》本《備遺錄》卷首有張芹〈備遺錄引〉和目錄，卷末有敖英〈書備遺錄後〉。張芹〈備遺錄引〉云是書「錄諸先正之忠於所事，而以死殉之者也。」按：本書先敘案主生平事蹟完備者，且冠其職銜為篇目，凡五十四則，錄五十五人之事，依序為〈太常寺卿黃公（子澄）〉、〈兵部尚書齊公（泰）〉、〈翰林侍講方公（孝孺）〉、〈副都御史練公（安）〉、〈禮部右侍中黃公（瀾伯）〉、〈禮部尚書陳公（迪）〉、〈戶部侍郎卓公（敬）〉、〈左拾遺戴公（德彝）〉、〈都給事中龔公（泰）〉、〈太常寺少卿廖公（昇）〉、〈副都御史陳公（性善）〉、〈大理寺少卿胡公（閏）〉、〈宗人府經歷宋公（徵）〉、〈翰林修撰王公（叔英）〉、〈兵部尚書鐵公（鉉）〉、〈刑部尚書侯公（泰）〉、〈戶部主事巨公（敬）〉、〈監察御史甘公（霖）〉、〈鄒（謹）魏（冕）二公〉、〈僉都御史景公（清）〉、〈給事中陳公（繼之）〉、〈吏部尚書張公（紞）〉、〈監察御史曾公（鳳韶）〉、〈副都御史茅公（大芳）〉、〈刑部侍郎胡公（子韶）〉、〈戶科給事黃公（鉞）〉、〈兵科給事中韓公（永）〉、〈監察御史王公（度）〉、〈監察御史高公（翔）〉、〈翰林修撰王公（艮）〉、〈散騎舍人廖公（鏞）〉、〈浙江按察使王公（良）〉、〈江西按察副史程公（本立）〉、〈徽州府知府陳公（彥回）〉、〈寧府左長史石公（撰）〉、〈遼府左長史程公（通）〉、〈衡府紀善周公（以德）〉、〈沛縣知縣顏公（瓌）〉、〈前斷事高公（巍）〉、〈北平左布政使張公（昺）〉、〈濟陽教諭王公（省）〉、〈蘇州府知府姚公（善）〉、〈燕府長史葛公（誠）〉、〈教授俞公（逢）〉、〈陝西按察僉事林公（嘉猷）〉、〈寧波府知府干公（璟）〉、〈蕭縣知縣鄭公（恕）〉、〈東卞州判官鄭公（華）〉、〈岳池縣教諭程公（濟）〉、〈北平都指揮使謝公（貴）〉、〈參將宋公（忠）〉、〈都指揮馬公（宣）〉、〈都指揮朱公（鑑）〉、〈魏國公徐公（輝祖）〉等。末附黃彥清、劉政、彭二、盧原質、葉惠仲、朱景先、周璿、謝升、郭任、盧迥、毛泰、黃魁、暴昭、董庸、盧振等十五人事蹟，全書凡錄七十人。

第九章　結　論

　　透過本書之研究，幫助對陸楫和《古今說海》有深入認識，使給予合理的歷史地位，歸納要點如下：

　　一、透過編輯群體生平資料之考索，揭露陸楫及其編輯群之組成，不單只是地域性的文人結社團體，且是以世交、姻親和師友關係為連結。其共同編纂《古今說海》之目的，除造福士林同好與謀取刊行利潤外，同時為明朝文人博雅好奇心態之展現。尤其對於陸楫等官場失意者來說，透過《古今說海》的發行與流傳，更能提高其在文壇上的聲望與地位。

　　二、透過陸楫生平、著作及其家世背景之探討，發現陸楫思想之呈現，主要可就五個方面進行論說：經濟思想方面，陸楫為舒緩當時社會經濟壓力，促進國家繁榮，主張改革宗祿制度，鼓勵富豪消費，增加就業機會；認為為政者應因俗而治，不宜一律強制禁奢。政治思想方面，陸楫主張明朝代元和皇統繼承乃皆天命所歸，強調君臣名分不可違背，又統治者除務廣德外，還得有強大武功，使國土廣袤。史學思想方面，陸楫主張《春秋》係孔子憂世道悲人窮而作，強調其採取隱諱記載非為隱惡，唯能諱其名而不諱其實，方乃不隱惡之大者；又為避免妄說致誤，造成無法彌補之傷害，認為寫作及搜證態度要嚴謹，凡《春秋》所記皆有其寓意及不得不說之理由，藉此申明支持不隱惡之論。民族思想方面，陸楫認為華夷之別乃人視之造成，由於史家泥古而不知變，致使華夷之說根深柢固；雖然歷代君王有為夷狄者，但因推行王道、造福天下與華夏君王無別，進而肯定華夏齊等夷狄之說。文學思想方面，《古今說海》依照四部七家原則按部歸類，觀察各子目書在歷代書目之著錄情形，可知陸楫等詮釋說部概念之內涵；至其節鈔「說畧部」《三水小牘‧

王知古》入別傳家，適反映其認知傳奇和志怪體之差異所在。

　　三、今傳《古今說海》以清道光間酉山堂刊本爲主，酉山堂不僅重刊嘉靖本，又補刻《四庫全書總目·古今說海》提要及《古今說海》四十六種子目書提要。經比對後發現，道光本除誤刊陸深《知命錄》提要入別傳家唐傳奇《知命錄》外，且漏刻《古今說海》子目書《備遺錄》、《三楚新錄》、《聞見雜錄》、《文昌雜錄》和《樂府雜錄》五書提要。另，過去學界以爲香港大學馮平山圖書館藏《古今說海》清乾隆嘉慶間刊本，並視之或爲《古今說海》新發現之版本，經筆者與館方人員聯繫後，根據所得相關資料判斷，斷定該館所藏係道光刊本，非乾隆嘉慶間刊本。

　　四、筆者將《古今說海》明嘉靖本與引據版本進行比對，知《古今說海》於《薛昭傳》、《鄴侯外傳》、《昨夢錄》、《清尊錄》雖或有還原篇目和撰者情形，但《蒙韃備錄》、《北轅錄》、《林靈素傳》、《瀟湘錄》、《談藪》、《三水小牘》、《蒙齋筆談》、《諧史》、《睽車志》、《東園友聞》和《聞見雜錄》卻都有妄題撰人和改題篇名現象，又共有七十五部子目書脫漏撰人或出處。歸結陸楫及其編輯群等輕忽版權意識，甚或是出於牟取利益考量，及展現明人好奇尚博風氣所致，是藉此營造《古今說海》廣納祕本之印象，以提高圖書的銷售量。

　　五、《古今說海》引據版本雖以《太平廣記》和《說郛》爲主，且此二書亦的確爲明清以降許多小說叢書、類書之主要援引對象。尤其《古今說海》初刻於嘉靖二十三年，今所見《太平廣記》以嘉靖四十五年談愷刻本最早，《古今說海》「說淵部」別傳家之唐傳奇乃反映《太平廣記》宋刻本或宋刻殘本或舊抄本的實際情形。再者，《古今說海》子目書如《溪蠻叢笑》、《蒙韃備錄》、《北轅錄》、《靈應傳》、《震澤龍女傳》、《蔣子文傳》、《宣政雜錄》、《靖康朝野僉言》、《朝野遺紀》、《諧史》、《昨夢錄》、《三朝野史》、《瀟湘錄》、《談藪》、《就日錄》、《碧湖雜記》、《桐陰舊話》、《霏雪錄》、《拊掌錄》、《艮嶽記》、《青溪寇軌》、《江行雜錄》、《行營雜錄》、《避暑漫抄》、《教坊記》、《損齋備忘錄》、《備遺錄》等，多被認爲是刊刻時間較早或較完足者，在版本研究方面有一定價值。又經筆者考證《古今說海》子目書之版本源流，從其篇目命名差異、刪削脫漏情形、增衍文句現象及條文總數與分合狀況之異同後，發現《古今說海》以降有許多叢書、類書在書籍版本的援引上，係直接或間接取材《古今說海》本系統，如《豔異編》、《豔異續編》、《豔異編續》、《續虞初志》、《青

泥蓮花記》、《祕冊叢說》、《歷代小史》、《古今逸史》、《紀錄彙編》、《合刻三志》、《續百川學海》、《今獻彙言》、《唐宋叢書》、《國朝典故》、《情史類略》、《廣虞初志》、《綠窗女史》、《綠窗小史》、《雪窗談異》、《重編說郛》、《續說郛》、《廣百川學海》、《學海類編》等，而非過去籠統以爲是出於《太平廣記》和《說郛》，說明《古今說海》對後世影響深遠。

六、《古今說海》卷帙繁多，部分子目書向來受到學界的熱烈討論，或於今人輯校出版的過程中，兼論作者生平及版本流傳時，得見其文獻價值所在，如《溪蠻叢笑》、《金志》、《眞臘風土記》、《墨客揮犀》、《朝野僉載》、《漢武故事》、《樂府雜錄》等。據此，筆者立足於前人研究的基礎，再予深入挖掘探討，而論及前人甚少言及之作，如《海陵三仙傳》、《江行雜錄》、《行營雜錄》；更正前人所曾言及卻仍有錯誤處之作，如《洛京獵記》、《諧史》；補充前人所曾涉略卻有未完善處之作，如《北征錄》、《北戶錄》、《聞見雜錄》，使達到後出轉精效果。

七、《古今說海》一百四十二卷係由編輯群體各出藏書匯編，致使據引書籍本身的優劣得失，連帶影響《古今說海》在版本文獻上的整體評價。細究《古今說海》各子目書的實際狀況，發現其於現存之流傳版本中，至少有六成符合刊刻時代較早、今傳最早版本或保存佚文之條件，其他則多有對援引版本刪削脫落情形，而得避免作爲學術研究的文本，是說明《古今說海》子目書之版本優劣乃因書而異。尤其透過本書下篇之歸納與分析，可提供日後從事相關書目的研究者，擇取援引版本的依據，以成爲研究前的參考指引。

此外，進行研究的過程中，筆者同時意識到有部分問題，或礙於資料取得不易，或受限於筆者觀覽不周，而非現階段所能解決。如《古今說海》編輯群計有姜南、顧定芳等十三人，筆者嘗試以陸深父子爲中心，考察其交遊對象所撰祭文、墓誌銘、生平傳略和詩文作品，試圖從中梳理編輯群十三人之生平傳略，釐清與陸家的往來淵源。當所得文獻無法滿足對編輯群身世背景的認識後，筆者又進一步搜尋此十三人及其交遊者所撰祭文、墓誌銘、生平傳略和詩文作品等資料，考索其彼此間的關係所在。如同心圓般地層層向外擴展，再據前述交遊者之交遊所撰祭文、墓誌銘、生平傳略和詩文作品等資料，企圖將陸楫及編輯群等共十四人的人際網絡建置完成，卻終究無法清楚交代唐贊、談萬言及瞿成文等之生平大綱，也因缺乏余采、瞿成文

與陸家往來文獻佐助，故只得以參與編纂《古今說海》，暫且以陸楫文友的身分名之。

至於首爾大學奎章閣韓國學研究院和高麗大學藏《古今說海》鈔本及上海中華圖書館排印本皆未能得見，故無法將其版式狀況清楚介紹。又臺北國家圖書館藏汲古堂藍格鈔本雖得以目見，卻因爲所能掌握資料有限，無從判斷此汲古堂爲何人之齋室名稱，而難能釐清此鈔本的確切年代。又如飛來山人《古今名賢說海》與《古今說海》子目書之對應關係，也因《古今名賢說海》未見流傳，只得輾轉以《說部零種》之相關考證推測，無法透過其他更強而有利的證據來支持。其他如今傳《北征錄》、《北征後錄》和《北征記》皆分成《明良集》本和《古今說海》本系統，但在此之前，亦都有弘治甲子（1504）年劉氏安正堂刊本流傳，故若能釐清此版本與《明良集》本和《古今說海》本之關係，勢必對《北征錄》等之版本源流有更完整認識。雖然北京圖書館出版社 2009 年 9 月出版《中華再造善本叢書》明代編史部已將該版本影印出版，但截至目前爲止，筆者仍未見目見，無法酌予申述。

由於清代、民國以來的叢書、類書及藏書目錄浩如煙海，只能擇要檢索，而勢必有所缺憾。復因各子目書本身亦屬獨立性著作，不管是從作者、作品或文獻角度，乃多有可供申論處，甚至已有不少單篇或學位論文探討，如李瑩《青樓集研究》、笪珏如《鐵圍山叢談研究》、張錦繡《中山狼傳研究》等。又《古今說海》雖取材古今說部書籍，但內容包羅萬象，知識涵蓋面廣，如《遼志》觸及契丹民族的歷史文化認同意識、漢化進程及契丹皇朝盛衰成敗等歷史發展問題；《板橋記》係旅客變驢之民間故事類型；《鐵圍山叢談》論及宋代朝廷瑣聞、制度、掌故等相關知識；《樂府雜錄》涉及樂律及樂理的內在邏輯等有關音樂學資料。若研究者本身對其相關背景知識掌握有限，勢必難以面面俱圓，此亦是筆者心餘力絀之處。同時爲顧及本書架構的整體性，不至於顧此失彼，造成論述各子目書之篇幅相差懸殊，而只得擇要做敘錄式地探討，唯待日後再從中擇其作品，另撰專文以論述之。

再者，《古今說海》一百三十五種子目書中，有二十六種著作同時被四庫館臣按其內容隸入相關部類收錄，且皆與《說郛》重複著錄，則《四庫全書》著錄書中，應該至少有三度重複抄錄之情形。經比較《古今說海》子目書、《說郛》子目書與《四庫全書》重複書目，發現除字句更動與刪節脫落等情形外，各重複書目之版本或存在許多差異，甚至可以另撰單篇論文處理個別作品。

復因此類問題所涉面向甚廣，除與《古今說海》自身的版本狀況、《古今說海》和《說郛》之關係及四庫館臣處理《古今說海》之原則問題等相關外，尚與四庫館臣處理叢書原則、摘取叢書子目書分散著錄和《四庫全書》之編纂體例等相關聯〔註1〕。然以牽涉問題甚多，亦為筆者學力與本書篇幅之力有未逮者，這也正是筆者秉持以此書之基礎為前提，而得能延續之且深入的未來研究方向。

〔註 1〕 四庫館臣處理叢書原則、摘取叢書子目書分散著錄和《四庫全書》之編纂體例等相關論述，請參吳哲夫撰：〈四庫全書館臣處理叢書方法之研究〉，《故宮學術季刊》第 17 卷第 2 期（1999 年 12 月），頁 19～40。至若就《古今說海》為探論者，可參拙文：〈從古今說海的版本差異論清代處理違礙字詞政策的發展——以嘉靖本、文淵閣本、文津閣本和道光本「說選部」為討論範疇〉，《東吳中文學報》第 26 期（2013 年 11 月），頁 161～186 和〈四庫全書之異文現象——以文淵閣、文津閣本古今說海「說選部」為討論範疇〉，《東吳中文學報》第 29 期（2015 年 5 月），頁 169～196。

引用文獻

一、《古今說海》版本（按出版刊刻時代先後排序）

1. 《古今說海》，（明）陸楫編，臺北：國家圖書館藏明嘉靖甲辰（1544）雲間陸氏儼山書院刊本。

2. 《古今說海》，（明）陸楫編，臺北：國家圖書館藏明清間汲古堂藍格鈔本。

3. 《古今說海》，（明）陸楫編，臺北：臺灣商務印書館影清文淵閣《四庫全書》本，1983 年。

4. 《古今說海》，（明）陸楫編，北京：商務印書館影清文津閣《四庫全書》本，2005 年。

5. 《古今說海》，（明）陸楫編，臺北：傅斯年圖書館藏清道光元年（1821）苕溪邵氏西山堂重刊本。

6. 《古今說海》，（明）陸楫編，臺北：廣文書局影清宣統元年（1909）集成圖書公司印本，1968 年。

7. 《古今說海》，（明）陸楫編，臺北：國家圖書館藏民國 4 年（1915）上海進步書局印本。

8. 《古今說海》，（明）陸楫編，成都：巴蜀書社據清道光苕溪邵氏西山堂本重新排印，1988 年。

9. 《古今說海》，（明）陸楫編，成都：巴蜀書社據清道光苕溪邵氏西山堂本重新排印文白對照本，1996 年。

10. 《古今說海》，（明）陸楫編，蘇州：古吳軒出版社《隋唐文明叢書》影清道光苕溪邵氏西山堂重刊本，2005 年。

二、古籍

（先按經、史、子、集、叢書等五部分類，各部中再按作者時代排序）

（一）經部

易類

1. 《周易注疏》，（魏）王弼、（晉）韓康伯注，（唐）孔穎達正義，（唐）陸德明音義，（清）阮元校勘，（清）盧宣旬摘錄，臺北：藝文印書館《十三經注疏》影清嘉慶間阮元校刊本，1989 年。

四書類

1. 《論語注疏》，（魏）何晏注，（宋）邢昺疏，臺北：藝文印書館《十三經注疏》影清嘉慶間阮元校刊本，1989 年。

2. 《孟子注疏》，（漢）趙岐注，（宋）孫奭疏，臺北：藝文印書館《十三經注疏》影清嘉慶間阮元校刊本，1989 年。

群經總義類

1. 《古微書》，（明）孫𣚔編，臺北：臺灣商務印書館影清文淵閣《四庫全書》本，1983 年。

（二）史部

正史類

1. 《隋書》，（唐）長孫無忌等著，臺北：藝文印書館影清乾隆間武英殿刊本，1982 年。

2. 《舊唐書》，（後晉）劉昫著，臺北：藝文印書館影清乾隆間武英殿刊本，1982 年。

3. 《新唐書》，（宋）歐陽修、宋祁等著，臺北：藝文印書館影清乾隆間武英殿刊本，1982 年。

4. 《宋史》，（元）脫脫著，臺北：藝文印書館影清乾隆武英殿刊本，1951 年。

5. 《明史》，（清）張廷玉等著，臺北：藝文印書館影清乾隆間武英殿刊本，1958 年。

編年類

1. 《資治通鑑》，（宋）司馬光著，（元）胡三省音注，北京：中華書局，1956 年。

別史類

1. 《契丹國志》，（宋）葉隆禮著，賈敬顏、林榮貴點校，上海：上海古籍

出版社，1985 年。

2. 《大金國志校證》，（宋）宇文懋昭著，崔文印校證，北京：中華書局，1986 年。

3. 《欽定續通志》，（清）嵇璜、曹仁虎等奉敕撰，臺北：臺灣商務印書館影清文淵閣《四庫全書》本，1983 年。

雜史類

1. 《王文正公筆錄》，（宋）王曾著，臺北：藝文印書館影民國 16 年（1927）武進陶氏覆宋咸淳左圭原刻本，1965 年。

傳記類

1. 《青樓集箋注》，（元）夏庭芝著，孫崇濤、徐宏圖箋注，北京：中國戲劇出版社，1990 年。

2. 《國朝獻徵錄》，（明）焦竑輯，臺南：莊嚴文化事業出版社《四庫全書存目叢書》據中國史學叢書影印明萬曆 44 年（1616）徐象橒曼山館刻本，1996 年。

3. 《皇明詞林人物考》，（明）王兆雲輯，臺北：明文書局《明代傳記叢刊》影明刊本，1991 年。

4. 《雲間人物志》，（明）李紹文著，北京：人民文學出版社，2006 年。

5. 《金華賢達傳》，（明）鄭柏著，臺南：莊嚴文化事業出版社《四庫全書存目叢書》影湖北省圖書館藏清康熙 47 年（1708）鄭璧刻本，1996 年。

6. 《列朝詩集小傳》，（清）錢謙益撰，上海：古典文學出版社，1957 年。

7. 《南吳舊話錄》，（清）西園老人口授，李尚絅補撰，蔣烈編，臺北：傅斯年圖書館藏民國 4 年（1915）排印本。

地理類

1. 《桂林風土記》，（唐）莫休符著，北京：中華書局《叢書集成初編》據學海類編本排印，1985 年。

2. 《桂海虞衡志輯佚校注》，（宋）范成大原著，胡起望、覃光廣校注，成都：四川民族出版社，1986 年。

3. 《真臘風土記校注》，（元）周達觀原著，金榮華校注，臺北：正中書局，1976 年。

4. 《真臘風土記校注》，（元）周達觀原著，夏鼐校注，北京：中華書局，1981 年。

5. 《星槎勝覽校注》，（明）費信著，馮承鈞校注，臺北：臺灣商務印書館，1962 年。

6. 《雲間志畧》，（明）何三畏著，北京：北京出版社《四庫禁燬書叢刊》

影北京大學圖書館藏明天啓刻本，2000 年。

7. 《雲間據目抄》，（明）范濂著，臺北：新興書局《筆記小說大觀》印本，1978 年。

8. 《（萬曆）上海縣志》，（明）顏洪範修，（明）張之象、黃炎纂，臺北：傅斯年圖書館藏明萬曆 16 年（1588）刻本。

9. 《（崇禎）松江府志》，（明）方岳貢、陳繼儒纂，北京：書目文獻出版社，1991 年《日本藏中國罕見地方志叢刊》。

10. 《閩書》，（明）何喬遠著，臺南：莊嚴文化事業出版社《四庫全書存目叢書》影福建省圖書館藏明崇禎刊本，1996 年。

11. 《（嘉慶）松江府志》，（清）宋如林修，孫星衍、莫晉纂，上海：上海古籍出版社《續修四庫全書》影華東師範大學圖書館藏清嘉慶 23 年（1818）松江府學刻本，1995 年。

12. 《貴州通志》，（清）衛既齊修，（清）薛載德等纂，蘭州：蘭州大學出版社《中國西南文獻叢書》影 1965 年貴州省圖書館油印清康熙 36 年（1697）原刊本，2003 年。

13. 《（同治）上海縣誌》，（清）涂宗瀛等纂，臺北：國家圖書館藏清同治 10 年（1871）吳門臬署刊本。

14. 《上海縣志》，（清）應寶時修，俞樾纂，臺北：成文出版社影清同治 11 年（1872）刊本，1975 年。

15. 《四川通志》，（清）黃廷桂修，北京：商務印書館影清文津閣《四庫全書》本，2005 年。

16. 《閱世編》，（清）葉夢珠輯，臺北：成文出版社《上海掌故叢書》影民國 24 年（1935）鉛印本，1983 年。

政書類

1. 《文獻通考》，（元）馬端臨著，臺北：臺灣商務印書館影清文淵閣《四庫全書》本，1983 年。

2. 《欽定續文獻通考》，（清）嵇璜、曹仁虎等奉敕編，臺北：臺灣商務印書館影清文淵閣《四庫全書》本，1983 年。

目錄類

1. 《郡齋讀書志》，（宋）晁公武著，臺北：臺灣商務印書館影清文淵閣《四庫全書》本，1983 年。

2. 《直齋書錄解題》，（宋）陳振孫著，臺北：臺灣商務印書館影清文淵閣《四庫全書》本，1983 年。

3. 《百川書志》，（明）高儒著，北京：中華書局《宋元明清書目題跋叢刊》影山右叢書初編本，2006 年。

4. 《玄賞齋書目》，（明）董其昌著，北京：中華書局《宋元明清書目題跋叢刊》影大陸國家圖館書藏民國間張氏適園抄本，2006 年。

5. 《脈望館書目》，（明）趙琦美著，北京：中華書局《宋元明清書目題跋叢刊》影商務印書館涵芬樓秘笈本，2006 年。

6. 《近古堂書目》，（明）不著撰人，臺北：大通書局，1973 年。

7. 《國史經籍志》，（明）焦竑著，上海：商務印書館《叢書集成初編》本，1939 年。

8. 《澹生堂藏書目》，（明）祁承㸁藏並編，北京：商務印書館《中國著名藏書家書目匯刊》影清光緒 18 年（1892）會稽徐氏鑄學齋刻本，2005 年。

9. 《萬卷堂書目》，（明）朱睦㮮著，北京：中華書局《宋元明清書目題跋叢刊》影清光緒 29 年（1903）觀古堂書目叢刊本，2006 年。

10. 《趙定宇書目》，（明）趙用賢著，北京：中華書局《宋元明清書目題跋叢刊》影大陸國家圖書館藏清初抄本，2006 年。

11. 《笠澤堂書目》，（明）王道明著，北京：北京圖書館出版社《稿抄本明清藏書目三種》，2003 年。

12. 《古今書刻》，（明）周弘祖著，北京：中華書局《宋元明清書目題跋叢刊》影觀古堂書目叢刊本，2006 年。

13. 《千頃堂書目》，（清）黃虞稷著，臺北：臺灣商務印書館影清文淵閣《四庫全書》本，1983 年。

14. 《奕慶藏書樓書目》，（清）祁理孫藏並編，北京：商務印書館《中國著名藏書家書目匯刊》，2005 年。

15. 《絳雲樓書目》，（清）錢謙益著，北京：北京圖書館出版社《稿抄本明清藏書目三種》，2003 年。

16. 《傳是樓書目》，（清）徐乾學著，北京：中國書店《海王邨古籍書目題跋叢刊》影 1915 年仁和王存善鉛印二徐書目本，2008 年。

17. 《述古堂藏書目》，（清）錢曾著，臺南：莊嚴文化事業出版社《四庫全書存目叢書》影北京圖書館藏清初錢氏述古堂鈔本，1995 年。

18. 《讀書敏求記》，（清）錢曾著，上海：商務印書館《叢書集成初編》據海山仙館叢書本排印，1936 年。

19. 《好古堂書目》，（清）姚際恒著，北京：北京圖書館出版社《稿抄本明清藏書目三種》，2003 年。

20. 《浙江採集遺書總錄》，（清）沈初著，北京：中國書店《海王邨古籍書目題跋叢刊》影清乾隆 39 年（1774）刊本，2008 年。

21. 《四庫全書總目》，（清）永瑢等奉敕著，臺北：藝文印書館，1989 年。

22. 《四庫未收書目提要》，（清）阮元編，臺北：成文出版社《書目類編》影民國 20 年（1931）雙流黃氏重刊本，1978 年。

23. 《鄭堂讀書記‧補逸》，（清）周中孚著，北京：中華書局《宋元明清書目題跋叢刊》縮印商務印書館 1958 年版，2006 年。

24. 《海源閣書目》，（清）楊紹和著，濟南：齊魯書社，2002 年。

25. 《孫氏祠堂書目》，（清）孫星衍著，臺北：廣文書局《書目三編》影清光緒 9 年（1883）至 12 年（1886）德化李氏刻木犀軒叢書本，1969 年。

26. 《萬卷精華樓藏書記》，（清）耿文光著，北京：中華書局《宋元明清書目題跋叢刊》影山右叢書初編本，2006 年。

27. 《書目答問》，（清）張之洞著，臺北：臺灣商務印書館，1986 年。

28. 《唫香僊館書目》，（清）馬瀛著，上海：上海古籍出版社《中國歷代書目題跋叢書》，2005 年。

29. 《八千卷樓書目》，（清）丁丙著，丁人撰，上海：上海古籍出版社《續修四庫全書》影民國 12 年（1923）鉛印本，1997 年。

30. 《書林清話》，（清）葉德輝著，上海：上海書店影 1911 年觀古堂刊本，1990 年。

史評類

1. 《史通通釋》，（唐）劉知幾著，（清）蒲起龍釋，（清）趙焯舉例舉要，臺北：世界書局，1962 年。

（三）子部

儒家類

1. 《明夷待訪錄》，（清）黃宗羲著，臺北：藝文印書館影清道光錢熙祚校刊子培讓培杰續刊本，1966 年。

2. 《輶軒語》，（清）張之洞著，臺北：新文豐出版公司《叢書集成續編》影慎始基齋叢書本，1989 年。

法家類

1. 《管子》，（周）管仲著，（唐）尹知章注，（清）戴望校正，成都：四川人民出版社影吳興叢書本，1998 年。

藝術類

1. 《樂府雜錄》，（唐）段安節著，北京：中華書局《叢書集成初編》據守山閣叢書本排印，1985 年。

2. 《燕樂考原》，（清）凌廷堪著，北京：中華書局《叢書集成初編》據粵雅堂叢書本排印，1985 年。

3. 《聲律通考》，（清）陳澧著，上海：上海古籍出版社《續修四庫全書》影中國藝術研究院音樂研究所資料館藏清咸豐 10 年（1860）殷保康廣州刻本，1995 年。

雜家類

1. 《河汾燕閒錄》，（明）陸深著，臺北：臺灣商務印書館影清文淵閣《四庫全書》本，1983 年。

2. 《少室山房筆叢》，（明）胡應麟著，北京：中華書局，1958 年。

3. 《偃曝談餘》，（明）陳繼儒著，臺南：莊嚴文化事業出版社《四庫全書存目叢書》影清華大學圖書館明萬曆繡水沈氏刻寶顏堂祕笈本，1995 年。

4. 《徐氏筆精》，（明）徐𤊹著，臺北：臺灣商務印書館影清文淵閣《四庫全書》本，1983 年。

5. 《居易錄》，（清）王士禎著，臺北：臺灣商務印書館影清文淵閣《四庫全書》本，1983 年。

6. 《十駕齋養新錄》，（清）錢大昕著，上海：上海古籍出版社《續修四庫全書》影復旦大學圖書館藏清抱經堂叢書本，1997 年。

小說家類

1. 《教坊記箋訂》，（唐）崔令欽著，任半塘箋訂，北京：中華書局，1962 年。

2. 《三水小牘》，（唐）皇甫枚著，（清）繆荃孫校補，上海：上海古籍出版社《續修四庫全書》影華東師範大學圖書館藏清光緒 17 年（1891）繆氏雲自在刊刻本，1997 年。

3. 《雜纂七種》，（唐）李義山等著，曲彥斌校注，上海：上海古籍出版社，1988 年。

4. 《神仙感遇傳》，（前蜀）杜光庭著，臺南：莊嚴文化事業出版社《四庫全書存目叢書》影涵芬樓影印明正統刻道藏本，1995 年。

5. 《太平廣記》，（宋）李昉等編，臺北：文史哲出版社，1987 年。

6. 《聞見近錄》，（宋）王鞏著，北京：北京圖書館出版社影中國國家圖書館藏宋刻本，2003 年。

7. 《侯鯖錄、墨客揮犀、續墨客揮犀》，（宋）彭□著，孔凡禮點校，北京：中華書局，2002 年。

8. 《鐵圍山叢談》，（宋）蔡絛撰，沈錫麟、馮惠民點校，北京：中華書局《唐宋史料筆記叢刊》據民國 10 年（1921）上海古書流通處石印知不足齋本點校，2006 年。

9. 《青瑣高議‧後集》，（宋）劉斧編，臺南：莊嚴文化事業出版社《四庫

全書存目叢書》影南京圖書館藏清紅藥山房鈔本，1995 年。

10. 《醉翁談錄》，（宋）羅燁著，臺北：世界書局，1958 年。

11. 《東園客談》，（明）孫道易輯，上海：上海古籍出版社《續修四庫全書》影中國科學院圖書館藏明抄說集本，1997 年。

12. 《金臺紀聞》，（明）陸深著，臺北：臺灣商務印書館影清文淵閣《四庫全書》本，1983 年。

13. 《春風堂隨筆》，（明）陸深著，臺北：臺灣商務印書館影清文淵閣《四庫全書》本，1983 年。

14. 《菽園雜記》，（明）陸容著，北京：中華書局，1985 年。

15. 《大宋演義中興英烈傳》，（明）熊鍾谷編輯，北京：中華書局《古本小說叢刊》影日本內閣文庫藏明嘉靖 32 年（1553）楊氏清江堂刊本，1990 年。

16. 《隋史遺文》，（明）袁于令撰，北京：中華書局《古本小說叢刊》影日本早稻田大學藏明崇禎名山聚刊本，1990 年。

釋家類

1. 《歷代三寶紀》，（隋）費長房著，上海：上海古籍出版社《續修四庫全書》影金刻趙城藏本，1995 年。

（四）集部

別集類

1. 《臨川先生文集》，（宋）王安石著，臺北：臺灣商務印書館《四部叢刊》影上海涵芬樓藏明嘉靖 39 年（1560）撫州刊本，1957 年。

2. 《鶴山集》，（宋）魏了翁著，臺北：臺灣商務印書館影清文淵閣《四庫全書》本，1983 年。

3. 《袁海叟詩集》，（明）袁凱著，臺北：新文豐出版公司《叢書集成續編》據觀自得齋叢書排印，1989 年。

4. 《弇山堂別集》，（明）王世貞著，成都：巴蜀書社《中國野史集成續編》影明萬曆庚寅（1590）金陵刻本，2000 年。

5. 《弇州山人續稿》，（明）王世貞著，臺北：文海出版社影明崇禎刊本，1970 年。

6. 《儼山集》，（明）陸深著，臺北：臺灣商務印書館影清文淵閣《四庫全書》本，1983 年。

7. 《儼山集續集》，（明）陸深著，臺北：臺灣商務印書館影清文淵閣《四庫全書》本，1983 年。

8. 《蒹葭堂稿》，（明）陸楫著，臺北：國家圖書館藏明嘉靖 45 年（1617）

上海陸氏家刊本。

9. 《龍江集》，（明）唐錦著，上海：上海古籍出版社《續修四庫全書》影上海圖書館藏明隆慶 3 年（1569）唐氏聽雨山房刻本，1995 年。

10. 《世經堂集》，（明）徐階撰，臺南：莊嚴文化事業出版社《四庫全書存目叢書》影北京大學圖書館藏明萬曆徐氏刻本，1997 年。

11. 《文簡集》，（明）孫承恩著，臺北：臺灣商務印書館影清文淵閣《四庫全書》本，1983 年。

12. 《息園存稿文》，（明）顧璘著，臺北：臺灣商務印書館影清文淵閣《四庫全書》本，1983 年。

13. 《皇甫司勳集》，（明）皇甫汸著，臺北：臺灣商務印書館影清文淵閣《四庫全書》本，1983 年。

14. 《崇蘭館集》，（明）莫如忠著，臺南：莊嚴文化事業出版社《四庫全書存目叢書》影中國社會科學院文學研究所藏明萬曆 14 年（1586）馮大受董其昌等刻，1997 年。

15. 《朱邦憲集》，（明）朱察卿著，臺南：莊嚴文化事業出版社《四庫全書存目叢書》影北京大學圖書館藏明萬曆 6 年（1578）朱家法刻增修本，1997 年。

16. 《長谷集》，（明）徐獻忠著，臺南：莊嚴文化事業出版社《四庫全書存目叢書》影北京圖書館藏明嘉靖刻本，1997 年。

17. 《陸文定公集》，（明）陸樹聲著，臺北：國家圖書館藏明萬曆丙辰（1616）華亭陸氏家刊本。

18. 《容臺文集》，（明）董其昌著，臺南：莊嚴文化事業出版社《四庫全書存目叢書》影清華大學圖書館藏明崇禎 3 年（1630）董庭刻本，1997 年。

19. 《林次崖先生文集》，（明）林希元著，臺南：莊嚴文化事業出版社《四庫全書存目叢書》影遼寧省圖書館藏清乾隆 18 年（1753）陳臚聲詒燕堂刻本，1995 年。

20. 《寶日堂初集》，（明）張鼐著，北京：北京出版社《四庫禁燬書叢刊》影中國科學院圖書館明崇禎 2 年（1629）刻本，2000 年。

21. 《少室山房集》，（明）胡應麟著，臺北：臺灣商務印書館影清文淵閣《四庫全書》本，1973 年。

22. 《晚香堂集》，（明）陳繼儒著，北京：北京出版社《四庫禁燬書叢刊》影北京大學圖書館藏明崇禎刻本，2000 年。

23. 《夏桂洲先生文集》，（明）夏言著，臺南：莊嚴文化事業出版社《四庫全書存目》影北京圖書館藏明崇禎 11 年（1638）吳一璘刻本，1997 年。

24. 《學餘堂文集》，（清）施閏章著，臺北：臺灣商務印書館影清文淵閣《四庫全書》本，1983 年。

25. 《思適齋集》，（清）顧廣圻著，上海：上海古籍出版社《續修四庫全書》影復旦大學圖書館藏清道光 29 年（1849）徐渭仁刻本，1995 年。

26. 《湯子遺書》，（清）湯斌著，（清）王廷燦編，臺北：臺灣商務印書館影清文淵閣《四庫全書》本，1983 年。

27. 《第六絃溪文鈔》，（清）黃廷鑒著，臺北：新文豐出版公司《叢書集成新編》據知不足齋叢書本排印，1985 年。

總集類

1. 《晉二俊先生文集》，（晉）陸機著，上海：商務印書館《四部叢刊初編》影上海涵芬樓借江南圖書館藏陸元大翻宋本，1929 年。

2. 《盛明百家詩》，（明）俞憲編，臺南：莊嚴文化事業出版社《四庫全書存目》影浙江圖書館藏明嘉靖至萬曆刻本，1997 年。

3. 《滑耀編》，（明）賈三近編，臺南：莊嚴文化事業出版社《四庫全書存目叢書》影南京圖書館藏萬曆刻本，1995 年。

4. 《明經世文編》，（明）陳子龍選輯，北京：中華書局影明崇禎年間雲間平露堂刊本，1962 年。

5. 《名山藏》，（明）何喬遠輯，成都：巴蜀書社《中國野史集成續編》影明崇禎刻本，2000 年。

6. 《石倉十二代詩選》，（明）曹學佺輯，北京：北京圖書館據明崇禎刻本攝製，1984 年。

7. 《明詞綜》，（清）朱彝尊、王昶輯，上海市：上海古籍出版社《續修四庫全書》影上海圖書館藏清嘉慶 7 年（1802）王氏三泖漁莊刻本，1995 年。

8. 《國朝松江詩鈔》，（清）姜兆翀編，臺北：國立臺灣大學圖書館藏《烏石文庫》九五六清嘉慶戊辰（1808）敬和堂刊本。

9. 《蘭皋明詞彙選》，（清）顧璟芳、李蓁生、胡應宸編選，曾昭岷審定，王兆鵬校點，瀋陽：遼寧教育出版社，1998 年。

10. 《全唐文》，（清）董誥等編，上海：上海古籍出版社，1990 年。

詩文評類

1. 《蓉塘詩話》，（明）姜南著，上海：上海古籍出版社《續修四庫全書》影寧波天一閣博物館藏明嘉靖 22 年（1543）張國鎮刻本，1995 年。

（五）叢書部

1. 《說郛三種》，（明）陶宗儀等編，上海：上海古籍出版社，1988 年。

2. 《紀錄彙編》，（明）沈節甫編，臺北：國家圖書館藏明萬曆 45 年（1617）陽羨陳于廷刊本。

3. 《稗海》，（明）商濬輯，臺北：大化書局影振鷺堂原刻本，1985 年。

4. 《借月山房彙鈔》，（清）張海鵬著，臺北：藝文印書館影清嘉慶張海鵬輯刊本，1967 年。

5. 《硯雲》，（清）金忠淳輯，臺北：藝文印書館《百部叢書集成》影清道光庚子年（1840）蔡氏紫梨花館刊本，1966 年。

6. 《十萬卷樓叢書》，（清）陸心源編，臺北：傅斯年圖書館藏清光緒 6 年（1880）歸安陸氏刊本。

7. 《適園叢書》，（清）張鈞衡輯，臺北：傅斯年圖書館藏民國 4 年（1915）吳興張氏宋輯善本彙刊本。

8. 《說庫》，（民國）王文濡輯，杭州：浙江古籍出版社，1986 年。

三、今人專著（先按中文圖書分類法粗分類目，再以作者筆劃簡繁排序，同一作者則依作品時代順序）

（一）目錄學類

1. 上海圖書館編，《中國叢書綜錄》，北京：中華書局，1959～1962 年。

2. 王重民著，《中國善本書提要》，上海：上海古籍出版社，1983 年。

3. 王國良著，《唐代小說敘錄》，臺北：嘉新水泥公司文化基金會，1979 年。

4. 北京圖書館善本組編，《1911～1984 影印善本書目錄》，北京：中華出版社，1992 年。

5. 余嘉錫著，《四庫提要辨證》，昆明：雲南人民出版社，2004 年。

6. 李劍國著，《唐五代志怪傳奇敘錄》，天津：南開大學出版社，1993 年。

7. 李劍國著，《宋代志怪傳奇敘錄》，天津：南開大學出版社，1997 年。

8. 吳哲夫著，《清代禁燬書目研究》，臺北：嘉新水泥公司文化基金會，1969 年。

9. 吳慰祖校訂，《四庫採進書目》，北京：商務印書館，1960 年。

10. 周勛初著，《唐代筆記小說敘錄》，南京：鳳凰出版社，2008 年。

11. 金毓黻輯，《金毓黻手定本文溯閣四庫全書提要》，北京：中華全國圖書館文獻縮微複製中心，1999 年。

12. 袁行霈、侯忠義編，《中國文言小說書目》，北京：北京大學出版社，1981 年。

13. 曹之著，《中國古籍版本學》，臺北：紅葉文化出版公司，1994 年。

14. 陳冠至著，《明代的江南藏書》，宜蘭：明史研究小組，2006 年。

15. 黃永年著，《古籍版本學》，南京：江蘇教育出版社，2005 年。

16. 程毅中著，《古小說簡目》，北京：中華書局，1986 年。

17. 賈晉華編,《香港所藏古籍書目》,上海:上海古籍出版社,2003 年。

18. 楊繩信編著,《中國版刻綜錄》,西安:陝西人民出版社,1987 年。

19. 寧稼雨著,《中國文言小說總目提要》,濟南:齊魯書社,1996 年。

20. 趙萬里編,《西諦書目》,臺北:成文出版社《書目類編叢書》影民國 52 年（1963）排印本,1978 年。

21. 鄭振鐸著,吳曉鈴整理,《西諦書跋》,北京:文物出版社,1998 年。

22. 劉兆祐著,《中國目錄學》,臺北:五南圖書出版社,2002 年。

23. 蕭東發著,《中國圖書出版印刷史論》,北京:北京大學出版社,2001 年。

24. 盧錦堂著,《太平廣記引書考》,臺北:花木蘭文化出版社,2006 年。

25. 謝國楨著,《叢書刊刻源流考》,臺北:臺聯國風出版社,1974 年。

26. 謝國楨著,《江浙訪書記》,北京:三聯書店,2008 年。

27. 羅振常原著,周子美編,《天一閣藏書經見錄》,上海:華東師範大學出版社,2000 年。

28. 【日】井上以智爲著,《東方文化研究所漢籍分類目錄》,日本京都:株式會社京都印書館,1945 年。

29. 【韓】全寅初主編,《韓國所藏中國漢籍總目》,韓國首爾:學古房,2005 年。

（二）叢書類

1. 李春光著,《古籍叢書述論》,瀋陽:遼瀋書社,1991 年。

2. 吳哲夫主編,《四庫全書補正·子部》,臺北:臺灣商務印書館,1999 年。

3. 昌彼得著,《說郛考》,臺北:文史哲出版社,1979 年。

4. 商務印書館編,《叢書集成初編目錄》,上海:商務印書館,1935 年。

5. 馮浩菲著,《中國古籍整理體式研究》,北京:北京圖書館出版社,1997 年。

6. 陽海清著,《中國叢書綜錄補正》,揚州:江蘇廣陵古籍刻印社,1984 年。

7. 彭邦炯著,《百川匯海——古代類書與叢書》,臺北:萬卷樓圖書公司,2001 年。

8. 楊家駱著,《叢書大辭典》,臺北:中國學典館復館籌備處,1970 年。

9. 劉尚恆著,《古籍叢書概說》,上海:上海古籍出版社,1989 年。

（三）教育類

1. 湖南省書院研究會、衡陽市博物館編,《書院研究》,長沙:湖南大學出版社,1988 年。

2. 趙所生、薛正興主編,《中國歷代書院志》,南京:江蘇教育出版社影清

　　同治 13 年（1874）活字本和續修寧鄉縣志，1995 年。

　3. 鄧洪波、彭愛學主編，《中國書院攬勝》，長沙：湖南大學出版社，2000年。

（四）社會類

　1. 何宗美著，《明末清初文人結社研究續編》，北京：中華書局，2006 年。

　2. 劉祥學著，《明朝民族政策演變史》，北京：民族出版社，2006 年。

（五）經濟類

　1. 巫仁恕著，《品味奢華：晚明的消費社會與士大夫》，北京：中華書局，2008 年。

（六）史地類

　1. 符太浩著，《溪蠻叢笑研究》，貴陽：貴州民族出版社，2003 年。

　2. 陳正祥著，《眞臘風土記研究》，香港：中文大學，1975 年。

　3. 蕭樾著，《中國歷代的地理學和要籍》，桂林：廣西師範大學出版社，2002年。

（七）方志類

　1. 上海地名編纂委員會編，《上海地名志》，上海：上海社會科學院出版社，1998 年。

　2. 施蟄存著，《雲間語小錄》，上海：文匯出版社，2000 年。

　3. 薛里勇著，《上海灘地名掌故》，上海：同濟大學出版社，1994 年。

（八）傳記類

　1. 吳仁安著，《明清時期上海地區的著姓望族》，上海：人民出版社，1997年。

　2. 潘殊閑著，《葉夢得研究》，成都：巴蜀書社，2007 年。

（九）中國文學類

　1. 方志遠著，《明代城市與市民文學》，北京：中華書局，2004 年。

　2. 張德建著，《明代山人文學研究》，長沙：湖南人民出版社，2005 年。

　3. 程千帆著，《唐代進士行卷與文學》，上海：上海古籍出版社，1980 年。

　4. 劉勇剛著，《雲間派文學研究》，北京：中華書局，2008 年。

（十）別集類

　1. 王國維著，《海寧王靜安先生遺書》，臺北：臺灣商務印書館，1979 年。

　2. 吳曉鈴著，《吳曉鈴集》，石家莊：河北教育出版社，2006 年。

（十一）小說類

1. 王汝濤著，《全唐小說》，濟南：山東文藝出版社，1993 年。
2. 王國良著，《魏晉南北朝志怪小說研究》，臺北：文史哲出版社，1984 年。
3. 方正耀著，《中國古典小說理論史》，上海：華東師範大學出版社，2005 年。
4. 朱易安等主編，《全宋筆記》，鄭州：大象出版社，2003～2008 年。
5. 宋莉華著，《明清時期的小說傳播》，北京：中國社會科學出版社，2004 年。
6. 吳志達，《中國文言小說史》，濟南：齊魯書社，2005 年。
7. 吳曾祺輯，《舊小說》，上海：商務印書館，1914 年。
8. 秦川著，《中國古代文言小說總集研究》，上海：上海古籍出版社，2006 年。
9. 陳大康著，《明代小說史》，上海：上海文藝出版社，2000 年。
10. 陳文新著，《中國傳奇小說史話》，臺北：正中書局，1995 年。
11. 陳國軍著，《明代志怪傳奇小說研究》，天津：天津古籍出版社，2006 年。
12. 張國風著，《太平廣記版本考述》，北京：中華書局，2004 年。
13. 黃東陽著，《唐五代記異小說的文化闡釋》，臺北：秀威資訊科技，2007 年。
14. 程國賦著，《明代書坊與小說研究》，北京：中華書局，2008 年。
15. 魯迅著，《中國小說史略》，香港：三聯書局，1996 年。
16. 薛洪勣、王汝梅主編，《稀見珍本明清傳奇小說集》，長春：吉林文史出版社，2007 年。

（十二）戲劇類

1. 任半塘著，《唐戲弄》，上海：上海古籍出版社，1984 年。

四、學位論文（以作者筆劃簡繁排序，同一作者則按作品時代順序）

1. 王元元著，《朝野僉載的史料價值研究》，上海：復旦大學中國古代史研究所碩士論文，2009 年。
2. 王文玉著，《孔平仲及其詩歌研究》，濟南：山東師範大學中國古代文學研究所碩士論文，2008 年。
3. 李祥耀著，《楊循吉研究》，杭州：浙江大學中國古代文學研究所博士論文，2007 年。
4. 李瑩著，《青樓集研究》，南京：南京師範大學戲劇戲曲學碩士論文，2007 年。

5. 周巍著，《浦東文脈：陸深陸楫家學研究》，上海：上海師範大學中國古代文學博士論文，2014 年。

6. 俞頌雍著，《古今說海考》，上海：華東師範大學中國語言文學系碩士論文，2007 年。

7. 笪珪如著，《鐵圍山叢談研究》，上海：華東師範大學古籍研究所碩士論文，2005 年。

8. 郭雅雯著，《明代叢書研究》，臺北：淡江大學中國文學研究所碩士論文，2005 年。

9. 張家維著，《宋金元志人小說敘錄》，臺北：臺北大學古典文獻學研究所碩士論文，2008 年。

10. 張錦繡著，《中山狼傳研究》，蘇州：蘇州大學中國古代文學研究所碩士論文，2008 年。

11. 曾軼靜著，《隋唐至明末隋煬帝題材小說研究》，廣州：暨南大學中國古代文學碩士論文，2008 年。

12. 賀淑芳著，《由唐迄宋的迷樓研究──迂迴與幻象》，臺北：政治大學中國文學研究所碩士論文，2008 年。

13. 楊月英著，《陸深年譜》，上海：復旦大學中國古典文獻學研究所碩士論文，2008 年。

14. 廖瑞銘著，《明代野史的發展與特色》，臺北：中國文化大學史學研究所博士論文，1994 年。

15. 鄧云著，《鄭元祐研究》，杭州：浙江大學中國古代文學碩士論文，2008 年。

16. 劉寧慧著，《百川學海研究》，臺北：中國文化大學中國文學研究所碩士論文，1989 年。

17. 劉寧慧著，《叢書淵源與體制形成之研究》，臺北：臺灣師範大學國文研究所博士論文，2001 年。

五、單篇論文（以作者筆劃簡繁排序，同一作者則按作品時代順序）

1. 丁峰山撰，〈宋代小說在中國小說史上歷史地位的重新估價〉，《福建師範大學學報（哲學社會科學版）》，2003 年第 6 期。

2. 亓娟莉撰，〈樂府雜錄兩處錯簡新考〉，《西北大學學報（哲學社會版）》第 39 卷第 4 期，2009 年 7 月。

3. 亓娟莉撰，〈樂府雜錄熊羆部考辨〉，《文獻季刊》，2010 年第 1 期。

4. 王文才撰，〈滇載記書後〉，《中華文化論壇》，1994 年第 1 期。

5. 王公望撰，〈論中山狼傳和中山狼雜劇并非諷刺李夢陽──兼論中山狼傳

之作者與李夢陽同康海、王九思之關係〉,《甘肅社會科學》,2004 年第 1 期。

6. 王正書撰,〈上海浦東明陸氏墓記述〉,《考古》,1985 年第 6 期。

7. 王國良撰,〈袁郊甘澤謠研究〉,臺北:中國唐代學會編輯委員會編《第三屆中國唐代文化學術研討會論文集》,1997 年 6 月。

8. 王國良撰,〈談太平廣記——以文獻學爲主的考察〉,臺北:東吳大學中文系編《文獻與資訊學術研討會論文集》,2001 年 6 月。

9. 王新亞撰,〈古三水縣與皇甫枚的籍貫〉,《甘肅高師學報》第 7 卷第 6 期,2002 年第 6 期。

10. 王義耀撰,〈也談古今説海〉,《圖書館雜誌》1985 年第 2 期,1985 年 5 月。

11. 王夢鷗撰,〈續玄怪錄及其作者考〉,《幼獅學誌》第 6 卷第 4 期,1967 年 12 月。

12. 王曉鵑撰,〈試談北里志的小説特徵〉,《榆林學院學報》第 19 卷第 5 期,2009 年 10 月。

13. 王曉鵑撰,〈從北里志看唐末長安歌妓的生活〉,《蘭州學刊》總第 193 期,2009 年第 10 期。

14. 王鴻泰撰,〈迷路的詩——明代士人的習詩情緣與人生選擇〉,《中央研究院近代史研究所集刊》第 50 期,2005 年 12 月。

15. 卞孝萱撰,〈再談續玄怪錄〉,《山西大學學報(哲學社會科學版)》,1983 年第 4 期。

16. 艾慧撰,〈大金國志與宇文懋昭其人〉,《黑龍江史志》,2008 年第 9 期。

17. 江藍生撰,〈八卷本搜神記語言的時代〉,《中國語文》,1987 年第 4 期。

18. 李一飛撰,〈教坊記作者崔令欽考補〉,《文獻》,1997 年第 2 期。

19. 李占鋒、黃大宏撰,〈漢武故事的作者考述〉,《襄樊職業技術學院學報》第 8 卷第 4 期,2009 年 7 月。

20. 李玫撰,〈樂府雜錄別樂儀識五音輪二十八調圖的校勘〉,《中央音樂學院學報》,2009 年第 2 期。

21. 李昭鴻撰,〈從古今説海的版本差異論清代處理違礙字詞政策的發展——以嘉靖本、文淵閣本、文津閣本和道光本「説選部」爲討論範疇〉,《東吳中文學報》第 26 期,2013 年 11 月。

22. 李昭鴻撰,〈四庫全書之異文現象——以文淵閣、文津閣本古今説海「説選部」爲討論範疇〉,《東吳中文學報》第 29 期,2015 年 5 月。

23. 李峰撰,〈中國古今叢書述略〉,《河南圖書館學刊》,1989 年第 3 期。

24. 李黃臏撰,〈北里志新探〉,《東吳中文研究集刊》第 9 期,2002 年 9 月。

25. 李福唐撰，〈珩璜新論、談苑中的語言學史料〉，《語文學刊》，2009 年第 8 期。

26. 李劍國撰，〈大業拾遺記等五篇傳奇寫作時代的再討論〉，《文學遺產》，2009 年第 1 期。

27. 李靜撰，〈從青樓集看元代音樂的雅俗共融〉，《藝術探索》第 23 卷第 3 期，2009 年 6 月。

28. 吳申元撰，〈明代經濟思想家——陸楫〉，《學習與探索》，1982 年第 3 期。

29. 吳哲夫撰，〈四庫全書館臣處理叢書方法之研究〉，《故宮學術季刊》第 17 卷第 2 期，1999 年 12 月。

30. 杜成輝撰，〈西使記作者劉郁事迹考〉，《北方文物》，2009 年第 4 期。

31. 周國瑞撰，〈中山狼傳作者考辨〉，《殷都學刊》，1990 年第 4 期。

32. 林麗月撰，〈晚明「崇奢」思想隅論〉，《歷史學報》第 19 期，1991 年 6 月。

33. 林麗月撰，〈陸楫（1515～1552）崇奢思想再探——兼論近年明清經濟思想史研究的幾個問題〉，《新史學》第 5 卷第 1 期，1994 年 3 月。

34. 林麗月撰，〈蒹葭堂稿與陸楫反禁奢思想之傳衍〉，北京：中華大百科全書出版社編《經濟脈動》，2005 年。

35. 邱澎生撰，〈明代蘇州營利出版事業及其社會效應〉，《九州學刊》第 5 卷第 2 期，1992 年 10 月。

36. 洪惟助撰，〈樂府雜錄箋訂上〉，《中華學苑》第 12 期，1973 年 9 月。

37. 胡問濤撰，〈聞見雜錄非蘇舜欽作〉，《中國古典文獻學叢刊》第 3 卷，2003 年。

38. 夏哲堯撰，〈聶隱娘出傳奇辨析〉，《台州師專學報》第 22 卷第 2 期，1999 年 4 月。

39. 高毓秋撰，〈明代御醫顧定芳在心理學方面的成就〉，上海：上海交通大學出版社編《多元文化中的科學史：第十屆國際東亞科學史會議論文集》，2005 年。

40. 馬素娟、趙晶撰，〈夏庭芝的生卒年及青樓集的成書時間考〉，《國家林業局管理幹部學院學報》，2006 年第 4 期。

41. 翁同文撰，〈四庫提要補辨〉，臺北・藝文印書館印《百部叢書集成・古今說海》，1966 年。

42. 凌郁之撰，〈青溪寇軌作者平質〉，《古籍整理研究學刊》第 5 期，2008 年 9 月。

43. 郝潤華撰，〈鄴侯外傳及其與家傳的關係〉，《中國典籍與文化》第 36 期，

2001 年第 1 期。

44. 章培恒撰,〈大業拾遺記、梅妃傳等五篇傳奇的寫作時代〉,《深圳大學學報(人文社會科學版)》,2008 年第 1 期。

45. 符太浩撰,〈歷史民族志溪蠻叢笑論略——兼論作者朱輔其人〉,《雲南民族學院學報(哲學社會科學版)》第 20 卷第 1 期,2003 年第 1 期。

46. 符太浩撰,〈溪蠻叢笑價值評述〉,《貴州民族研究》第 23 卷總第 94 期,2003 年第 2 期。

47. 郭英德撰,〈明代文人結社說略〉,《北京師範大學學報(社會科學版)》,1992 年第 4 期。

48. 郭紹林撰,〈舊題唐代無名氏小說海山記著作朝代及相關問題辨正〉,《洛陽師專學報》第 17 卷第 1 期,1998 年第 2 月。

49. 都興智撰,〈大金國志及其作者〉,《遼寧大學學報(哲學社會科學版)》總第 102 期,1990 年第 2 期。

50. 陳茂昌撰,〈朱輔非「南宋末年人」辨〉,《貴陽金筑大學學報》總第 58 期,2005 年第 2 期。

51. 陳國軍撰,〈楊儀生卒年小考〉,《文獻》,2006 年第 1 期。

52. 陳國棟撰,〈有關陸楫禁奢辨之研究所涉及的學理問題〉,《新史學》第 5 卷第 2 期,1994 年 6 月。

53. 陳國棟撰,〈從蜜蜂寓言到乾隆聖諭——傳統中西經濟思想與現代意義〉,《當代》第 142 期,1999 年 6 月。

54. 陳爾俊撰,〈歷代匯帖述略〉,北京:學苑出版社《大家談收藏》,2006 年。

55. 張民服撰,〈明清時期的私人刻書、販書及藏書活動〉,《鄭州大學學報(哲學社會科學版)》,1993 年第 5 期。

56. 張全明撰,〈桂海虞衡志的生態文化史特色與價值〉,《華中師範大學學報(人文社會科學版)》第 42 卷第 1 期,2003 年第 1 期。

57. 張棣華撰,〈國立中央圖書館善本書志〉,《國立中央圖書館館刊》第 19 卷第 1 期,1986 年 6 月。

58. 張棣華撰,〈國立中央圖書館善本書志〉,《國立中央圖書館館刊》第 20 卷第 1 期,1987 年 6 月。

59. 黃彩霞撰,〈林中的響箭——評明代中葉陸楫的經濟思想〉,《安徽史學》,2003 年第 3 期。

60. 黃細嘉撰,〈楊瑄及其復辟錄〉,《中國歷史博物館館刊》,2000 年第 1 期。

61. 湯標中撰,〈陸楫論「崇侈黜儉」〉,《商業研究》,1995 年第 6 期。

62. 程有慶撰，〈古今說海有無妄題撰人〉，《圖書館雜誌》1986 年第 1 期，1986 年 2 月。

63. 舒習龍撰，〈契丹國志的編纂特色與史學價值〉，《河北學刊》第 29 卷第 3 期，2009 年 5 月。

64. 傅平驤撰，〈聞見雜錄非蘇舜欽撰〉，《西華師範大學學報（哲學社會科學版）》，1984 年第 3 期。

65. 萬英敏、吳自林撰，〈淺析南宋時期廣西地區的手工技藝——以桂海虞衡志等書爲比較〉，《民族論壇》，2009 年 3 月。

66. 楊民康撰，〈從眞臘風土記看古代柬埔寨與雲南少數民族佛教樂舞〉，《南京藝術學院學報（音樂與表演版）》，2009 年第 3 期。

67. 楊武泉撰，〈評桂海虞衡志校補〉，《古籍整理出版情況簡報》第 154 期，1986 年 3 月。

68. 齊一得撰，〈雜纂簡議〉，《學術交流》，1990 年第 5 期。

69. 漆亞莉撰，〈桂海虞衡志民俗學價值淺析〉，《廣西地方志》，2007 年第 6 期。

70. 趙守儼撰，〈張鷟和朝野僉載〉，《文史》第 8 輯，1980 年。

71. 鄭阿財撰，〈從敦煌文獻看李義山雜纂的性質〉，《木鐸》第 12 期，1988 年 3 月。

72. 鄧夏撰，〈明本古今說海及其篇目〉，《圖書館雜誌》1984 年第 4 期，1984 年 12 月。

73. 劉文忠撰，〈漢武故事寫作時代新考〉，《中華文史論叢》總 30 輯，1984 年第 2 輯。

74. 劉化晶撰，〈漢武故事的作者與成書時代考〉，《瀋陽師範大學學報（社會科學版）》第 30 卷第 2 期，2006 年第 2 期。

75. 劉兆祐撰，〈論「叢書」〉，《應用語文學報》創刊號，1999 年 6 月。

76. 劉志丹撰，〈明朝中後期崇奢思想探析——以陸楫、郭子章爲例〉，《中國集體經濟》2010 年第 28 期，2010 年 10 月。

77. 劉眞倫撰，〈張鷟事蹟繫年考〉，《重慶師院學報》，1987 年第 4 期。

78. 劉眞倫撰，〈朝野僉載點校本管窺上〉，《書品》，1989 年第 1 期。

79. 劉眞倫撰，〈朝野僉載點校本管窺下〉，《書品》，1989 年第 2 期。

80. 劉眞倫撰，〈隋唐嘉話、朝野僉載拾補〉，《書品》，1989 年第 4 期。

81. 潘銘燊撰，〈書業惡風始於南宋考〉，《香港中文大學中國文化研究所學報》第 12 期，1981 年。

82. 蕭東發、袁逸撰，〈中國古代的官府藏書與私家藏書〉，《圖書與資訊學刊》第 32 期，2000 年 2 月。

83. 蕭相愷撰，〈宋代小說家廉布及小說清尊錄〉，《淮陰師範學院學報（哲學社會科學版）》第 24 卷，2002 年 6 月。

84. 薛洪勣撰，〈中山狼傳的作者還須重議〉，《明清小說研究》，1999 年第 2 期。

85. 韓文奇撰，〈李繁生年及其相國鄴侯家傳考辨〉，《蘭州大學學報（社會科學版）》第 33 卷第 5 期，2005 年 9 月。

86. 韓文寧撰，〈明清江浙藏書家的主要功績和歷史局限〉，《東南文化》，1997 年第 2 期。

87. 鍾振振撰，〈全宋詞康與之小傳補正〉，《浙江大學學報（人文社會科學版）》第 39 卷第 3 期，2009 年 5 月。

88. 瞿勇撰，〈明代嘉、隆年間松江士人文化特徵〉，《邯鄲學院學報》第 19 卷第 1 期，2009 年 3 月。

89. 魏王妙櫻撰，〈明蔡羽遼陽海神傳考述〉，《東吳中文研究集刊》1995 年第 2 期，1995 年 5 月。

六、網路資料

1. 方健撰，〈全宋詩硬傷數例〉，香港：文匯報，2002 年 6 月 20 日。
（上網日期：2009 年 5 月 13 日，
網址：http://www.acriticism.com/article.asp?Newsid=2219&type=1001）

附　錄

附錄一：《古今說海》明嘉靖刊本書影

（一）唐錦〈古今說海引〉

（二）陸楫〈校書名氏〉

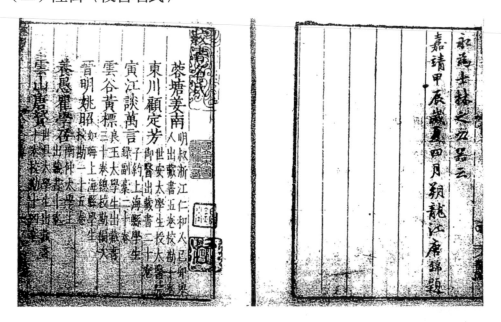

附錄二：《古今說海》清汲古堂鈔本書影

（一）「說纂部」封面

（二）「說纂部」附錄王曾〈王文正公筆錄〉

附錄三：《古今說海》清道光重刊本書影

（一）顧千里〈重刻古今說海序〉

（二）苕溪邵氏補刻〈四庫全書提要〉

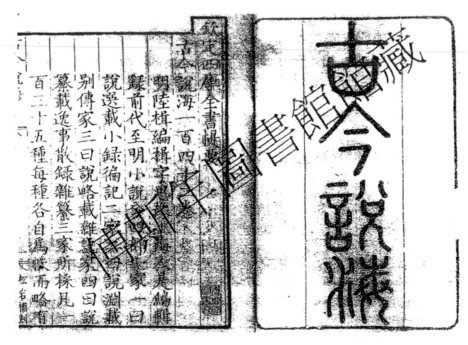